汉 字 博 物 馆

任德山　任犀然　著

商 务 印 书 馆

2016年·北京

图书在版编目(CIP)数据

汉字博物馆/任德山,任犀然著.—北京:商务印书馆,2007
(2016.6重印)
ISBN 978-7-100-05505-5
Ⅰ.汉… Ⅱ.①任…②任… Ⅲ.汉字-研究 Ⅳ.H12

中国版本图书馆CIP数据核字(2007)第067061号

汉字博物馆
任德山 任犀然 著

商务印书馆出版
(北京王府井大街36号 邮政编码 100710)
商务印书馆发行
北京冠中印刷厂印刷
ISBN 978-7-100-05505-5

2007年12月第1版 开本787×1092 1/16
2016年6月北京第8次印刷 印张24¼

定价:89.00元

依照今日训诂学之标准，凡解释一字即是作一部文化史。

陈寅恪

在中国史上，文字和语言的统一性，大有裨于民族和文化之统一，这已是尽人共晓，而仍应该特别注意的一件事。

要明白中国文化之所以能扩大在广大的地面上，维持至悠久的时间，中国文字之特性与其功能，亦是很重要的一个因素。

钱　穆

目录

本书特点

◆确立主字头。这些字能代表中华文明发展史的基本范畴，反映汉字的发展规律。选字原则是：

1. 选取中华文明发生发展过程中同步产生的汉字和有丰富中国文化内涵及表现融合民族情感的字。

2. 选取“初文”之字，即具有汉字“字原”作用的字。

◆ 说解构成字头。这些字是“字原”之字孳生出来的字，即以主字为偏旁部首构成的字。这一“文”生“字”的过程，清楚地反映了汉字造字规律。

◆列出演变字形。选取字头字在演变过程中出现过的代表性字形，按甲骨文、金文、小篆、楷书顺序排列。

◆分析构造。就字头的演变字形分析其构造方法，说明其字形字体演变过程，探求该字的初文和本义。

◆细说源流。详细说明该字字义的发展过程，从源到流，就本义、引申义作历史的解说。例证贯穿古今。

◆叙述该字的知识和故事。汉字的知识也是中国文化史的故事，每个字可能有若干故事，择其脍炙人口、识字应知的。

◆概说汉字学。从《说文解字》创立文字学（小学）到现代汉字学的基本知识进行概要说明。

◆全面图说。字头均配字头图。字形从甲骨、钟鼎名器、《说文解字》中选配。其他内容所配名画、名物都有图注说明。凡未加图注者均为作者书写、绘制、摄制、选配。

本书阅读指南

主字(后跟主字甲骨文、金文、小篆字形)

主字示意图

《说文解字》原文译文

字形构造

所选主字以宜于表现造字规律的汉字为主从甲骨文、金文、小篆、楷书讲述字形演变。

主要词义与词性

主要词义与词性列举单纯词(字)的词义词性,只选择最常用的词义,言简意赅,方便记忆。最后注明以此词构成的词语中易错的字(错别字)。

起源和演变

由主字本义讲起,明白晓畅地讲述字的本义和各引申义,一脉相承,以脍炙人口的诗文典故阐发说明,旨在让读者在诗情画意中明了字的起源和演变,印象深刻,不觉枯燥。

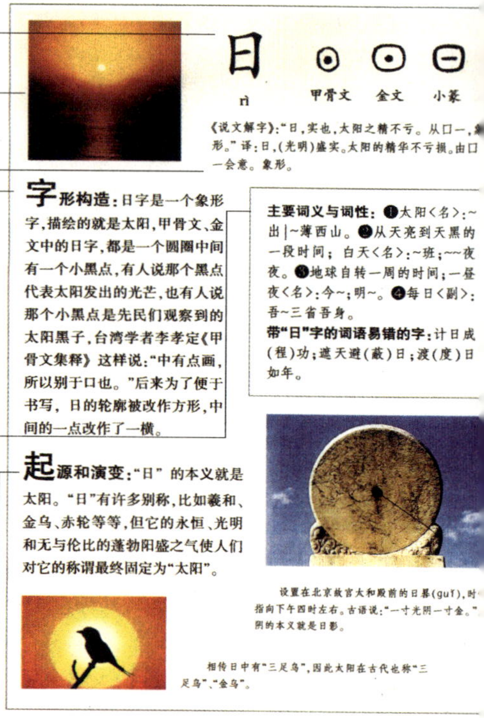

日 rì 甲骨文 金文 小篆

《说文解字》:"日,实也,太阳之精不亏。从口一,象形。"译:日,(光明)盛实。太阳的精华不亏损。由口一会意。象形。

字形构造:日字是一个象形字,描绘的就是太阳,甲骨文、金文中的日字,都是一个圆圈中间有一个小黑点,有人说那个黑点代表太阳发出的光芒,也有人说那个小黑点是先民们观察到的太阳黑子,台湾学者李孝定《甲骨文集释》这样说:"中有点画,所以别于口也。"后来为了便于书写,日的轮廓被改作方形,中间的一点改作了一横。

主要词义与词性:❶太阳<名>:~出|~薄西山。❷从天亮到天黑的一段时间;白天<名>:~班;~~夜夜。❸地球自转一周的时间;一昼夜<名>:今~;明~。❹每日<副>:吾~三省吾身。

带"日"字的词语易错的字:计日成(程)功;遮天避(蔽)日;渡(度)日如年。

起源和演变:"日"的本义就是太阳。"日"有许多别称,比如羲和、金乌、赤轮等等,但它的永恒、光明和无与伦比的蓬勃阳盛之气使人们对它的称谓最终固定为"太阳"。

设置在北京故宫太和殿前的日晷(guǐ),时针指向下午四时左右。古语说:"一寸光阴一寸金。"阴的本义就是日影。

相传日中有"三足乌",因此太阳在古代也称"三足乌"、"金乌"。

字中知识

字中知识主要介绍与主字相关的知识,取材以古代文化知识为主,联系时人关注的焦点,古今结合,将祖国山川河流、佳人名士、珍贵产物、风俗人情、掌故传说等精华展现在读者眼前,如四大佛教名山、服装小史、四大美女、四大名石、文房四宝、岁寒三友、龙形象中的中国古代社会脉络等等。让读者对壮美锦秀的中华文明产生由衷的热爱珍惜之情。

细说故事

细说故事主要取材于中国传统文化中的神话传说、名人趣事、成语典故等等。

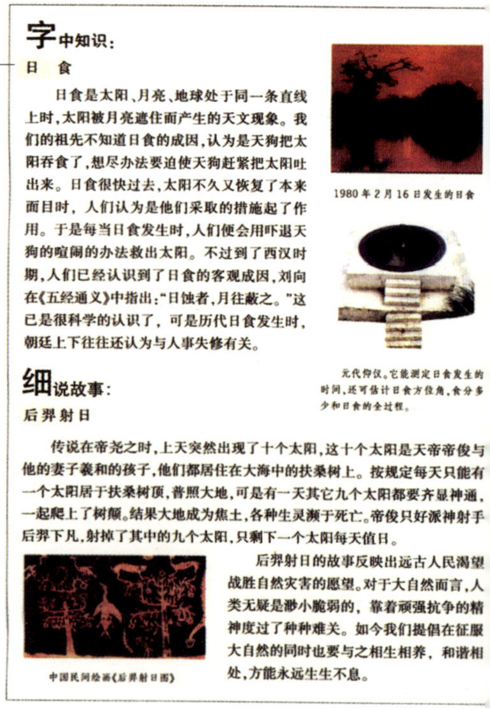

字中知识:

日 食

日食是太阳、月亮、地球处于同一条直线上时,太阳被月亮遮住而产生的天文现象。我们的祖先不知道日食的成因,认为是天狗把太阳吞食了,想尽办法要迫使天狗赶紧把太阳吐出来。日食很快过去,太阳不久又恢复了本来面目时,人们认为是他们采取的措施起了作用。于是每当日食发生时,人们便会用吓退天狗的喧闹的办法救出太阳。不过到了西汉时期,人们已经认识到了日食的客观成因,刘向在《五经通义》中指出:"日蚀者,月往蔽之。"这已是很科学的认识了,可是历代日食发生时,朝廷上下往往还认为与人事失修有关。

1980年2月16日发生的日食

元代仰仪。它能测定日食发生的时间,还可估计日食方位角,食分多少和日食的全过程。

细说故事:

后羿射日

传说在帝尧之时,上天突然出现了十个太阳,这十个太阳是天帝帝俊与他的妻子羲和的孩子,他们都居住在大海中的扶桑树上。按规定每天只能有一个太阳居于扶桑树顶,普照大地,可是有一天其它九个太阳都要齐显神通,一起爬上了树颠。结果大地成为焦土,各种生灵濒于死亡。帝俊只好派神射手后羿下凡,射掉了其中的九个太阳,只剩下一个太阳每天值日。

后羿射日的故事反映出远古人民渴望战胜自然灾害的愿望。对于大自然而言,人类无疑是渺小脆弱的,靠着顽强抗争的精神度过了种种难关。如今我们提倡在征服大自然的同时也要与之相生相养,和谐相处,方能永远生生不息。

中国民间绘画《后羿射日图》

太阳升起来，万物都被照亮，感受着温暖，获得了量，当它落下去，黑夜便随之来临。黑夜的尽头又是光，白天与黑夜，就这样交替进行着。人们把一天中有太阳的时间称作日，昼夜不停的辛勤劳动被称为夜以继日，而当春尽夏来的时候，宋朝女词人朱淑真则吟出了意味隽永的“谢却海棠飞尽絮，困人天气日初长”的诗句。

元代圭表。圭表是古代测日影的仪器，根据日影的长短可以测定节气和一年时间的长短。测日影的标杆叫作臬。圭臬后来比喻标准、准则和法度。

日逐渐引申为时间的单位，人们把一昼夜称为一日，白居易《荔枝图序》中这样形容荔枝的不易保存：“一日而色变，二日而香变，三日而味变，四五日外，色香味尽去矣。”光阴是日复一日地流逝，因此，日也泛指光阴、日子，曹操《短歌行》中感叹：“对酒当歌，人生几何。譬如朝露，去日苦多。”

重阳节是中国的传统节日。唐朝诗人孟浩然《过故人庄》诗：“待到重阳日，还来就菊花。”图为民间绘画《重阳登高》。

在生活中，有许多为特殊目的而定的日子，比如古代农人在春季里的一天要感恩土地、祈祝丰收，这一天叫作社日，又比如节日、纪念日，其中的日字都带有特定的一天的含义。

字义纵横谈

“日”在英文里称为“sun”。She is sitting in the sun，可千万别理解为“她在太阳里坐着”，这句话的意思是她在阳光下坐着。希腊神话中最广为人知的太阳神叫“Apollo”（阿波罗），他是希腊神话中最雄健英俊、多才多艺的神之一。

识字规律：日，如今既可单用，也可作偏旁。凡从日取义的字皆与太阳、光阴、时日等义有关。

（指事）：甲骨文字形象太阳从地面刚刚升起的样子。本义指天亮，破晓。

《说文》：“旦，明也。从日见一上。一，地也。”

（zè，会意兼形声）：仄的本义是倾斜，昃表示太阳西斜了，仄也兼表声。成语“日中则昃”，是说太阳过了正中就要偏西，比喻盛极必衰。本义指太阳西斜。

《说文》：“昃，日在西方时。侧也。从日，仄声。”

（kūn，会意兼形声）：会意字。篆文从日，会二人在太阳下共同劳作之意。后引申指共同、兄弟等义。

《说文》：“昆，同也。从日，从比。”

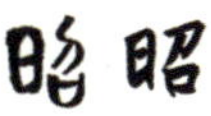

（形声）：从日，召声。本义指明亮。

《说文》：“昭，日明也。从日，召声。”

（会意）：本义是光明正大的善言。引申指美好、光明、兴盛。《说文》：“昌，美言也，从日，从曰（开口说话）。”

随文插图及说明

所配图都是作者摄影、手绘、制作的，主张以图释字，让读者不看文字而从图形中对字的起源一目了然，不看文字只看图就能对字的起源演变有一个初步的认识。图片注释不只是标出名称，而是在关键点简明扼要地概括图与字之间的文化联系。

字义纵横谈

用纵横上下古今、贯通中外的多维视角讲述字义知识，如：字中所包含的古代社会意识形态（如“女”字构字折射的古人对于女性的看法）；对比同一字中、外文用法的相通性（如目与 eye 的名词动词用法）；细谈外来义背景沿革（如“门”作执政危机或执政丑闻的冠名）；国外文化艺术与汉字字义的相通性（如“贝”字与洛可可艺术，文明（civilization）与文化（culture）小解）；民间口语趣谈（如令人吃惊的“口子”）。

识字规律

识字规律准确详细地列述以主字为偏旁所构成的字，所选字以会意字为主，阐述以图为先，让读者先不必看具体文字就明白如此构字的用意。

分类检字表

四、人事

五、动物

音序检字表

概说汉字

汉字，就是记录汉语的书写符号。

汉字，是世界上唯一一种生生不息、历久弥新的文字。考古科学发现，6000年前的半坡遗址就有可以称为汉字的刻画符号。汉字书写了中华民族的历史，承载了光辉灿烂的中华文化。汉字在加强中华民族凝聚力、维系中华文明数千年延绵不断向前发展起了巨大的作用。但是我们很多人对每天接触最多、最有用的汉字是不是很了解呢？《汉字王国》的作者瑞典女汉学家林西莉指出：“我惊奇地发现，即使一些受过很高教育的中国人，对自己的语言也所知甚少。”这里，我们就说说我们应该知道的一些汉字常识。

一、谁创造了文字

仓颉像

我们今天的人都会准确无误地说文字是人民创造的。我们的祖先在长期的社会生产和生活中，发明、丰富和发展了汉字。

不过，我们按照中国传统的仓颉造字的传说来说明汉字的起源，会把汉字的创造过程讲得更生动。朱自清先生在《经典常谈》中讲得最明白：“中国文字相传是黄帝的史官叫仓颉的造的。这仓颉据说

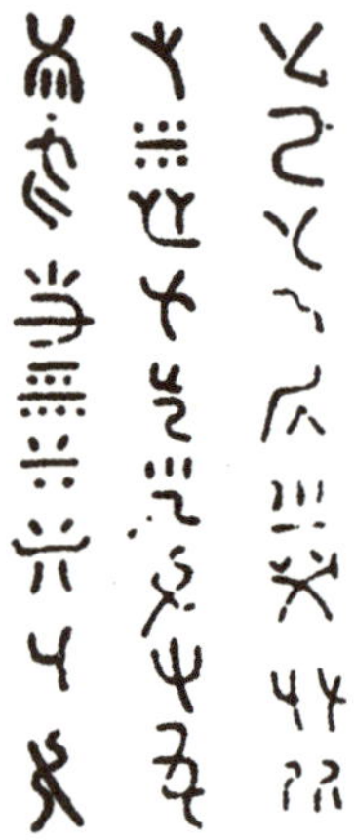

传说中的仓颉书

有四只眼睛，他看见地上的兽蹄儿、鸟爪儿印着的痕迹，灵感涌上心头，便造起字来。文字的作用太伟大了，太奇妙了，造字真是一件神圣的工作。但是文字可以增进人的能力，也可以增进人的巧诈。

仓颉泄漏了天机，将人教坏了。所以造字的时候，'天雨粟，鬼夜哭'。人有了文字会变机灵了，会争着去做那容易赚钱的商人，辛辛苦苦种地的人少了。天怕人不够吃的，所以降下米来让他们存着救急。鬼也怕这些机灵人用文字来制他们，所以夜里嚎哭；文字原是有巫术作用的。

仓颉造字的传说，战国末期才有，那时人并不都相信。如《易·系辞》里就说文字是'后世圣人'造出来的。这'后世圣人'不止一人，是许多人。我们知道文字在不断演变着，说是一人独创是不可能的。《系辞》的话自然要合理得多。

《荀子·解弊篇》说：'好书者众矣，而仓颉独传，一也'，'一'是'专一'的意思，这儿只说仓颉是个整理文学的专家，并不曾说他是造字的人。可见那时'仓颉造字说'还没有凝成定型。但是仓颉究竟是什么呢？照近人的解释，'仓颉'的字音近于'商契'，造字的也许指的是商契。商契是商民族的祖宗，'契'有'刀刻'之义。古代用刀刻字，文字有'书契'的名称，可能就是因为这点联系，商契便传为造字的圣人。"

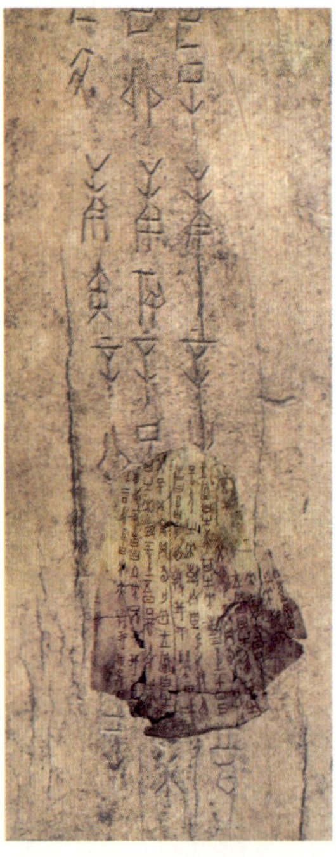

商代牛骨刻辞

二、造字的方法

方块儿的汉字像建筑一样是有结构的。结构的形式也就是造字的方法与条例。历代学者讲造字法必讲"六书"；实际上我们今天的现代汉语中新创了不少字，早已超出了"六书"的范围。汉字的造字方法体现了汉字的性质。

(一)传统汉字的造字法

我们今天使用的汉字大多数已沿用了几千年，如“人、天、日、月、山、水、田”等等。我们称之为传统汉字。传统汉字的造字和使用有六种方法和条例，就是“六书”：象形、指事、会意、形声、假借、转注。下面我们分别说一说：

1. 象形。象形就是像实物之形，是用线条勾画客观事物的形状来表示字义的造字方法。但是象形字本质上已经是文字符号了，不是图画了。

象形字大致有三种表现方式：

(1)是表现物体的全体，如：日、月、人、目、山、水；

“日”字是一个象形字，描绘的就是太阳。

(2)是表现物体的局部，如：牛、羊、又(右手)；

“羊”字是一个象形字，以羊头来代表羊。

(3)连带着有关物体一起画出，如：瓜、果、眉、身。

“瓜”字是一个象形字，果实和藤蔓都表现出来了。

象形字像实物之形，易记好记，但有很多抽象的概念是无形可像的，画不出来怎么办？只有采用别的方法了。所以象形字不多，在《说文解字》中收的9353个汉字中，只有264个象形字。

2. 指事。指事是用抽象的指示符号来表达语言中的一种概念以表现字义的造字方法。

指事有两种表现方法：

（1）使用纯抽象符号组成指事字。如：一、二、三、上、下等。

“上”、“下”是指事字，“一”表示位置的界线。线上点一点表示在上面，线下点一点表示在下面。

（2）在象形字上增加一个指事符号来造字，如：刃、本、末、寸等。

前面是甲骨文的“刀”，后面两个是“刃”字。刀口上点一点表示“刃”。

《说文解字》一书中，指事字只有129个，后世几乎没有创造出指事字。

3. 会意。会意是把两个或两个以上的字组合在一起以表示一个新的字义的造字法。它是两个或两个以上的字的意义的会合。如“林”字由两个“木”字合成，表示树木丛生；“休”字由“人”和“木”合成，表示人倚在树旁休息。

会意是突破象形和指事的局限而产生的，进一步表达了复杂一些的抽象概念，丰富了汉字,《说文解字》中的会意字达到了 1167 个。

4. 形声。 形声字是由形符(义符)和声符(音符)两部分组成的。一个形声字的形符是该字表意的部分,声符是该字表音部分。如“铜”,“金”是形符,表示金属一类的,“同”是音符,表示读“同”的音,有些形声字的声符既有表音的作用,又有表意的作用,如“娶”。

燈 灯

“灯”是个形声字,本义指置烛用以照明的器具。“火”表意,“登”表音。简化文字后仍用“火”表意,用“丁”表音。

形声字打破了单纯靠字形表达字义的局限,成为组字能力最强的方法。在《说文解字》一书中,形声字占 80%。

5. 假借。 假借是借一个已有的字来表示与其读音相同的字,也就是说,口语中已经有了这个词,而笔下却没有这个字，于是就借用声音相同的字表示。《说文解字》的作者许慎给假借的定义是“本无其字，依声托事”，可以说这是一种象声用字法，严格地说“假借”不是造字法。

來

如:“来”字像麦穗之形,为象形字,本义指麦子,后来被假借来指“来去”的来。“汝”原本是一条河流的名字,后来被假借为第二人称的代词用了,这个第二人称的代词“汝”与“汝水”(淮河支流)毫无关系。

假借字是我们祖先经过“依类象形”的创造“初文”时期,进入到“形声相益”的造字时期的现象。假借字在上古时代普遍使用,这与当时的字少有关。甲骨文和金文中有很多假借字(据统计,甲骨文假借字占了三分之二),给后世的阅读和理解带来很大困难。

6. 转注。 转注究竟确指何法,历来众说纷纭。《说文解字》定义为:“转注者,建类一首,同意相受,‘考’、‘老’是也。”“建类一首”,是说转注出来的字和本字属于同一个部首;“同意相受”,是说转注字和本字意义相同;从“考”、“老”的举例可见,转注字与本字的读音也相近。

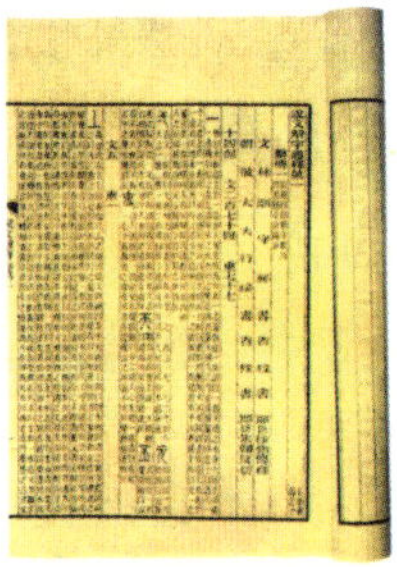

《说文解字通释》书影

我们认为,转注就是“互训”,就是两个字可以相互解释,严格说它也不是造字法,只是用字法。

(二)文和字与汉字的性质

“文”是图画的意思,象形字叫“文”,“字”的本义是生育孩子,后来引申指在“文”的基础上孳生而来的合体字。《通志·六书略》上说:“象形、指事,文也;会意、谐声(形声)、转注,字也。”

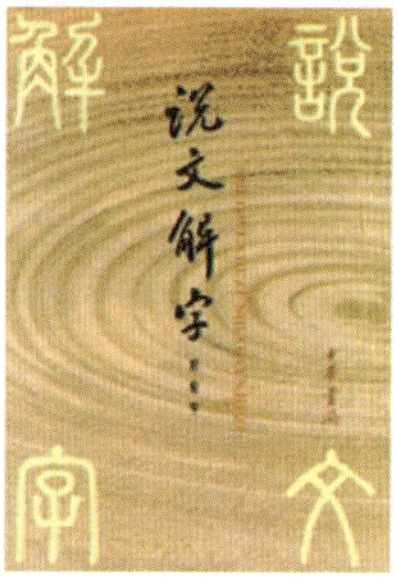

现代版《说文解字》

表意文字时期是指象形、指事、会意三种造字法综合使用的时期,后来汉字随着字形、字义和语音方面的变化出现了假借、形声字,逐渐发展成为是用义符、音符和记号的文字。所以说汉字是兼表音、意的文字,但是总的体系仍属于表意文字。

汉字一个字一个音节,每个字基本上是方形的,又叫方块字。《汉语大字典》共收汉字 56000 多个,现代通用的约 7000 个,常用字 3500 个左右。

(三)新造字的造字法

《康熙字典》收字 47035 个,《新华字典》和《现代汉语词典》都是收字 10000 多个。但是《新华字典》和《现代汉语字典》都收了一些《康熙字典》里没有的“新造字”。新造字基本上还是使用了形声、会意的造字法。

例如:

形声　日常用字：垃、叨、搞、炸、烤；

科技用字：氧、氢、镁、钙、碘；

译音字：咖、啡、啤、哩、咔；

象声字：哎、呦、嘀、咚、嗨。

会意也以“不”、“用”合为“甭”，三“金”合为“鑫”等。

我们这里说说简化字的造字法：现代汉语中的简化字有2235个。这些简化字中除了上面说的用形声、会意法新造的字以外，有很多是古文字，是甲骨文、金文、碑刻和历代典籍中的字，还有古代的通假字、俗字等等。还有些简化字是用简化部分保留全形、只留部分的特征、符号化、草书楷化等方法造出来的。

钱玄同将简化字的构成方法具体分为八种：

1. 将笔画多的字就它的全体删减，粗具轮廓，略得形似。

龜　龟

“龜”是个象形字，像 只乌龟的样了。简化文字后写作“龟”，字形保持不变，但已看不出龟脚、甲纹了。

诸如此类简化文字的还有：“壽” 作 “寿”，“鹵”作“卤”，“鳥”作“鸟”等。

2. 采用该字的草书楷化，如“東”作“东”。

東　东 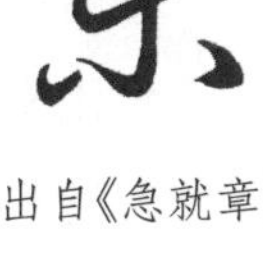

出自《急就章》

“東”是个会意字，会日在木中之意。草书写作“东”，简化文字后定形为“东”。

诸如此类简化文字的还有：“專” 作 “专”，“興”作“兴”。

3. 将多笔画的字仅写它的一部分，如“聲”作“声”。

聲 声

“聲”是个会意字，会听闻槌敲悬磬之意。简化文字时去掉“殳”和“耳”，只保留“聲”字特征“声”。

诸如此类简化文字的还有：“醫” 作 “医”，“錄”作“录”，“號”作“号”，“麗”作“丽”，“處”作“处”等。

4. 将全字中多笔画的部分用很简单的笔画代替。

觀 观

“觀”是个形声字，从见，雚（guàn）声。简化文字时左边的“雚”用符号“又”代替，变为“观”。

诸如此类简化文字的还有：“嘆” 作 “叹”，“艱”作“艰”，“勸”作“劝”，“雞”作“鸡”，“戲”作“戏”等。

5. 采用古体。

雲 云

“雲”的古体字写作“云”，是个象形字，像云气之形。繁体写作“雲”。简化文字时还原为“云”。

诸如此类简化文字的还有：“禮”作“礼”等。

6. 将音符改用少笔画的字。

燈 灯

“燈”是个形声字，“火”表意，“登”表音。简化文字后仍用“火”表意，用“丁”表音。

诸如此类简化文字的还有：“徑” 作 “径”，“輪”作“轮”等。

7. 别造一个简体，如“響”作“响”。

響 响

“響”是个形声字，从音，鄉声。简化文字时另造响，也是形声字，从口，向声。

8. 假借归一。

豐 丰

“豐”和“丰”在古代是两个字，“丰”表示人美好的容貌和姿态。“豐”表示丰富。简化字假借“丰”，两字归一。

诸如此类简化文字的还有：“后”与“後”作“后”，“谷”与“穀”作“谷”等。

三、汉字字体的演变

汉字字体的演变，主要经历了甲骨文、金文、大小篆、隶书、楷书、草书等几个阶段，下面以“日”“月”“车”“马”四个字为例，说明汉字字体的演变。

甲骨文　金文　小篆　隶书　草书　楷书

从总体趋势看，汉字字体的演变是从繁难到简易方向发展的。

1. 甲骨文

甲骨文是殷代刻在龟甲和兽骨上的文字。

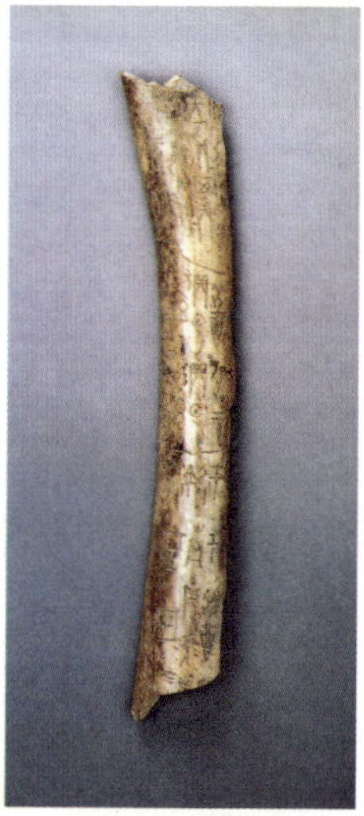

商代记日食卜骨，卜辞内容是预测日食是否会发生。

在殷商时期我们的祖先凡是遇到祭祀、征战、田猎等大事，都要用龟甲、兽骨或筮草等工具来占卜预测吉凶。占卜时，先要在磨好的龟甲、兽骨上挖出凹穴，然后点燃树枝烤灼那些凹穴，就会出现不同的裂纹。然后根据裂纹的形状预测吉凶结果。占卜后要把事情、预测的结果、占卜的时日、占卜者都刻在龟甲、兽骨上，这就是卜辞，这些卜辞就是甲骨文。

甲骨文出土于河南安阳县小屯村（商王朝后期都城遗址，也叫殷墟，所以甲骨文也称为殷墟文字），1899 年才被清内阁学士王懿荣从被误认为“龙骨”的中药中发现，1904 年孙诒让著《契文举例》，开始考释。至今发现的甲骨文单字有 4500 多个，其中一半以上已可识，常用而无争议的达千余字，在今天可识的汉字中，以甲骨文为最古。

这是商代武丁时期的一段甲骨文，内容涉及北方部族入侵、田猎、天象等。

春秋时期的秦公簋。

这是铸刻在秦公簋器盖内壁上的一段铭文。

2. 金文

金文是铸刻在殷、周到秦、汉代青铜器上的文字。

青铜是铜锡合金，当时称为“吉金”，铸在的青铜器上的文字习惯上称“吉金文字”，简称“金文”。

从地下发掘来的青铜器大多数都是周朝的文物，也有殷朝的，但是为数不多，所以金文有时是指周朝的文字。

古代青铜器的种类是很多的，一般分为礼器和乐器两大类。礼器中最多的是鼎，乐器中最多的是钟，因此，钟鼎就成了青铜器的代称，金文也可以称为钟鼎文了。

金文内容大多是有关祀典、锡命、征伐、约契等记录，一般都是先在模子上刻字，刻不好还可以修改。金文曲笔较多，字形显得圆润浑厚，文字疏密均匀，十分美观，有很高的艺术价值。西周末年金文字形趋向流利秀拔。

春秋郘公华钟，我们可以清楚看到钟身上的铭文。

从金文中可以看出甲骨文向篆书演变的轨迹。到目前收金文单字最多的著作当推容庚编著的《金文编》，共收3772字。其中2000多字可以识读。

西周名器散氏盘及拓片。

3. 篆书

篆书是大篆和小篆的统称。

大篆又称籀文。周宣王(公元前827—前781年在位)时，太史编写了当时的儿童识字课本《史籀篇》，上

石鼓文刻于十只鼓形刻石上，因铭文中多言渔猎之事，故又称它为《猎碣》。

面的文字就称为籀文，该书今已亡佚。今存石鼓文即这种字体的唯一真迹。

小篆也称“秦篆”，是因为秦始皇统一中国后，采纳丞相李斯建议统一文字后成为秦代通行字体而得名。小篆在大篆即籀文的基础上发展形成，简化而且更规范了。存世的《琅琊台刻石》和《泰山刻石》(秦始皇诏)可为代表，《说文解字》则是研究秦始皇诏版小篆的宝库。

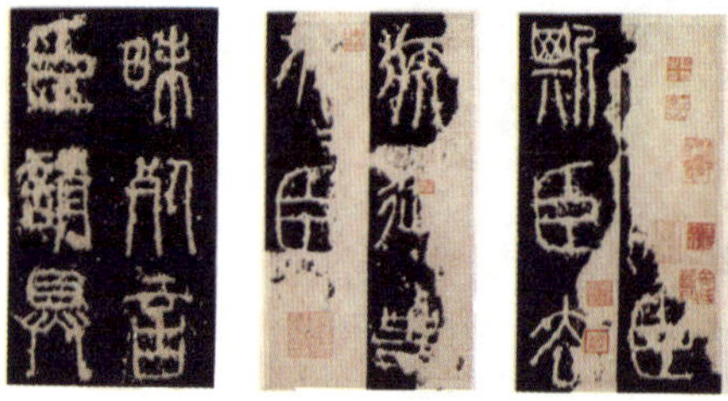

泰山刻石残字册页(明代拓本)。公元前219年，秦始皇第二次东巡时登临泰山，举行封禅大典，勒石颂德。相传为李斯手书。

石鼓文拓片

4. 隶书

隶书是由篆书简化演变而成的一种字体。

隶书把小篆圆转的笔画变为方折，为便于书写。这种变化使汉字字形结构发生了显著的变化，并且从此奠定了现代汉字字形结构的基础，这种变化是古今汉字的一个分水岭。

隶书是秦始皇统一中国之后因政务繁剧而产生的一种应急字体，它方便于隶人(下级胥吏)书写。程邈当时整理了隶书，所以后世传说程邈创隶书。隶书创始于秦，盛行于汉魏，秦代的隶书叫“古隶”，后代的隶书叫“今隶”。因隶书盛行于汉，所以又称汉隶，汉隶也称为“八分”。

东汉《礼器》碑。字体瘦硬雄强，精妙秀劲，历来被认为是汉隶的标准本。清翁方纲称其为汉隶第一。

西汉《鲁孝王泮池刻石》。书体具有汉隶明显特点，笔画圆转中蕴含方折体势，刚柔顿挫，端严有致。

5. 楷书

楷书是现代通行的字体。字形方正，点画严谨，堪为楷模和法式，所以名为楷书。

楷书出现于汉末，成形于魏晋南北朝，一直通行到现在。近两千年来楷书一直是汉字的最标准字体。

魏钟繇《宣示表》。钟繇是中国书法史有突出成就和深远影响的重要书家之一。他同东汉张芝，东晋王羲之、王献之合称“书中四贤”。钟繇的书法各体兼备，楷书最优，人赞之“如云鹄游天，群鸿戏海”，他本人被称为“正书之祖”。《宣示表》是他的代表作之一。

6. 草书

草书是为了书写便捷而简略笔画、连笔书写的一种字体。这种字求快求速，能初具汉字的轮廓就够了。

“草”是草创的意思。汉字的各种字体都有草创的写法，但是真正意义上的草书则始于汉。最先出现的草书叫“章草”，一说汉元帝喜欢黄门令史游作《急就章》的草字写法，鼓励大臣用这种字体写奏章，称之为章草；一说因汉章帝爱好草书而得名。

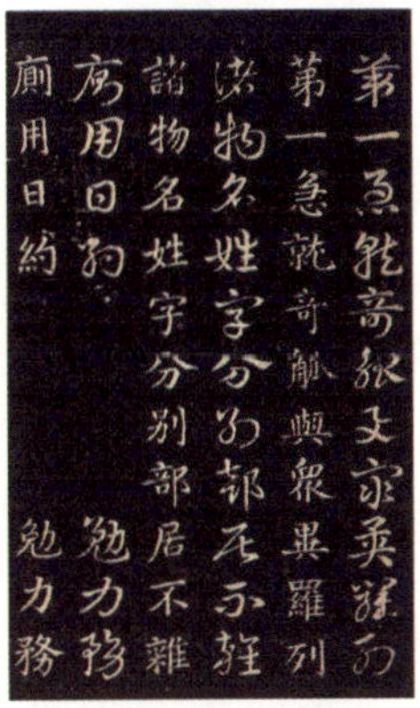

三国吴国皇象《急就章》，是章草的代表作之一。章草“解散隶体，存字之梗概”。

东汉张芝在章草的基础上，去掉隶书的波磔笔意，便于笔画连属，就发展形成了后人称为“今草”的草书。

草书可以提高书写的效率，我们现在使用的简化字有一些就是草书楷化的，如“乐”、“学”、“为”等。

唐代草书大家张旭和怀素创“狂草”一体，用笔连绵，恣意挥洒，难于识读，有很高的艺术价值，但不便于一般实用。

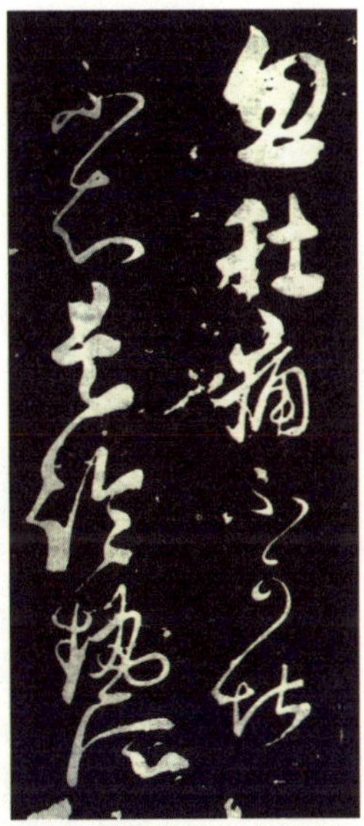

张旭《肚痛帖》：“忽肚痛不可堪……”

王羲之《兰亭序》中的一段行书。

7. 行书

行书是弥补草书的难于识认和楷书的书写效率低而产生的字体。

行书不是草书，但是有草书的适度连笔、效率较高的长处；不是楷书，但是有楷书的点画清晰、易于辨认的优点。楷法多于草法的叫做“行楷”，草法多于楷法的叫做“行草”。

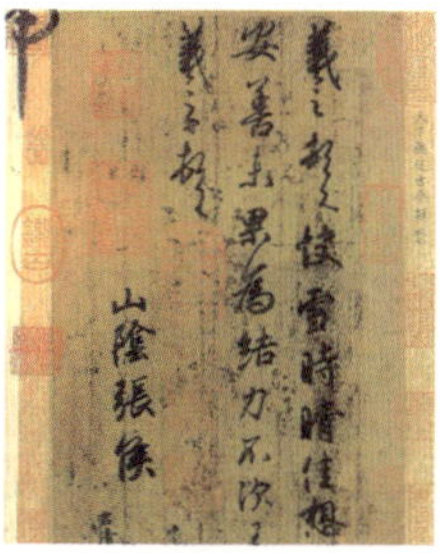

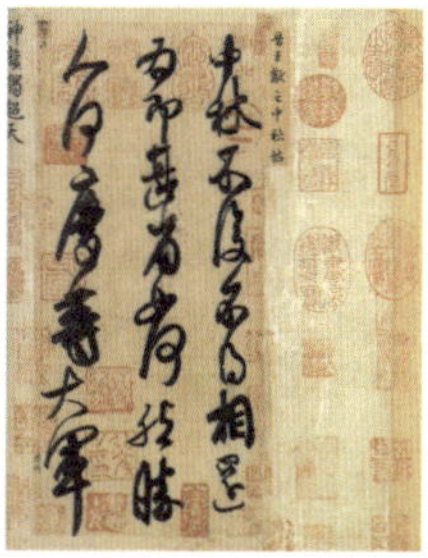

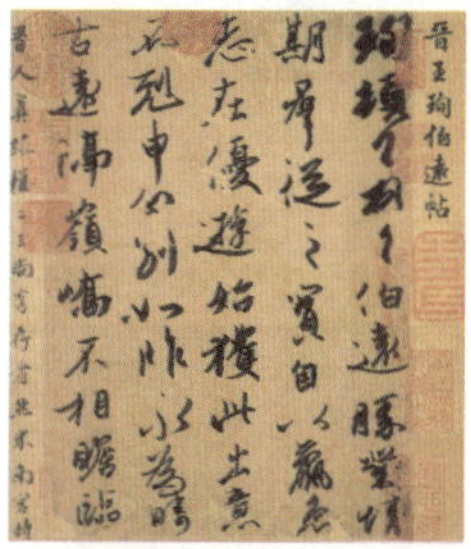

上图依次为东晋王羲之《快雪时晴帖》、王献之《中秋帖》、王珣《伯远帖》，当年乾隆皇帝获得此三帖，如获至宝，藏于一室，命名为“三希堂”。

行书是实用价值很大的字体，书写范围极广。人们写日记、写信、写笔记都用行书。行书书法也能兼得各种字体的美，王羲之草创写就的《兰亭序》就在书法史上被称为“天下第一行书”。

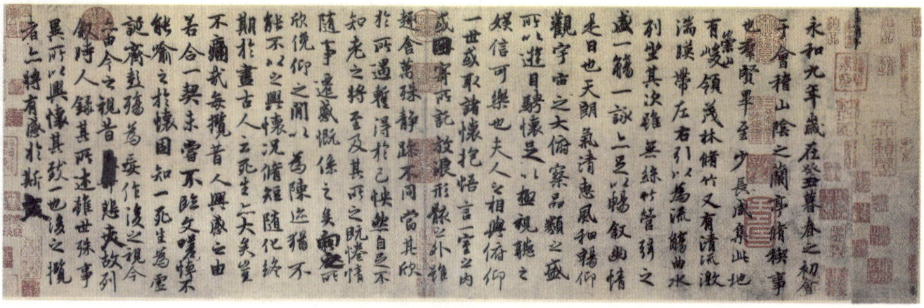

东晋王羲之《兰亭序》

四、汉字的文化

许慎像

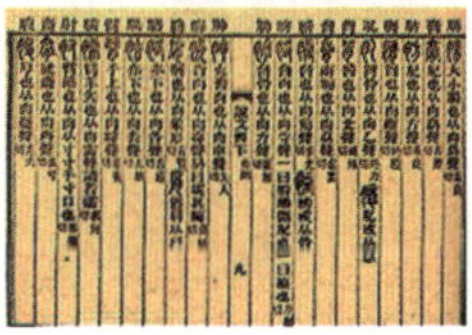
《说文解字》书影

1.《说文解字》与中国文化

《说文解字》，简称《说文》，是我国第一部对古文字进行系统研究，全面解释汉字的著作。作者许慎，是东汉著名的古文经学家，许慎从汉和帝永元十二年（公元100年）开始撰写《说文解字》，到汉安帝建光六年（公元121元），前后20多年才完成这一著作，实际这部书从研究到写作耗费了他一生的精力。

《说文解字》在中国文字学历史上具有里程碑的意义，这部著作开创和奠定了中国文字学的事业。历代都把《说文解字》和儒家经典相并列，列为“经书”之一，有的朝代还把《说文解字》定为科举取士的科目。清代小学空前繁荣，主要是全面研究《说文解字》取得的成果。

汉字承载了辉煌的中华文化，显示了中华文明发展的历史，也折射出人类文明演进的过程——由渔猎到畜牧，由畜牧到农业耕稼——从《说文解字》的字头就可以看出来。《说文解字》从水的字有464个，从金的字195字，从土的字130个，从火的字120个，从马的字115个，从牛的字15个。先民们“近取诸身，远取诸物”，将他们的生产生活经验和对宇宙万物的认识都体现在了汉字之中。正如许慎之子许冲向朝廷献《说文解字》时上书皇帝所说：“六艺群书之诂皆训其意，而天地、鬼神、山川、草木、鸟兽、昆虫、杂物、奇怪、王制、礼仪、世间人事，莫不毕载。”《说文解字》的内容确实包罗万象，堪称中国古代文化的百科全书。直到现在，这部著作仍然是研究中国历史、文学、哲学、语言、科学文化等学科的必读参考书。

2. 汉字的神秘文化

我们知道，原始形态的图画文字直接描写的是事物，表达的是个人情感、宗教崇拜和社会意识,还不是纯理性的符号。当社会由神话时代过渡到王权时代以后,文字虽然已经发展成为语言工具,表达语词和概念,但是文字依然保留了神秘的色彩。人们依然把文字看成关乎人事吉凶祸福的有灵的事物,所以历史留下了汉字神秘文化的故事,我们举几个例子。

“洛阳”和“雒阳”

古代帝王相信五行相生相克的五德终始说,汉朝说火德,火忌水,所以汉光武以后去掉“洛”的“水”而加“隹”,洛阳变成了“雒阳”。到曹魏时,行次是土德了,水土相宜,所以又改“雒”回“洛”,则又是洛阳了。

洛阳白马寺

年号用字的讲究

用年号纪年是汉武帝以后的历代皇帝择吉而行的一件重要的事。宋代国防软弱,皇帝们对于兵戈外患都很害怕,例如宋神宗熙宁末天下大旱,诏议改元,执政初拟“大成”,神宗说:“不可!‘成’字于文一人负戈……”后改为元丰年。(宋叶梦得《石林燕语》)

避讳和改名

秦始皇像。是他下令统一了文字。

不吉利的字不能用,皇帝们的名字别人不能用,都要避讳。秦始皇开始称皇帝,改“辠”为“罪”,原因是“辠”字形近于“皇”字。《说文·辛部》段玉裁注:“此志改字之始也。……罪本训捕鱼竹网,从网,非声。始皇易形声为会意。”

隋文帝杨坚本来封国是“随”,他即位以后讨厌“随”字有“走之”,以为不安定,改成了“隋”。

唐代宗名李豫，宋英宗名赵曙。《本草》记有薯蓣，唐代避代宗讳改叫“薯药”，宋代避英宗讳又改称“山药”了。

唐武则天造了一个“曌”字为己名，取日月照临天下之义。南汉君王刘岩自己取名造字为“龑”，取《周易》“飞龙在天”之义。这两个字都收入了《新华字典》。

五、《说文解字》的常用术语和“说文学”名词解释

“从某之属皆从某”

书中注明这句话的都是《说文解字》部首。

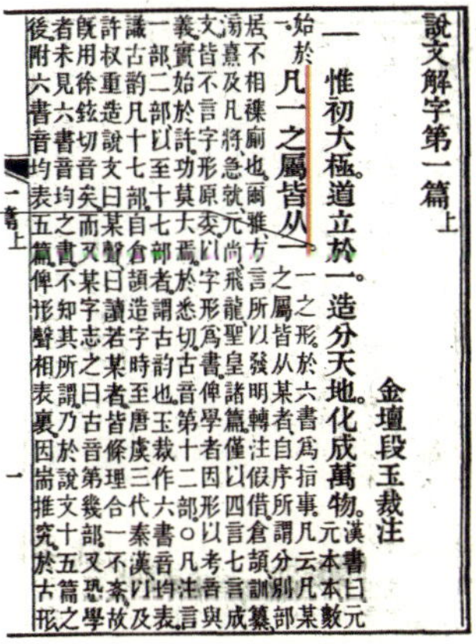
說文解字第一篇上 金壇段玉裁注
一 惟初大極道立於一造分天地化成萬物。凡一之屬皆从一。

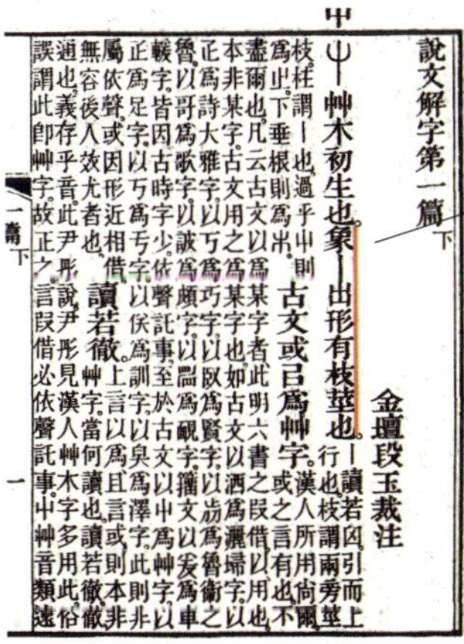
說文解字第一篇下 金壇段玉裁注
屮 艸木初生也。象丨出形有枝莖也。古文或㠯爲艸字。讀若徹。

“象形”、“象某某之形”

“象形”一语均指象形字。“象某某之形”指具象意义者为象形字，如“屮”，如“鸟”。指抽象意义者为指事字，如“八”。

“从某，某声”

“从某”指义符，“某声”指声符，此为形声字。

“从某，从某”，“从某某”

凡用这两个术语的都是由两个或几个形体合成的会意字。如“赤”为两合，从大，从火。

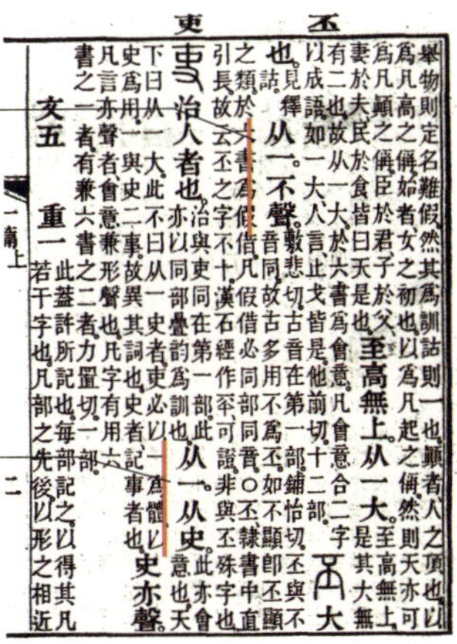
丄 高也。从一。从一大。
吏 治人者也。从一。从史。史亦聲。
文五 重一

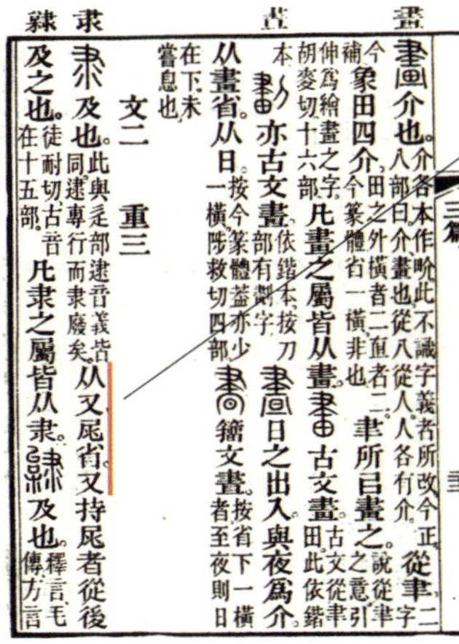
畫 介也。从聿。象田四介。聿所㠯畫之。凡畫之屬皆从畫。
晝 日之出入與夜爲介。从畫省。从日。
隶 及也。从又尾省。又持尾者從後及之也。凡隶之屬皆从隶。
文二 重三

“从某省”

指取其义而不采其全形的“省形”字。如“隶”字用“尾”之义，而采用了“尾”篆文的下半部形体。

"读若"

即用另一个字说明本字的读音。有时兼说明文字的通假关系，如"釆"与"辨"音义兼通。

"某省声"

指取某字作为声符，而又不采其全形的"省声"字。如"薅"，从"好"字的声而不用其全形。

本义：在一个字记录的诸多义项中，作为该字构形的依据，与字形密切相关，表示该字本来意义的义项，叫本义。如"得"字有"得到"、"得失"、"能够"等义，但只有"得到"这个义项与"得"字字形构成密切相关，这个义项就是"得"的本义。

初文：《说文解字》中的独体字，即形体不能再分开解析的字，叫初文。初文包括独体象形字和独体指事字，如牛、鸟、山、水等。

重文：即异体字。《说文解字》把附在篆文后面的古文、籀文等各种异体字称为重文。如《刃部》："劒(剑)，人所带兵也。从刃，僉声。籀文劍，从刀。""劍"就是重文。

合体字：汉字结构中由两个或两个以上独体字组成的字。合体字包括会意字和形声字。如"轮"由"车"、"仑"两个独体字构成。

小学：即中国传统语言文字学。《说文解字·叙》："周礼八岁入小学，保氏教国子以六书。""小学"本来是指儿童的学宫，因为儿童入学先学文字学，所以汉代称文字学为小学。隋唐以后更扩大为文字学、音韵学、训诂学的通称。清以后则成为系列研究汉字字音、字形、字义的语言文字之学。

六、汉字的应用和整理

从便于应用上说，记录一个词的汉字只应有一种固定的写法，但是由于汉字历史悠久，通行的地域广阔，人们在不同条件下的汉字应用中出现了记录同一个词的字有多种写法的复杂现象，这些现象基本上可以归纳为古今字、异体字、通假字、繁简字（繁简字前文已讲解过）。了解一些这方面的知识，可以方便我们阅读古籍，应用汉字。

1. 古今字

《论语·学而》开篇第一句是："子曰：'学而时习之，不亦说乎！'"意思是说：为学而能做到时时体会，反复实践，不也高兴吗！这里的"说"，指喜悦，内心高兴。古代没有"悦"字，"说话"的"说"和"喜悦"的"悦"同用一个"说"字，"悦"字是汉代以后才出现的，两者才分开使用了。

徐悲鸿《论语一章》，描绘的是孔子与学生们讨论的情景。

可见，"说"是古字，"悦"是今字，这就是"古今字"现象。产生古今字现象的原因，是上古时期汉字的数量少，一个字常常要身兼数职，兼很多义项，后世人们为方便应用造出新字来专职承担某个或某些义项。原先的字即称为古字，后来新造的字即称为今字。

在古籍中的古今字现象很常见，例如：

（1）姜氏欲之，焉辟害？（《左传·隐公元年》）

（2）君子之道，辟如行远，必自迩，辟如登高，必自卑。（《礼记·中庸》）

（3）此世俗之所谓知也。（《庄子·胠箧》）

（4）大叔出奔共。（《左传·隐公元年》）

例（1）中的"辟"是躲避的意思。例（2）中的"辟"是譬喻的意思。例(3)中“知”是智慧。例(4)中的“大”是太。

古今字的古字和今字一般是一对一的关系，也有一些是一个古字对应几个今字的情况。从古字变为今字有的是用古本字为声符,加上形符而成,如“知”变为“智”,“辟”变为“避”、“譬”;有的是改变古本字的形符成为今字,如“错”变为“措”,“张”变为“胀”,“谢”变为“榭”等。了解古今字知识便于阅读古籍，防止文字的乱用，不要把“返回”写成“反回”,故示高深;如果把“皇后”写成“皇後”那就是错字了。

2. 异体字

由于汉字创造非一时之功、一人之力,所以就出现了表示同一个意义、读音也相同的字有好几个形体、写法,这种音义完全相同只是形体不同的字叫做异体字，异体字也叫异形字。

甲骨文中“室”字就有着各种写法。

李斯像

从历史上看，实际上秦始皇统一中国后的统一文字就是中国历史上第一次异体字整理,李斯等人做了《仓颉》、《爰历》、《博学》三篇字书作为规范。异体字的类型,大致有三种:

(1)造字方法不同

泪(会意)——淚(形声)

岳(会意)——嶽(形声)

仙(会意)——僊(形声)

(2)形声字的构成成分不同

a. 形符不同：

溪——谿　　　杯——盃

b. 声符不同：

俯——俛　　　猿——猨

c. 形符和声符都不同：

迹——跡　　　村——邨

(3)构成成分位置不同

略——畧　　　群——羣

异体字的存在，除了书法艺术上有功用之外，对印刷没有益处，也增加人们的学习负担和记忆困难。1955 年 12 月，文化部和文字改革委员会公布了《第一批异体字整理表》，淘汰重复多余的异体字 1055 个，如“俯”、“俛”、“頫”一组中淘汰后两个，把“俯”留下。

3. 通假字

前面讲“六书”时已经讲过假借字，那是许慎说的“本无其字，依声托事”。我们这里讲的是本有其字的现象，如“率领”，也可以用“帅领”，本字是“率”，通假字就是“帅”。通假字有同音通假和音近通假两类。例如：

(1)同音通假

脩——修

四牡脩广(《诗·小雅·六月》)

选贤与能，讲信脩睦。(《礼记·礼运》)

(2)音近通假

矢——誓

之死矢靡它。(《诗·鄘风·柏舟》)

惠——慧

甚矣，汝之不惠。（《列子·汤问》）

了解通假字对读懂古文献十分必要，要用因声求义的训诂方法，透过通假字的字形，通过语音去找出本字，才能弄懂古文真意。

4. 汉字的整理

走过了几千年历程的汉字枝繁叶茂、硕果累累，但也是需要整理的。周代编儿童识字课本《史籀篇》就是整理汉字的做法。秦统一中国后，第一次大规模整理汉字为小篆，就是“书同文”。汉代许慎《说文解字》的问世，使汉字的使用真正有了规范可循，中国开始有了文字学。

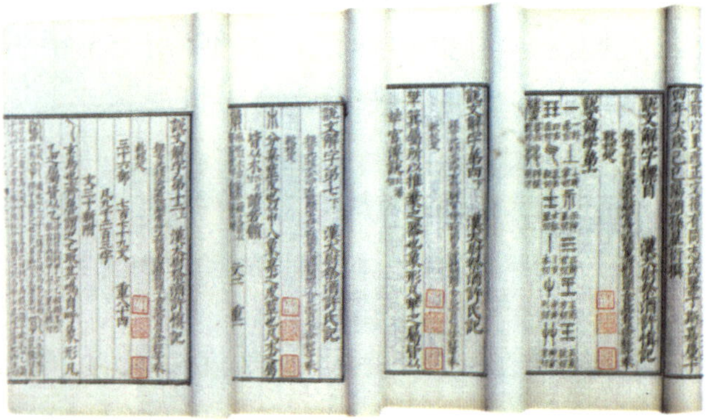

《说文解字》书影

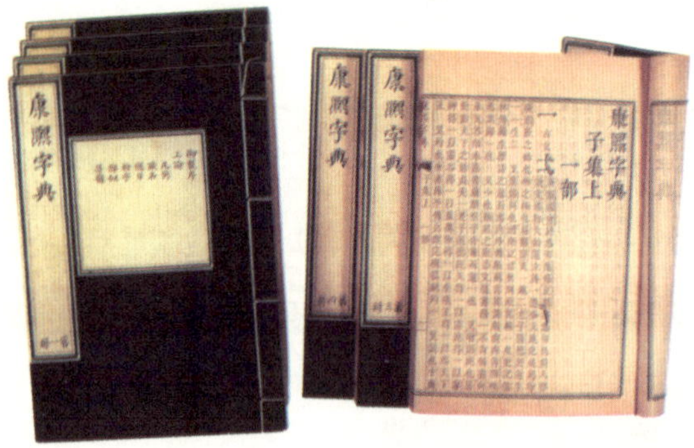

东汉以后直至清康熙以前，陆续出现过一些字典，但影响力都不及许慎的《说文解字》。《康熙字典》问世后，这种状况有所改变。《康熙字典》是我国第一部以“字典”命名的工具书。该书的编撰工作始于康熙四十九年（1711），成书于康熙五十五年（1716），历时六年，由总纂官张玉书、陈廷敬主持。字典按笔画排列单字，共收录汉字47035个，为汉字研究的主要参考文献之一。

中国进入现代以后，汉字整理步伐加大。1909年，学者陆费逵第一次提出采用简体字，“限定通俗字范围，一致在二千个汉字左右”。1922年，学者钱玄同向国语统一筹备委员会提出《减省现行汉字笔画案》。以后很多学者都为汉字简化做了大量的工作。1935年8月，国民政府教育部公布《第一批简体字表》，虽然遭到国民党元老戴季陶极力反对而宣布废止，但是给后来的汉字整理打下了坚实的基础。

中华人民共和国成立后，中国文字改革委员会成立，1956年1月31日，《人民日报》发表了中国文字改革委员会讨论修正的、经国务院批准的《汉字简化方案》和《关于公布〈汉字简化方案〉的决议》。1964年5月由中国文字改革委员会编制出版。

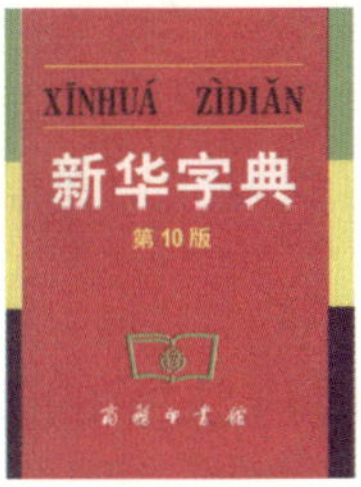

《简化字总表》共收汉字2236个，使汉字整理朝着“字有定量，字有定形，字有定音，字有定序”的健康方向发展：

1. 汉字定量

东汉许慎的《说文解字》收小篆9353个，加上古文重文（异体字）共10516个，清代《康熙字典》收字47035个，清末民初陆费逵等人编著的《中华大字典》收字48000多个，1986年以后出版的《汉字大字典》收字56000个左右，这是目前收字最多的字典了，当然，再多收，还是有的。

其实从古至今，汉字实际使用字数大约在6000个左右，常用字更低于这个数字，经过教育部、中国文字改革委员会每年不断的工作，1988年3月，国家语言文字工作委员会和新闻出版署联合公布了《现代汉语常用字表》和《现代汉语通用字表》，常用字表收字3500个，其中常用字2500个，次常用字1000个；通用字表共收字7000个。

1982年1月14日《人民日报》载资料说，印刷现代书报刊物一共用6335个字。而我们如果认识2500个常用字，就可以通畅地阅读现代的书报刊了。

2. 汉字的定形、定音、定序

汉字要规范形体，除了艺术汉字以外，通用汉字要向一字一形的方向努力。国家公布有《第一批异体字整理表》、《汉字简化方案》、《印刷通用汉字形表》等。为规定每个汉字的读音，国家公布了《普通话异读词审音表》。所谓汉字定序就是查字法的标准化，规定标准的查字法。《说文解字》首创部首法，根据篆书分为540部；《康熙字典》根据楷书归并为214部。1983年文字改革委员会和文化部拟定了《统一汉字部首表（征求意见稿）》，规定汉字部首为201个。顺序按笔画数和起笔笔形横、竖、撇、捺、折排列。

1965年国家有关部门提出了《关于试行几种汉字查字法的意见》，拟出拼音字母查字法、部首查字法、四角号码查字法和笔形查字法四种方案。

现代科学技术——计算机的使用将更促进汉字的规范整理工作。

图说汉字

最初的时候，我们的祖先写字就是画画，几千年下来，世界上只有汉字的书法成为了一门艺术，“无声而有音乐之旋律，无色而有色彩之斑斓。”（沈尹默语）只有汉字的篆刻能在方寸之间产生艺术的万千气象。汉字包含着乾坤，吞吐着万象。所以汉字适合图说。图说汉字能最好地表现汉字的形体之美与内在的思想之美。这里，我们借助诗人、学者余光中先生写的名篇中的一段话来具体说一下汉字之美和汉字的力量：

杏花，春雨，江南，六个方块字，或许那片土地就在那里面。而无论赤县也好神州也好中国也好，变来变去，只要仓颉的灵魂不灭美的中文不老，那形象，那磁石一般的向心力当必然长在。因为一个方块字就是一个天地。太初有字，于是汉族的心灵他祖先的回忆和希望便有了寄托。譬如凭空写一个“雨”字，点点滴滴，滂滂沱沱，淅沥淅沥淅沥，一切云情雨意，就宛然其中了。（《听听那冷雨》）

许慎在《说文解字》自序中说：“古者庖牺氏之王天下也，仰则观象于天，俯则观法于地，视鸟兽之文与地之宜，近取诸身，远取诸物，于是始作易八卦，以垂宪象。”我们据此将图说分为天文、地理、植物、人事、动物、器具建筑六部分。

一　天文

天

tiān　　甲骨文　　金文　　小篆

《说文解字》:“天,颠也。至高无上。”译:天,颠顶,最高无以上加的部位。

字形构造:“天”字是象形字,甲骨文中的天字的头是方的,金文中则作圆形,但整体形象都很写实:一个正面站立的人,长着大大的脑袋。到了小篆,人的脑袋用一横来表示。楷书由小篆演变而来,更加整齐美观。

主要词义与词性:❶天空〈名〉:顶~立地。❷一昼夜二十四小时时间,有时专指白天〈名〉:今~。❸天气〈名〉:阴~|晴~。❹自然〈名〉:~灾。

带天字的词语易错的字:兰(蓝)天白云。

起源和演变:《山海经·海外西经》记载了一个名叫“刑天”的神话人物:他与黄帝相争而不胜,被黄帝砍了脑袋。失去了头颅的刑天并没有死,他以双乳为目,肚脐为口,挥舞着武器继续战斗。“刑天”的名字就是“砍断头”的意思。人的额角被称为“天角”,两眉毛之间被称为“天庭”,这些词语中的“天”字,都表达了“天”字的本义。

神话人物刑天

对于人体来讲最高的地方是头顶,对于大地众生来说,至高无上的地方是天空,“天”字于是引申为天空的意思。天空高远无边,可以呈现眩目的虹霓,可以发生惊心动魄的雷电,而在晴朗的夜晚,

人们则看到浩瀚而灿烂的星河。天象绚丽多姿，变幻莫测，先民们敬畏它、崇拜它，认为它体现着神灵的意志，主宰着世间万物。古代的帝王自称为“天子”，以此来名正言顺地统治万民。

日月东升西落，白天和黑夜也随之产生，古人将一个昼夜周期称之为一天。而在这一天中的其他时段，也可以用“天”来表示，如“三更天”、“晌午天”等。

“汉并天下”瓦当

北 京 天 坛

天坛是明清两代帝王用以祭天和祈祷丰年的建筑。

时光一如既往地流逝，气候在不断发生着变化，天空中阴风怒号，但不多时便换作万里无云，季节推移，四时变换；“阴天”、“晴天”、“雪天”、“雨天”当中的“天”字，是气候、天气的意思。而“春天”、“夏天”、“秋天”、“冬天”中的“天”字，则表示着季节。

《纪泰山铭》。刻石为唐玄宗登临泰山封禅时所书。封禅是古代帝王祭天地的重要仪式。

在人们看来，天是万物的主宰，也代表了大自然的规律。适应大自然的事物存活并发展，被称为“物竞天择”，而《史记》中所说的“王者以民人为天，而民人以食为天”话语中的“天”表示的则是最重要的事。

单卦的“乾卦”由三道阳爻（完整的三画）组成，表示纯阳、圆满的天。

字义纵横谈

天，被古人认为是世界的主宰。《易经》第一卦是乾卦，乾就是天。它的象辞说：“天行健，君子以自强不息。”匈奴人称自己为天之骄子，唐太宗李世民因为卓著的文治武功被西北部族首领尊为“天可汗”。但东方的至高无上的天并没有一个统一的神灵作为象征。在这层意义上，西方人的天就是上帝，比如谚语“Man proposes，God disposes（谋事在人，成事在天）”。

字中知识：

天行健，君子以自强不息

“天行健，君子以自强不息。”这是《周易·乾卦》的象辞，意思是说：天道刚健，君子（以天为法）所以自强不息。这句象辞代表了中华民族的伟大奋斗精神可贵的理性的自觉，是我们不断提高德行和智慧，在创新中永远前进的本源动力。人们常将“天行健，君子以自强不息”与《周易·坤卦》的象辞“地势坤，君子以厚德载物”一并引用，就是说做君子既要有不断进取的坚强意志，也要积累德义，有海纳百川的宽容态度。清华大学就以“自强不息，厚德载物”作为校训。

细说故事：

杞人忧天

人每日都在天底下生活，广大无边而又神秘莫测的天，千百年来引发着人们探求的愿望。有人问天，有人观察天。《列子·天瑞篇》中用一种幽默的口吻，讲了有人忧天的故事。

清乾隆年间造的金天球仪。

故事中说：杞国有个人，萌发观察天的兴趣。有一天，他担心起来：万一有一天天塌下来该怎么办呢？为此，他寝食不安，整天忧心忡忡。有个好心人知道他的苦恼后，告诉他说：我们上面的天空都是气体，天空中的日月星辰也是气凝聚而成的，天既然是无穷的气，又怎么会塌下来呢？杞国人听了这个解释，心里豁然开朗，再也不为天担忧了。

气

qì　　甲骨文　　金文　　小篆

《说文解字》:“气,云气也。象形。”译:气,云气。象形。

字形构造:“气”是个象形字。我们在甲骨文中看到三道朝天空飞去的云带。为了区别于“三”,金文中把最上面的一道的一端弯向天空,造字者又取左右对称,将最下面的一道在反方向向下弯了下来,改变后的“气”字看上去更像云气蒸腾上升的样子。楷书由小篆演变而来。

主要词义与词性: ❶气体〈名〉:煤~|氯~。❷特指空气〈名〉:透~。❸气息:上~不接下~。❹气味〈名〉:香~|泥土~。❺人的精神状态〈名〉:生~勃勃。❻生气;发怒〈动〉:他~坏了。❼欺负;欺压〈动〉:挨打受~。❽中医指身体的原动力〈名〉:元~。

带“气”字的词语易错的字: 气极(急)败坏。

云雾笼罩的梯田

起源和演变:“气”的本义就是指天上的云气,后来引申泛指自然界的一切气体,如“空气”、“雾气”、“氧气”、“水蒸气”等。

东汉郑玄注释《礼记·祭义》时说:“气谓嘘吸出入者。”呼吸是维持人生存的最基本的活动,吸入的是新鲜空气,呼出的是体内的浊气,所以“气”又指呼吸的气息,比如“气喘吁吁”、“气急败坏”等词中的“气”。

烧制北京传统风味小吃茶汤的大铜壶冒着热腾腾的蒸汽。

地上的水气蒸腾形成云，云气聚集则降下万物赖以生存的雨水，吹过衣襟的风，和日夜不停的呼吸，我们无时无处不能感到气的变化流动。天凉了，是空气变冷了，气体流动，带来了远处的花香，“气”，也指“天气”、“气候”，还有“气味”。

中国古代哲学家认为，气是构成世界的本原，充塞于天地之间的是气，气化生出万物，就连我们人的身体和精神，也是由气凝聚而成的。《庄子·知北游》中说：“人之生，气之聚也。聚则为生，散则为死……通天下一气耳。”董仲舒说：“气之清者为精，人之清者为贤。”看来构成精神的气要比构成形体的气更加的清洁纯粹。

《一团和气图》。画中实为三个人物，但看上去却像一个人。

明代人所绘《关公擒将图》，画中的关公气宇轩昂，英武非常。

既然人的精神也是由气构成的，人们便又用气来指代人的精神面貌，比如“气概”、“气质”、“气宇轩昂”、“喜气”、“勇气”等等。

而“气”当作动词用时，它仅仅指生气或者使别人生气。《三国演义》中“诸葛亮三气周瑜”。

清代任颐的《酸寒尉像》，生动地表现出清代下层官员的寒酸气。

字中知识：

中医里的真气

以中国哲学作为理论基础的中医将气视为构成人体的基本物质和维持生命活动的原动力。真气有先天和后天之分。先天之气禀受于父母，随生命而来，就是我们常常说的“元气”。后天之气由人体消化吸收食物、呼吸空气和吸收大自然的精华得来的。

元气是生命之本，人在生命活动过程中元气不断消耗，需后天之气地不断补充，两者相辅相成，密不可分。《医宗金鉴》有云：“后天之气得先天之气，则生生不息；先天之气得后天之气，始化化而不穷也。”

太极拳讲求“以心行气，以气运身”，“纯以神行，不尚拙力”，目的就是让蕴藏于生命之中的先天元气周行全身，活泼泼生机长健。上图为一代武术宗师王培生大师示范太极拳。

细说故事：

文天祥与正气歌

文天祥，字宋瑞，号文山，吉州庐陵（今江西吉安县）人，是南宋杰出的民族英雄和爱国诗人。宋理宗宝佑四年（1256），文天祥考取进士第一名，后历任湖南提刑，知赣州。

文天祥塑像

德祐元年（1275）正月，闻元军东下，文天祥在赣州组织义军，开赴临安（今杭州，当时南宋的京城）。次年被任为右丞相兼枢密使。景炎二年（1277），文天祥率部反攻江西，收复州县多处。不久，为元重兵所败，妻子儿女被俘，将士牺牲甚众，他自己只身逃脱，退至广东继续抗元，后受到元兵袭击被俘。

文天祥后来被押往元大都（今北京），囚禁三年，经历种种严酷考验。无论是面对牢狱的煎熬，还是面对降臣旧主的现身说法，无论是面对着被俘后在宫中为奴的妻儿来信，还是面对元世祖的亲自招降，他都始终不屈。

在狱中，他写就了富有哲理而饱含着他人生情感的《正气歌》，千百年来为人们所诵：

“天地有正气，杂然赋流形。下则为河岳，上则为日星。于人曰浩然，沛乎塞苍冥。皇路当清夷，含和吐明庭。时穷节乃见，一一垂丹青。……”（天地之间存在着正气，是它赋予万物各种各样的形态。它在下化作山川河岳，在上化作日月星辰。对于人它叫做“浩然”，盛大得充满了天地之间。当国家太平的时候，正气和谐地表露在政事修明的朝廷里。在国家危难之际，气节便表现出来，一段段感人故事代代相传……）

北京文丞相祠内

明代书法家所书《正气歌》

文天祥于至元十九年（1283）十二月从容就义，年仅 47 岁。

识字规律：“气”，如今既可单用，也可作偏旁。凡从“气”取义的字都与气体等义有关。化学元素的各种气体都是形声字，就是都由“气”作义符，加一个声符字组成，如：氧、氢、氨、氰、氮等。

VA	VIA	VIIA	2 He 氦 $1s^2$ 4.003	K	2
7 N 氮 $2s^22p^3$ 14.01	8 O 氧 $2s^22p^4$ 16.00	9 F 氟 $2s^22p^5$ 19.00	10 Ne 氖 $2s^22p^6$ 20.18	L K	8 2
15 P 磷 $3s^23p^3$	16 S 硫 $3s^23p^4$	17 Cl 氯 $3s^23p^5$	18 Ar 氩 $3s^23p^6$	M L	8 8

图中深色底为气体元素。

宋代李迪《风雨归牧图》

风

fēng

甲骨文

小篆“风”

小篆“风”

風

繁体楷书

《说文解字》：“風（风），八風也。东方曰明庶風，东南曰清明風，南方曰景風，西南曰凉風，西方曰阊阖風，西北曰不周風，北方曰广莫風，东北曰融風。風动虫生，故虫八日而化。”译：风，八方的风。东方来的，叫明庶风；东南来的，叫清明风；南方来的，叫景风；西南来的，叫凉风；西方来的，叫阊阖风；西北来的，叫不周风；北方来的，叫广莫风；东北来的，叫融风。风吹动，虫产生，虫八天就变化成形。

字形构造：“风”的本字是风，是个象形字。风难以表现，大概是因为风与风都来去倏忽、行踪神秘莫测，所以就借“风”表风。甲骨文中“大风”即指大风，“小风”即指小风，“无风”即指无风。小篆将风、风分开。一个从虫凡声，表示風（风）；一个从鸟凡声，表示鳳（风）。简化文字后写作“风”。

主要词义与词性： ❶空气流动的自然现象，尤指空气与地球表面平行的自然运动<名>。❷借风力吹（使东西干燥或纯净）<动>：~干。❸像风一样快<副>：~行|~驰电掣。❹风气；风俗<名>：蔚然成~|移~易俗。❺态度<名>：作~|~度。❻风声；消息<名>：闻~而动。❼传说的，没有确实根据的<形>：~言~语。

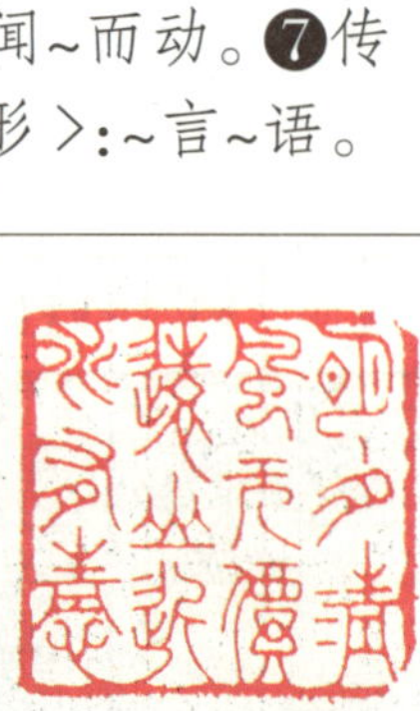

清代“明月清风无价，远山近水有意”印章。

起源和演变：《六书故·动物四》：“天地八方之气吹嘘鼓动者命之曰风。”已经说明“风”的本义是

清代任颐《听松图》。松如何能听？当然是因为有风吹过，听的是风穿松林的声音。你不见人物的头巾，松枝的倾向，还有松林间点点飞落的子实枯叶吗？

天地之间空气流动的现象。科学地说，风是由于气压分布不均匀而产生的与地面大致平行的空气流动现象。庄子在《齐物论》中也说："大块噫气，其名为风。"意思是大地呼吸的气，它的名字叫风。

三国嵇康送其兄嵇喜从军诗云："风驰电掣，蹑影追飞。"是在想象哥哥嵇喜纵横驰骋的样子，风驰电掣，就是像风一样奔驰，像电一样闪过。"风"被用来形容像风一样迅速或者普遍地到达，"风行"就有两个解释，一为盛行，普遍流行；一为像风一样迅速，"雷厉风行"嘛。

由风的流动性和广大的影响性，风引申指风气和风俗。《吕氏春秋·音初》中说："是故闻其声而知其风，察其风而知其志。"意思是说，听到一个地方的音乐就可以知道那里的风俗，考察那里的风俗就可以知道那里人们的心理。一个地方形成良好的风气可说是"蔚然成风"，一个新时代对社会的根本性变革要"移风易俗"。

中国清代，上至皇帝，下至百姓，吸闻鼻烟甚是风行。上图为各式玻璃珐琅彩珍品鼻烟壶。

由风的传播性，它引申指传播出来的消息，如"闻风而动"，"通风报信"。而正是因为风这种无辨从来的传播，它又指没有根据的事物和现象，如"风言风语"、"风闻"等等。

风还指表现出来的美，大自然的美称为"风光"、"风景"，而人的举止的美就称为"风采"、"风度"。后来也泛指为人的态度和作风，

东城渐觉春光好。縠皱波纹迎客棹。绿杨烟外晓寒轻，红杏枝头春意闹。（北宋宋祁《玉楼春》词）右图为西湖春色。

如"学风"、"官风"、"整风"等等。

孔子说:"安上治民,莫善于礼,移风易俗,莫善于乐。"古人推崇乐教,认为音乐对道德教化有极大帮助,犹如风之动物。"风"由此引申指民间歌谣。《诗经》内容就分为"风"、"雅"、"颂"三部分,十五国风就是从十五个诸侯国地区采来的地方声调的民谣。

字中知识:

风 水

风水,又称堪舆、图宅、山水之术等,是我国古代文化中一个重要的术数类别。晋代郭璞有这样的论述:"气乘风则散,界水则止,古人聚之使不散,行之使有止,故谓之风水。风水之法,得水为上,藏风次之。"

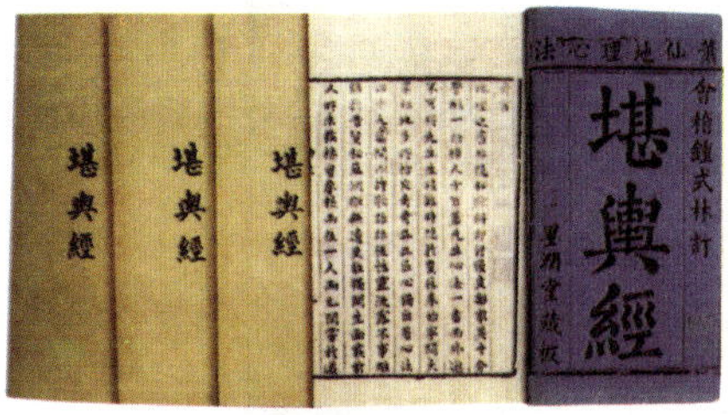

明代万历年间《堪舆经》

风水术源渊流长,门派众多,古代风水学的核心便是探求建筑的择地、方位、布局与人的身心命运的影响。它是以"天人合一"为主导思想,研究人与"天"(大自然)的关系,追求人类与大自然的协调统一。如果以今天的科学的态度剔除其中的迷信色彩和玄学成分,则实际上是一门古老的环境学和场态学。

陈少梅《江南春》图,依青山,靠流水,正是好风水!

古之风水术分为阳宅风水与阴宅风水,阳宅指住房,阴宅指墓地。古人认为,阳宅风水好可以保佑一家人平安、健康、事业顺遂,阴宅风水好则可使葬者的后代飞黄腾达、福祚绵长。按我们今天的观点来看,可以理解为使生者身心常健,使逝者欣慰安息。

举例子说,房屋坐北朝南,前有小河,后有山坡,一直以来被认为是理想的居家环境。风水学认为,后有山坡,可以藏风聚气,门前有活水,最好是小河弯弯,如含情意,则能给居住者带来福祉。按我们今天的分析，这样的建筑布局与中国的季风型气候相适应，人可以避免凛冽北风的侵袭，享受明媚的阳光。房后有靠（最好是为坡度较缓的小山所抱），使人充满了安全感，弯弯缓缓的流水，能使人活力源源不断，身心清醒祥和，这样的感受当然与成天面对高山危崖、汹涌波涛是不一样的。

《三百六十行》一书中的风水先生图，图中的风水先生手持罗盘，撑着雨伞，裹着绑腿，一副准备远行的打扮。

又比如风水学主张宅周植树，提倡种松竹，这不但能改善住宅的小气候，也可以满足人的观赏需求，树种各自蕴涵的文化也能陶冶情操，提升个人的修养品位。

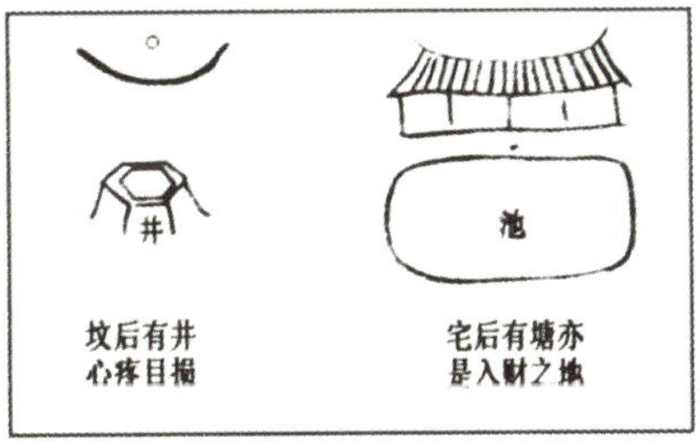

《秘传水龙经》中的阴宅图、阳宅图。图中左为阴宅图，称阴宅后不应有井；右为阳宅图，称宅后有池塘利于聚财。另有说法说，池塘设在屋前好，要设在阳光不会反射的位置，设在东南方位也是吉相。而设在屋后或西南方位为凶相，池塘太大也不好。看来风水学说还是一个值得探索的领域。

至于安葬祖先的阴宅会对其后代产生重大影响的理论，从现代科学的观点看难以找到合理的论据，不过古人颇为重视陵寝的选地。历代帝王陵寝选址无不重视风水占卜，追求陵寝与大自然山川、水流和植被的和谐统一，大部分皇帝都要亲自前往察看，希望选择风水宝地以保子孙万世帝业永祚。平常百姓家也会请来风水先生，他手持用于确定方位的罗盘，观山看水，测量掐算，四处寻找下葬的最佳地点。至于所选的地界是否真的为生者带来了运气，就完全看每个人自己的理解了。

明十三陵位于北京昌平区天寿山下方圆 40 平方公里的小盆地上，东、西、北三面群山环抱，南面开敞。朝宗河西北入，东南出，汇山间众溪，天地灵气，正妙合风水中山环水抱、藏风聚气的福厚之地。上图为明十三陵分布图。

细说故事：

画 风

清代著名画家，扬州八怪之一的李方膺以多才多艺为时人所重，他才思敏捷，书画功底深厚，墨分五彩，笔能扛鼎。有一次，李方膺应邀参加文人雅集，酒宴之间自然要谈诗论画。论画则谈到什么东西最难画。有人说，画兽难画狗，因为太常见了，稍微不似都不行。有人说，其实最常见的事物以“风”最为难画，因为它无形无影无踪。

清 李方膺《潇湘风竹图》

此时李方膺略一沉思，说：“能画！”说罢起身让人侍候笔墨纸砚。众人屏息围观，李方膺成竹在胸，挥毫泼墨。只见绵白如玉版的宣纸上顿时“风起”，劲竹傲立，画出了流传至今的名作《风竹图》。我们今天欣赏这幅名作，尚可见风穿竹叶，似闻金石之声。

识字规律：“风”，如今既可单用，也可作偏旁。凡从“风”取义的字大都与空气流动等义有关。

疯 (形声)：从疒，风声。本义指头疯病。引申指任性轻狂，不受管束。

后起字，《说文解字》无。

宋代梁楷《布袋和尚图》。布袋和尚相传是五代后梁时人。他行为怪诞，疯疯癫癫，但为人非常随和，腆着大腹，身背一条大口袋，每日沿街乞讨。能预言人事，凶吉皆有效验。人们认为布袋和尚就是大肚弥勒佛的化身。

飘 (形声)：从风，票声。本义指回旋的风。

《说文解字》：“飘，回风也。从风，票声。”

飒 (形声)：从风，立声。本义指回旋的风。

《说文解字》：“飒，翔风也。从风，立声。”

“昨夜风兼雨，帘帏飒飒秋声。烛残漏断频欹枕，起坐不能平。”（李煜《乌夜啼》）

雷

léi

甲骨文　　金文　　小篆

《说文解字》："靁，阴阳薄动雷雨，生物者也。从雨，畾象回转形。"译：雷，阴气阳气迫击运动而产生雷雨，雷雨是使万物滋生的东西。从雨，畾像雷的回旋转动的形状。

主要词义与词性：❶云层放电时发出的响声〈名〉：打~|春~。❷军事上用的爆炸武器〈名〉：地~|水~|鱼~。

字形构造："雷"本是个象形字。甲骨文中的雷字由表示闪电的曲线和表示雷声滚滚而至、回转不绝的圆形组成。金文在字上部加雨会意，下部圆圈变成了四个，圆圈中间有表示爆响的十字，整个字表明既有倾盆大雨，又有雷电交加。小篆的形体比金文稍简略，但形体结构仍然很复杂。楷书将字下面的圆圈简化成一个并写成方框，即今文"雷"字。

起源和演变："雷"的本音。说"雷"不能不和"电"一起谈，古人将雷电解释为阴、阳二气迫击运动而产生的，这和现代科学的解释颇为相似：雷电是云体内各部分之间或云体与地面之间，因带电性质不同形成很强的电场的放电现象。闪电的温度一般相当于太阳表面温度的3~5倍，它的极度高热使周围空气剧烈膨胀，从而形成波浪并发出声音。近处听到的是尖锐的爆裂声，距离远听到的是隆隆声。这声音，就是我们所讲的雷声。因为声音在空气中的传播速度比光速慢，所以我们会先看到闪电，后听到雷声。

雷声轰鸣，电光交加，那暴厉可怖的景象让人很容易联想到是谁在发怒了，汉语中有很多以“雷”来形容人发怒的词，如“大发雷霆”、“暴跳如雷”等等，人们也非常喜欢用“雷”来形容巨大的声响，比如“欢声雷动”、“咆哮如雷”。举世闻名的钱塘潮到来的时候，“百里闻雷震”（孟浩然《与颜钱塘登樟亭望潮作》），可见声势的惊心动魄。苏东坡有一次夜饮归来，吃了闭门羹，所谓“家童鼻息已雷鸣，敲门都不应”（《临江仙》），他自己于是去了江边独听江流之声。

钱塘潮

“雷”还用以形容迅猛的行动，典型的有“雷厉风行”一词，它是说人办事果断、有力、高速，如迅雷，似疾风。

“能使妖魔胆尽摧，身如束帛气如雷。”这是《红楼梦》第二十二回贾元春作的一首谜语诗。谜底并不难猜到，是爆竹。有一种大个的单响爆竹叫“麻雷子”，还有依次射出药弹、凌空爆炸的“闪光雷”……因为如炸雷一般的声音和火光，很多火药制品都以“雷”冠名，这在军事爆炸物中尤为常见，从中国古老的单兵手榴弹“震天雷”，一直到“雷管”、“地雷”、“水雷”、“鱼雷”……

震天雷

打雷时不同的物体发出相同的回声，汉代郑玄注《礼记》时说：“雷之发声，物无不同时应者。人之言当各由己，不当然也。”意思是说，人应该用自己的心去断其是非，不要取他人之说以为己语，像万物闻雷声而应那样。

字中知识：

雷池

雷池，坐落在长江中下游北岸安徽望江县雷池乡境内，是由雷雨雨水汇积而成。因居九江至南京的长江水道要冲，扼黄梅、宿松、太湖内河航运之咽喉，形势险要，历来是兵家必争之地。据唐代房玄龄等撰的《晋书·庾亮传》记载，庾亮在东晋王朝掌握实权时，派温峤守江州。苏峻、祖约起兵反晋，温峤想带兵离开江州去保卫京都（建康，今南京），庾亮写信劝他坐镇原防不动，不要越过雷池一步。原话是："吾忧西陲过于历阳，足下无过雷池一步也。"后来人们以"不越雷池"为警告之语，泛指不要超越现有的界限或范围，也可以指抽象的原则和规范。

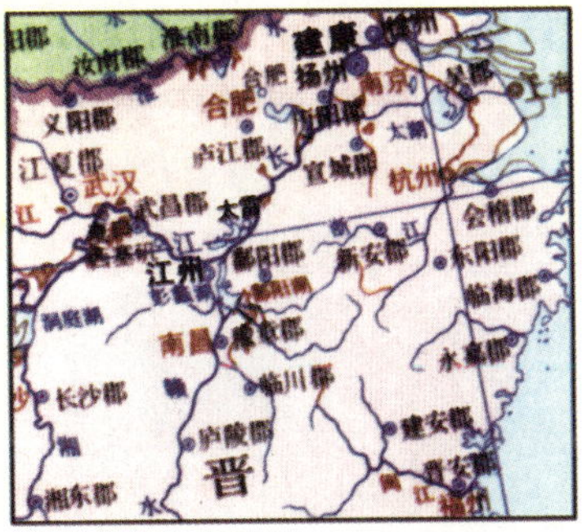

东晋时期地图（局部）。图中太雷即雷池。

雷 神

雷公造像

雷神又称雷公或雷师。古代神话传说中的司雷之神，道教诸神之一。

雷神信仰起源很古，《山海经》中描绘的雷神形象为："雷泽中有雷神，龙身而人头，鼓其腹则雷也。"汉代王充《论衡》中所述雷神"若力士之容，谓之雷公。使之左手引连鼓，右手推椎，若击之状。其意以为雷声隆隆者，连鼓相扣击之音也。其魄然若敝裂（霹雳）者，椎所击之声也。其杀人也，引连鼓相椎，并击之矣"。后来为人们普遍认同的雷公形象则状若力士，袒胸露臂，背插双翅，额生三目，脸赤色猴状，足如鹰鹯，左手执楔，右手持槌，呈欲击状，身旁悬挂数鼓，足下亦盘蹑有鼓。

民间绘画《雷神图》

古代民间相信雷神能辨人间善恶，代天执法，击杀有罪之人。唐宋文人笔记中，多记大雷雨时雷神劈打不孝子和作恶多端之人等情节，反映出人们对雷神既存敬畏心理，又望他主持正义的愿望。

《点石斋画报》中"毒谋天谴"图，描绘了恶人遭雷击毙的情形。

雨

yǔ　　甲骨文　　金文　　小篆

《说文解字》:“雨,水从云下也。”译:雨,水从云中降下。

主要词义与词性:从云层中降向地面的水〈名〉:～过天晴。

字形构造:“雨”是象形字,甲骨文上面一横线表示天,下面的竖点表示雨滴。在金文、小篆和楷书中,雨的字形发生了变化,但代表天的横,代表雨滴的点这些基本构形都保留了下来。

起源和演变:“雨”的本义就是雨水。云层里悬挂着许多人们渴望的水滴,要是它们能在一定的时节及时而适中地降落下来,那是多么令人欣喜的事情。“好雨知时节,当春乃发生。”这是杜甫的诗。“丁卯大雨,三日乃止,官吏相与庆于庭,商贾相与歌于市,农夫相与忭(biàn,欢喜)于野。忧者以喜,病者以愈。”这是苏轼笔下一场好雨给人间带来的变化,他因为喜爱这雨,将官舍旁的亭子命名为喜雨亭。

“夜雨剪春韭,新炊间黄粱。”(杜甫《赠卫八处士》)雨夜里剪下鲜嫩的春韭,刚烧好的二米饭热气腾腾,在春天里与阔别多年的老朋友重逢,感觉是多么惬意!

仍然是杜甫，他的诗《秋述》前面的小序中说：“常时车马之客，旧，雨来；今，雨不来。”他在秋雨中感慨，平时车马来来往往的客人中，旧朋友，下雨也来，新朋友下雨就不来了。后来人们将这两句话的断句故意巧妙改动，以“旧雨”表示旧朋友，“今雨”（也作新雨）表示新朋友。

中国画善于用墨与水的相互渗透的模糊效果表现迷蒙烟雨，这是明代巨匠沈周的《雨中话旧图》。

“雨”作动词用的时候表示“下雨”，引申为“天上降下”。几乎所有言讲汉字源流的书籍都会提到一个传说：“昔者仓颉作书，天雨粟，鬼夜哭。”相传汉字是黄帝的史官仓颉看到鸟兽的脚印各式各样，受到启发而创造的，天空因此下起了谷米，鬼神惊吓得在夜里哭叫。

“雨是最寻常的，一下就是三两天。可别恼，看，像牛毛，像花针，像细丝，密密地斜织着，人家屋顶上全笼着一层薄烟。树叶子却绿得发亮，小草也青得逼你的眼……”雨水滋润万物，恩泽众生，因此人们也用“雨”来比喻恩惠、恩泽。唐代诗人高适在送别两位贬官外地的友人时写了一首很有名的诗，诗中劝慰道：“圣代即今多雨露，暂时分手莫踌躇。”

字中知识：

云 雨

“云雨”一词的字面意思就是指云和雨，但它还有为人们常用的另外一层意思，是指男女欢合，出处是战国辞赋家宋玉的《高唐赋》的序言。楚襄王和宋玉一起游览云梦台的时候，宋玉对楚王说：“昔者先王（指楚怀王）尝游高唐，怠而昼寝，梦见一妇人曰：‘妾，巫山之女也。为高唐之客。闻君游高唐，愿荐枕席。’王因幸之。去而辞曰：‘妾在巫山之阳，高丘之阻，旦为朝云，暮为行雨。朝朝暮暮，阳台之下。’”

巫山风景

细说故事：

甘雨随车

《后汉书》载：百里嵩字景山，他做徐州刺史的时候，正赶上境内旱灾。于是到各处巡视慰问，车马到处立降甘雨。有几个县因为地处山野偏僻之地，百里嵩没有前往，这几个县没有得到甘雨。县内的父老诉求说：“我们也是您的百姓，为什么就不绕道来我们这里呢？”百里嵩返程慰问，雨随车而下。后以“甘雨随车”称颂地方官广施德政。

识字规律：

“雨”字，如今既可单用，也可作偏旁。凡从“雨”取义的字都与雨水云雷等义有关。

（会意）：甲骨文从三隹，从雨。金文、篆文省为二隹。会众鸟雨中疾飞之意。本义为鸟在雨中疾飞。

《说文解字》：“靃，飞声也。雨而双飞者，其声靃然。”（此解当为引申义）

（会意）：金文从人，从雨，会遇雨停下等待之意。本义为等待。篆文整齐化，下边的人形讹变为而。

《说文解字》：“需，𩓣也，遇雨不进，止𩓣也。从雨，而声。”（析形是就篆文所作的解说）

虹

hóng　　甲骨文　　小篆

《说文解字》："虹，螮蝀也，状似虫。"译：虹，螮蝀。样子弯曲像虫。

字形构造："虹"原本是一个象形字，甲骨文字形正像雨后天空中的彩虹。小篆字形变成了从虫（古人认为虹是动物），从共声的形声字。

主要词义与词性： 气象中的一种光学现象。当阳光照射到天空中的小水珠，光线发生折射作用和反射作用，在天空中形成拱形的七彩的光谱，从外圈至内圈呈红、橙、黄、绿、青、蓝、紫七种颜色<名>。

起源和演变："虹"的本义是指雨后天空中出现的彩色圆弧，是一种物理现象。

中国古人不知道彩虹形成的原因，古人们把它想象成神奇的动物：长身，两首，巨口，雨后常见，横跨天空，低头吸饮水气。《山海经》中记有"虹在其北，各有两首"，郝懿行疏曰："有两首，能饮涧水，山行者或见之。"

彩虹入涧，仿佛巨龙饮水。

正因为如此，人们对彩虹产生了不少迷信思想，如称在天空中看到彩虹时，不能用手去指点，否则将有不祥之事；又比如认为彩虹出现并非好事，尤其是出现白虹贯日的现象时，便预示着人间的帝王将会遭遇不测等等。

白虹贯日

当然，人们也根据彩虹出现的规律总结出了不少彩虹与气候的关系。如农谚说："有虹在东雨落空(第二天不会下雨)，有虹在西穿蓑衣。"

因为虹的形状像桥，所以人们常用以喻指桥，谓为虹桥。唐代杜牧《阿房宫赋》中说："长桥卧波，未云何龙？复道行空，不霁何虹？"是形容凌空建成的复道犹如彩虹。

彩虹极其绚丽，故而"虹旂"是指旗帜之美，"虹女"是称女子之艳，总之虹代表着美丽。

湖南湘西凤凰古城虹桥

字中知识：

虹 霓

传说中的虹有雌雄的区别。雄虹色彩鲜艳壮丽，雌的虹称为霓(ní)，色彩比较暗淡一些，雄雌合称虹霓。现代科学研究证明，虹霓之别是主虹与副虹的区别，主虹由阳光射入水滴，经一次反射和两次折射而被分散为各色光线所成。副虹称为霓，是由阳光射入水滴两次折射和两次反射形成，光带色彩不如主虹鲜明。

古时用霓裳来称神仙所穿的美丽衣裳。唐代歌舞的集大成之作名为《霓裳羽衣舞》，是唐玄宗创制的。它的舞、乐、服饰都着力描绘虚无缥缈的仙境和舞姿婆娑的仙女形象，给人以身临其境的艺术感受。大臣张说《华清宫》云："天阙沉沉夜未央，碧云仙曲舞霓裳；一声玉笛向空尽，月满骊山宫漏长。"《霓裳羽衣舞》在开元、天宝年间曾盛行一时，也成为了唐玄宗和杨贵妃极尽人间视听之娱的代名词。安禄山造反，"惊破霓裳羽衣曲"。李杨感人的爱情结束了，只留下绵绵不绝的万古长恨。安史之乱后，唐代宫廷就没有再演出《霓裳羽衣舞》了。

冰

bīng　甲骨文　金文　小篆

《说文解字》:"仌(冰),冻也。象水凝之形。"
译:冰,(初)冻,像水凝结成冰的样子。

字形构造:"冰"本是个象形字,甲骨文和金文都像初凝的突起的冰块的样子。小篆在"仌"(冰)旁边又加了个"水"字,由仌为水凝会意。

> **主要词义与词性:** ❶水在零摄氏度或零摄氏度以下凝结成的固体<名>:河里结~了。❷因为接触凉的东西而感到寒冷<动>:秋天刚来,河水已经有些~脚了。❸把东西和冰或凉水放在一起使凉<动>:把汽水~上。

起源和演变:自然界中的水有气态、固态和液态三种状态。液态的我们称之为水,气态的水叫水汽,固态的水称为冰。《易经》坤卦的第一爻:"履霜,坚冰至。"是说当秋天脚履寒霜时,就预示严冬的坚冰时节即将来临。人们常用这一爻辞喻指事物的渐进发展,警示凡事要防微杜渐。"冰冻三尺,非一日之寒"嘛!

一觉醒来,看到窗户上结满了冰花!

《礼记·月令》上讲:"孟冬之月,水始冰,地始冻。"孟冬之月,是指冬季的第一个月,即农历十月。水开始结冰,大地也开始冻结。这句话里的冰作动词用,表示结冰。

用手摸一下冰块,凉凉的,攥在手心里,感到刺骨的寒冷。冰又指使人感到寒冷,比如说"这水冰手"。而把东西和冰或冷水放在一起使之变凉也称为冰,比如说"把两瓶汽水冰一冰"。

冰成晶体状态,它寒冷、透明,用以形容事物有冰食(冷食)、冰甃(指寒凉的水井)、冰糖(蔗糖晶体)等词。用以形容人的性情品格,一是指高洁纯净,比

如说他（她）“冰清玉洁”，是在赞许其人人品高洁，做事光明磊落，像冰一样清明，玉一样纯洁。一是指为人冷淡、不热情，比如说他（她）冷若冰霜、冷冰冰的。

《芙蓉楼送辛渐》　王昌龄

寒雨连江夜入吴，平明送客楚山孤。
洛阳亲友如相问，一片冰心在玉壶。

冰也经常被用来形容人的外貌，主要是形容女子皮肤的晶莹无瑕、形体的高洁脱俗。苏东坡有词云：“冰肌玉骨，自清凉无汗。”这是在描写后蜀末主孟昶的宠妃花蕊夫人的绝世颜色。孟昶和花蕊夫人香浓旖旎的恋情最终随着后蜀的亡国而瓦解冰消了，苏东坡那首词的最后写到了二人曾经奢华生活里的惆怅：“但屈指，西风几时来？又不道，流年暗中偷换。”（《洞仙歌》）

字中知识：

冰　人

冰人就是指媒人。媒人有这样的别称，的确挺让人费解的。谈起这称呼的由来，里面有个有趣的故事。

据《晋书·索统传》记载，敦煌人索统，擅长阴阳占候和为人解梦。孝廉令狐策做了一个梦，梦见自己站在冰上，与冰下的人说话。因为觉得梦境太离奇，便请索统为他解梦。索统解释说：“冰层的上面属阳，下面属阴，所以你的梦与阴阳（男女）之事有关；你站在冰上与冰下的人说话，是阳对阴说，这是做媒介的意思。因此这个梦意味着你将替他人做媒，婚事将在冰融化后成就。

索统的解释不久便获得应验，令狐策果然为太守田豹的儿子说成了一门婚事。从此以后，人们便以冰人代指媒人。

识字规律：“冰”字，如今既可单用，也可作偏旁。作偏旁时写作“冫”，凡从“冰”取义的字皆与寒冷等义有关。注：以为“氵”作偏旁的字有时简作“冫”，如净、冲、决等。这些字仍从“水“取义。

冰冻的冬天来了，万物凋零。

（形声）：从冰，周声。本义指草木衰落。

《说文解字》：“凋，半伤也。从冰，周声。”

冬天屋檐下的冰凌

（形声）：从冰，夌（líng）声。本义指冰。

《说文解字》：“凌，水。在临淮。从水，夌声。”（所释为假借义）

瀑布冻住了！

（形声）：从冰，东声。本义指结冰。

《说文解字》：“冻，冰也。从冰，东声。”

（形声）：从冰，禀声。本义指寒冷。

《说文解字》：“凛，寒也。从冰，禀声。”

雪

xuě

甲骨文

金文

《说文解字》:“雪,凝雨,说(悦)物者。”译:雪,雨凝结成的颗粒,使万物喜悦的东西。

字形构造:“雪”是会意字,甲骨文上面是雨,下面是羽,表示雨凝结成颗粒,像羽毛一样飘舞落下。小篆以“彗”代替羽,彗的本义是手执扫帚的样子,朱骏声《通训定声》中说:“雨而可彗埽(扫)者,雪也。”楷书把慧省略为“彐”,写成“雪”。

主要词义与词性:❶空气中降落的白色结晶,多为六角形,是空气中的水汽冷却到摄氏零度以下时凝结成的〈名〉。❷颜色或光彩像雪的〈形〉:~肌|~色。

《雪花》邮票,邮票上是显微镜下看到的雪花晶体。

起源和演变:雪是空气中的水汽凝结为冰晶而落下的自然现象,这些冰晶多呈六角形,看上去就像有六个花瓣的花儿,所以我们常常把它叫做雪花。雪花纷纷扬扬,霎时间覆盖了大地,一切看起来都是那样的干净洁白,“雪”自然而然地被用来形容白色,“雪白”,“雪练”,“君不见高堂明镜悲白发,朝如青丝暮成雪”。由雪的洁白,又引申出“雪”字的动词用法,表示洗刷干净,比如“雪耻”、“洗雪”、“靖康耻,犹未雪”(岳飞词《满江红》)中的“雪”,都洗除蒙受的耻辱的意思。

雪兔

一夜北风过后，清晨拉开窗帘，惊呼道："下雪了！"人们看到雪降而欣喜，因为雪让天地之间银装素裹，让空气变得清新，因为雪能冻死害虫，滋润大地，泽及万物，雪地给人们带来喜悦和悦然的情怀。所以人们说："瑞雪兆丰年。"

字中知识：

雪泥鸿爪

嘉祐六年（1061）冬，苏轼途经渑池出任凤翔府签判，得到弟弟苏辙的寄诗《怀渑池寄子瞻兄》。诗云："相携话别郑原上，共道长途怕雪泥。归骑还寻大梁陌，行人已度古崤西。曾为县吏民知否？旧宿僧房壁共题。遥想独游佳味少，无方骓马但鸣嘶。"这是兄弟俩的第一次分离，苏轼收到弟弟的诗后怀念旧事，感慨万千，于是写下了著名的《和子由渑池怀旧》诗，诗便从雪泥写起，变实为虚，浸满人生变化无常的悲凉感受："人生到处知何似？应似飞鸿踏雪泥。泥上偶然留指爪，鸿飞那复计东西。老僧已死成新塔，坏壁无由见旧题。往日崎岖还记否？路长人困蹇驴嘶。"雪泥指融过雪的泥土，鸿爪指大雁在雪泥上踏过留下的爪印。人生在世上漂泊不定，其境况就有如飞鸿偶然踏足在积雪的泥地之上。昔日苏氏兄弟应举，对床夜话，题诗于老僧寺舍之壁，而今日僧死墙坏，题诗已不可复见……

苏轼像

"雪泥鸿爪"，后来被人们用来形容往事留下的痕迹。

细说故事：

阳春白雪

《楚辞》当中讲到了这样一个故事：有一天，楚襄王问宋玉（宋玉是战国末年楚国著名的辞赋家）说："先生大概有不检点的行为吧？不然为什么许多人都会对你不满意呢？"宋玉回答说："是有这种事情，希望大王宽恕我的罪过，让我把话说完吧！"

"有位客人在郢都唱歌，起初他唱《下里》、《巴人》，城中跟着应和的有数千人，后来唱《阳阿》、《薤露》，城中跟着应和的有数百人，等到唱《阳春》、《白雪》，城中跟着应和的只有数十人了。最后他引用商声，刻画羽声，再以徵声相和成调，城中跟着应和的不过几个人而已。这样看来，所唱的曲子越是高妙，能相应和的人也就越少。"

这便是成语"阳春白雪"、"下里巴人"、"曲高和寡"的出处。"阳春白雪"后来就用来代表高雅的文艺作品，"下里巴人"则代表通俗浅近的文艺作品。

雪夜访普

据《宋史·赵普本传》记载，宋太祖赵匡胤曾经多次微服私访功臣之家，大臣赵普每次退朝后都不敢穿便服。一天，大雪一直下到夜里，赵普意料今晚皇上不会出宫私访了。过了一些时候，听到敲门声，赵普赶忙出来，见太祖正立在风雪之中。赵普慌忙叩拜迎接。太祖说："我已经约了晋王（即赵光义，赵匡胤同母弟）了。"随后太宗（当时为晋王）也到了，于是在厅堂铺上双层垫褥，三人席地而坐，用炭火烤肉吃，赵普的妻子在旁斟酒，太祖把她喊作嫂嫂。就在这天夜里，太祖与赵普就攻打太原的事宜进行了周密策划。

右图是明代刘俊所绘《雪夜访普图》，前厅正中二人围炉而坐。上首坐宋太祖，他头扎巾帽，身着锦袍，身材魁伟，气度不凡，正在侧首聆听。赵普在下首侧坐，仪态恭谦，娓娓而谈。

寒 hán

金文　小篆

《说文解字》:“寒,冻也。从人在宀下,以茻荐覆之,下有仌。”译:寒,冷冻。由从人在宀下,用茻(草)垫盖着,下面有仌(冰)来会意。

主要词义与词性:❶冷〈形〉:~冬|天~地冻。❷害怕;畏惧〈动〉:心~|胆~。❸穷困〈形〉:贫~。

字形构造:

“寒”字在甲骨文中尚未发现。金文的形体结构较为复杂,由宀、人、草、冰会意而成。其外部是一个房屋,屋内中间有一个面朝左站着的人,虽然在屋里塞满了保暖的干草,可是室内地上还是结了冰,真是天寒地冻啊!小篆继承金文的写法,各个组成部分也基本上没有什么变化。楷书简整化以后,就变得完全走样了。

清代任伯年《人物册页》

起源和演变:

“寒”的本义指寒冷。荆轲受太子丹之请刺杀秦王,那一天,太子丹和宾客们都穿了素服来到易水边为他送行。就要上路了,高渐离击筑,荆轲和着筑声悲壮地唱道:“风萧萧兮,易水寒;壮士一去兮,不复还!”唱罢登车西去,始终没有回头。燕地是今河北一带,秋冬之际风冷水寒,何况穿着丧服与荆轲作必死的诀别!

“寒”字有“冰”为冷，暄字有“日”为暖，道寒暄就是问冷暖，是应酬礼仪之词。

寒冷使人颤抖，因而“寒”字又有了战栗恐惧之义。宋代诗人杨万里追忆被金兵追赶时有诗句云：“今兹过吾舟，念昔犹胆寒。”贫困就不免饥寒，“寒”字又引申指贫困。古时将家境贫困或门第卑微的读书人称为寒士。杜甫《茅屋为秋风所破歌》中有“安得广厦千万间，大庇天下寒士俱欢颜”的诗句。朱自清曾解释说：“‘寒’是‘寒素’，对‘膏粱’而言(膏粱本指肥肉和细粮，后借指富贵人家)。是魏晋南北朝分别门第的用语。‘寒门’或‘寒人’并不限于书生，武人也在里头；‘寒士’才指书生。”《晋书·刘毅传》：“上品无寒门，下品无士族。”

东汉袁安客居洛阳，一年冬天，洛阳令冒雪去访他。到了门前，看到雪深没有行路，以为他被冻死在家了。叫随从扫出路进屋，发现袁安正冻得蜷缩在床上发抖。问他为什么不求帮助，袁安说：“大家都没好日子过，大雪天我怎么好去打扰人家？”后来人用“袁安困雪”来形容困守寒门而不愿乞求于人的气节。右图为明代沈周《袁安卧雪图》。

字中知识：

禁火寒食

寒食节是中国民间的一个传统节日，在清明节的前一日或两日。在这一天，家家都不生火做饭，只吃事先准备好的冷食，称为“禁火”、“寒食”。寒食节的起源据说是为了纪念春秋时代晋国的贤臣介之推。介之推曾跟随晋公子重耳流亡十九年，历尽了艰难困苦，过着颠沛流离的生活，并曾把大腿肉割下来为重耳充饥。后来重耳返国即位，是为晋文公。所有跟随他流亡的人都得到了他的封赏。唯独有“割股啖君”之功的介之推侍奉老母隐居山中去了。晋文公为了逼他出来受赏，放火烧山，介之推还是不肯出来，抱着母亲烧死在一棵大树下。晋文公重耳悔之不及，十分悲痛，为了悼念介之推，便规定每年在介之推烧死的这一天不得生火，只吃冷食，称为寒食节。

《寒食书事》 赵元镇

寂寞柴门村落里，也教插柳记年华。
禁烟不到粤人国，上冢亦携庞老家。
汉寝唐陵无麦饭，山溪野径有梨花。
一樽径籍青苔卧，莫管城头奏暮笳。

因寒食节连着清明，大约从唐代开始，人们便把寒食节和清明节合在一起来过了，节日的主要内容也逐渐演变为拜扫祭祖和踏青。时当暮春，景色正好，“拜扫了事，而后与兄弟、妻子、亲戚、契交放情游览，尽欢而归”（宋李之彦《东谷所见》）。插柳、秋千、蹴鞠、咏诗等都是古代寒食节流行的文化活动。

因为寒食节全国禁火，把所有的火种都熄灭了，到了清明便要重新取火。唐代皇帝要举行隆重的赐火仪式，把新火赐给群臣，以示对大臣的宠爱。不过唐人名诗《寒食》云：“春城无处不飞花，寒食东风御柳斜。日暮汉宫传蜡烛，轻烟散入五侯家。”新火轻烟何以在寒食日只在近臣贵戚之家，倒是挺值得人细味的。

寒山寺，在江苏苏州市西枫桥附近。相传唐代诗僧寒山、拾得和尚在此住过，因而得名。寒山寺本名妙利普明塔院，又名枫桥寺。唐代诗人张继《枫桥夜泊》云：“姑苏城外寒山寺，夜半钟声到客船。”

日

rì

甲骨文　金文　小篆

《说文解字》:“日,实也,太阳之精不亏。从口一,象形。”译:日,(光明)盛实。太阳的精华不亏损。由口、一会意。象形。

字形构造:“日”字是一个象形字,描绘的就是太阳,甲骨文、金文中的日字,都是一个圆圈中间有一个小黑点,有人说那个黑点代表太阳发出的光芒,也有人说那个小黑点是先民们观察到的太阳黑子,台湾学者李孝定《甲骨文集释》这样说:“中有点画,所以别于口也。”后来为了便于书写,日的轮廓被改作方形,中间的一点改作了一横。

主要词义与词性: ❶太阳<名>:~出|~薄西山。❷从天亮到天黑的一段时间;白天<名>:~班|~~夜夜。❸地球自转一周的时间;一昼夜<名>:今~|明~。❹每日<副>:吾~三省吾身。

带“日”字的词语易错的字: 计日成(程)功;遮天避(蔽)日;渡(度)日如年。

设置在北京故宫太和殿前的日晷(guǐ),时针指向下午四时左右。古语说:“一寸光阴一寸金。”光阴的本义就是日影。

起源和演变:“日”的本义就是太阳。日有许多别称,比如羲和、金乌、赤轮等等,但它的永恒、光明和无与伦比的蓬勃阳盛之气使人们对它的称谓最终固定为“太阳”。

相传日中有“三足乌”,因此太阳在古代也称“三足乌”、“金乌”。

太阳升起来，万物都被照亮，感受着温暖，获得了能量，当它落下去，黑夜便随之来临。黑夜的尽头又是曙光，白天与黑夜，就这样交替进行着。人们把一天中有太阳的时间称作日，昼夜不停的辛勤劳动被称为“夜以继日”，而当春尽夏来的时候，宋朝女词人朱淑真则吟出了意味隽永的“谢却海棠飞尽絮，困人天气日初长”的诗句。

元代圭表。圭表是古代测日影的仪器，根据日影的长短可以测定节气和一年时间的长短。测日影的标杆叫做臬。圭臬后来比喻标准、准则和法度。

“日”逐渐引申为时间的单位，人们把一昼夜称为一日，白居易《荔枝图序》中这样形容荔枝的不易保存：“一日而色变，二日而香变，三日而味变，四五日外，色香味尽去矣。”光阴是日复一日地流逝，因此，“日”也泛指光阴、日子，曹操《短歌行》中感叹：“对酒当歌，人生几何。譬如朝露，去日苦多。”

重阳节是中国的传统节日。唐朝诗人孟浩然《过故人庄》诗：“待到重阳日，还来就菊花。”图为民间绘画《重阳登高》。

在生活中，有许多为特殊目的而定的日子，比如古代农人在春季里的一天要感恩土地、祈祝丰收，这一天叫做“社日”，又比如“节日”、“纪念日”，其中的“日”字都带有特定的一天的含义。

字义纵横谈

“日”在英文里称为“sun”。She is sitting in the sun，可千万别理解为“她在太阳里坐着”，这句话的意思是她在阳光下坐着。希腊神话中最广为人知的太阳神叫“Apollo”（阿波罗），他是希腊神话中最雄健英俊、多才多艺的神之一。

字中知识：

日 食

1980 年 2 月 16 日发生的日食

日食是太阳、月亮、地球处于同一条直线上时，太阳被月亮遮住而产生的天文现象。我们的祖先不知道日食的成因，认为是天狗把太阳吞食了，所以想尽办法要迫使天狗赶紧把太阳吐出来。日食很快过去，太阳不久又恢复了本来面目时，人们认为是他们采取的措施起了作用。于是每当日食发生，人们便会用吓退天狗的喧闹的办法救出太阳。不过到了西汉时期，人们已经认识到了日食的客观成因，刘向在《五经通义》中指出："日蚀者，月往蔽之。"这已是很科学的认识了，可是历代日食发生时，朝廷上下往往还认为与人事失修有关。

元代仰仪。它能测定日食发生的时间，还可估计日食方位角，食分多少和日食的全过程。

细说故事：

后羿射日

传说在帝尧之时，上天突然出现了十个太阳，这十个太阳是天帝帝俊与他的妻子羲和的孩子，他们都居住在大海中的扶桑树上。按规定每天只能有一个太阳居于扶桑树顶，普照大地，可是有一天其他九个太阳都要齐显神通，一起爬上了树颠。结果大地成为焦土，各种生灵濒于死亡。帝俊只好派神射手后羿下凡，射掉了其中的九个太阳，只剩下一个太阳每天值日。

中国民间绘画《后羿射日图》

后羿射日的故事反映出远古人民渴望战胜自然灾害的愿望。对于大自然而言，人类无疑是渺小脆弱的，靠着顽强抗争的精神渡过了种种难关。如今我们提倡在征服大自然的同时也要与之相生相养，和谐相处，方能永远生生不息。

识字规律：“日”字，如今既可单用，也可作偏旁。凡从“日”取义的字皆与太阳、光阴、时日等义有关。

（指事）：甲骨文字形像太阳从地面刚刚升起的样子。本义指天亮，破晓。

《说文解字》：“旦，明也。从日见一上。一，地也。”

（zè，会意兼形声）：从日，从仄（倾斜），仄兼表声。本义指太阳西斜。成语“日中则昃”，是说太阳过了正中就要偏西。

《说文解字》：“昃，日在西方时。侧也。从日，仄声。”

（会意）：从日，从比，会二人在太阳下共同劳作之意。后引申指共同、兄弟等义。

《说文解字》：“昆，同也。从日，从比。”

（形声）：从日，召声。本义指明亮。

《说文解字》：“昭，日明也。从日，召声。”

（会意）：从日，从曰。本义是光明正大的善言。引申指美好、光明、兴盛。

《说文解字》：“昌，美言也，从日，从曰（开口说话）。”

月

yuè

甲骨文　　金文　　小篆

《说文解字》:"月,缺也。太阴之精。象形。"译:月,亏缺。太阴的精华。象形。

主要词义与词性:❶月球;月亮<名>:~食|~光。❷计时的单位,公历1年分为12个月<名>。❸每月的<形>:~刊|~产量。

字形构造:"月"是象形字。甲骨文金文当中的月字,描摹的都是一轮缺月的形状。月亮虽然呈周期性的变化,但总体来说是缺多圆少,所以以这样的字形来表示它是很贴切的。小篆的形体变得不太像月亮的样子了,楷书由小篆演变而来。

宋代绘画《松下赏月图》

起源和演变:"月"字的本义就是指月亮。太阳落下去,月亮便升起来。这温柔而明亮的月亮,从古到今,人们赋予了它太多的情感:"明月松间照,清泉石上流"是隐者的雅趣,"却下水晶帘,玲珑望秋月"是宫女的愁怨,"露从今夜白,月是故乡明"是羁客的感怀,"仰头看明月,寄情千里光"是情人的思念……

日历,按照传统的叫法,它叫做"月亮牌儿"。

月亮的圆与缺是周期变化的,农历将连续两次呈现同样的月相所经历的时间称为一个朔望月,朔望月与阳历中根据回归年(地球绕日公转一周的时间)派生出的12历月不同,因为 12 个朔望月相加比一个回归年要少将近 11 天,所以古人每三年要置一个闰月,以此来定四时而成岁。

由月亮的形状和颜色,“月” 又被用来形容颜色或形状像月亮一样的事物,比如白色的羽毛被称为“月羽”,形圆如月的门被称为“月亮门”,古代城防中围绕在城门外的半圆形小城叫做“月城”。

月亮门

字中知识:

月　老

月下老人是我国神话传说中专管婚姻的神,又称“月老”。月老之说,始见于唐代李复言的《续幽怪录》。书中说有一个名叫韦固的人,在一个月夜里经过宋城,只见有一位老人在月光下翻书。好奇的韦固走上前去问他翻的是什么书,老人说我这部书是天下男女姻缘的登记簿。韦固又问他囊中的红绳是做什么用的。老人说,只要这绳儿把男女两人的脚拴住了,不管他们以前是仇人还是远隔千里,都会结成夫妻。《红楼梦》第五十七回中,薛姨妈对黛玉、宝钗说:“自古道:千里姻缘一线牵。管姻缘的有一位月下老人,预先注定,暗里只用一根红丝把这两个人的脚绊住,凭你两家隔着海,隔着国,有世仇的,也终究有机会做了夫妇。”这位月下老人一定是位善良的热心人,虽然他也有系错红绳的时候,但是人们还是希望有这样的人管这事,后世人们便以月老代指媒人。

月下老人

月老祠

细说故事:

嫦娥奔月

在古代,人们想象往月亮上跑带有恐惧的色彩,所以神话传说“嫦娥奔月”是一个凄美的故事。相传嫦娥是帝尧时的射日英雄后羿的妻子,十分美丽聪慧。后羿为了能长生不死,从西王母那儿求来了不死的药方放在家里。天真的嫦娥禁不住成仙的诱惑,没有等后羿服食,就偷偷地把这药吃了。吃了药的嫦娥只觉得身体飘飘然羽化飞升,缓缓向着月宫飞去。她到了月宫后就开始后悔,住的虽然是琼楼玉宇,但却清冷无限,只有一只玉兔,连个可以交谈的人都没有,这让她深感孤寂。正如唐代诗人李商隐的《嫦娥》一诗中所写:"云母屏风烛影深,长河渐落晓星沉。嫦娥应悔偷灵药,碧海青天夜夜心。"

《嫦娥奔月》年历卡

识字规律:"月"字,如今既可单用,也可作偏旁。凡从"月"取义的字大都与月亮、光明等义有关。需要注意的是,因为篆文的"肉"与"月"形近,后来"肉"字作为偏旁时讹变为"月"。

(会意):甲骨文以月照窗棂或以"日"、"月"共辉会日发光明亮之意。本义指光明。

《说文解字》:"朙(明),照也。从月,从囧。"(朙与明是异体字,朙会月照窗棂明亮之意)

(会意):甲骨文从日在草中而有月,表示太阳已出草中但月亮尚未隐没,会早晨之意。本义指早晨。

《说文解字》:"朝,旦也。从倝(日出光明貌),舟声。"(析形不确)

(会意):甲骨文从臣(眼睛),从壬(人立土堆上),会人站在土堆上远望之意。金文加"月"字,表望的对象。本义指远望。

《说文解字》:"望,出亡在外,望其还也。"(所释是希望之义,是望的引申义)

星

xīng　　甲骨文　　金文　　小篆

《说文解字》:"星,万物之精,上为列星。从晶,生声。"译:星,万物的精华,在天上就成了众多的星。从晶,生声。

字形构造:"星"字是一个形声字，甲骨文的星字,以五个口代表点点繁星,金文中的星字,以三个日来指代天上的星星,甲骨文中像小树苗的部分和金文除去三个日的部分是"生"字,表读音,小篆的星字的形体与金文形体相似。楷书由小篆演变而来。

主要词义与词性: ❶夜晚天空中闪烁发光的天体<名>:月明~稀。❷天文学上指宇宙间能发射光或反射光的天体,分为恒星(如太阳)、行星(如地球)、卫星(如月亮)、彗星等<名>。❸细碎或细小的东西<名>: 火~儿。❹明星<名>:歌~|影~。

起源和演变:"星"的本义就是指天上的星星,人类从幼稚时代直到今天,他的目光千百次地凝望着浩渺而神秘的星空,目光中充满了遐想、企望和赞叹。"明月皎夜光,促织鸣东壁。玉衡指孟冬,众星何历历。"这段诗出自《古诗十九首》之七。明月皎皎,蟋蟀在东墙轻唱,北斗星的勺柄悄悄地挪移了,繁星点点是多么的清晰!

星星彼此分离,数量不可胜数,人们以"星"来形容多而分散的事物,我们的祖国不断发展壮大,很多边境省份的城市从寥若晨星变成了"星罗棋布"。

宁夏沙湖星罗棋布的芦苇丛

一首熟悉而好听的儿歌里这样唱:“一闪一闪亮晶晶，满天都是小星星。”天上的星星实际上都是巨大的实体,然而由于它们距离我们太遥远,所以每当仰望星空，人们常常会感到它们是那样的细小。人们用“星”来形容细小、细碎的东西,“一星半点儿”、“零零星星”、“星星之火,可以燎原”。

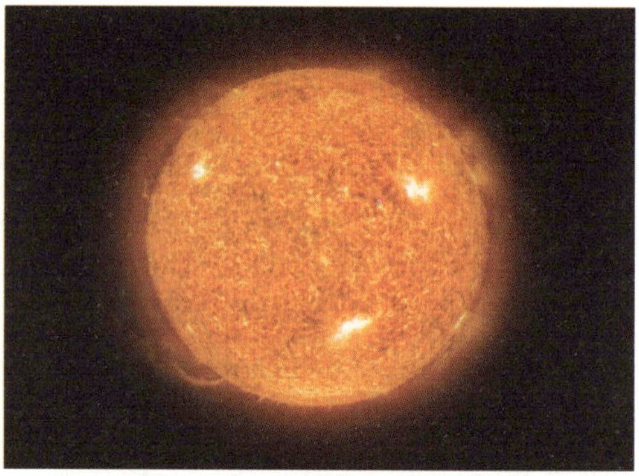

太阳是离我们最近的恒星，平时看起来和月亮差不多大小的太阳的体积相当于130万个地球。

明亮的星星高高在上,为人所瞩目,“星”字由此引申比喻那些有名的表演者,比如“歌星”、“影星”、“笑星”、“球星”等等。

星星点点的灯火

流星飞快地划过天空,那一道光芒转瞬即逝。在诸如“星驰”、“星流霆击”、“星飞电急”等词语中,“星”表示的意思是像流星一样疾速。

狮子座流星雨

字中知识:

曾经的九大行星

水 星

金 星

太阳系有九大行星,这是曾经小孩子也知道的最为科普的常识。按与太阳距离远近来排,它们依次是水星、金星、地球、火星、木星、土星、天王星、海王星、冥王星。水星(Mercury,罗马神话墨丘利神,是众神的信使)是太阳系中运动最快的行星。金星分别在早晨和黄昏出现在天空,它就是我们常说的“启明星”。火星有很多特征与地球相似,它在天空中看起来是血红色的，所以西方人把它想象为罗马神话中的战神“马尔斯”（Mars）。木星是太阳系最大的行星，土星则是最美丽的一颗星，它有着漂亮的光环，但它非常疏松，密度比水的还要小。天王星（Uranus，希腊神话中天神乌拉诺斯）因为离太阳远，所以非常寒冷，表面有效温度在零下二百摄氏度以下。海王星（Neptune，罗马神话中海神涅普顿）是太阳系内离太阳最远的行星，表面覆盖着数千公里厚的冰层。至于冥王星，2006 年 8 月 24 日（北京时间），国际天文学联合会大会上经表决通过，太阳系只有八颗行星，冥工星不再被视为行星，而被列入“矮行星”行列。

地 球

火 星

木 星

土 星

天王星

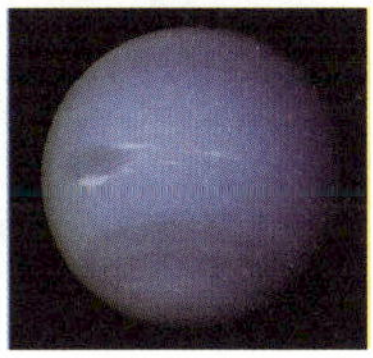

海王星

观星的古人

观星是古人的一项重要活动，人们在长期的观察中发现，某些星星在天空中出现的不同时间、方位和形态，与气候的季节变化规律相吻合，于是据此推算一年中的重要季节的到来。如终年可见的北斗星座，“斗柄东向，天下皆春；斗柄南向，天下皆夏；斗柄西向，天下皆秋；斗柄北向，天下皆冬”（《鹖冠子·环流》），俨然一个天然大时钟。人们也注意到许多异常的天象，如《春秋》中的“夏四月辛卯夜，恒星不见，夜中星陨如雨”，是世界上关于天琴座流星雨的最早记载。“秋七月，有星孛入于北斗”，是关于哈雷彗星的最早记录。而占星术也由此盛行起来，占星家们创立了“上天变异，州国受殃”的说法，以天空中出现的星象变化来占卜人世的吉凶。

1978 湖北随县战国古墓出土的一只漆箱上，不但有二十八宿的全部名称，还有与之相应四象图（四象，是将二十八宿分为东、西、南、北四组，以四个有灵性的动物相匹配：东官苍龙，南官朱雀，西官白虎，北官玄武）。

莫

mò

甲骨文　　金文　　小篆

《说文解字》:"莫,日且冥也。从日在茻中。"译:莫,太阳将要没落。由"日"在草中会意。

主要词义与词性:❶表示"没有谁"或"没有哪一样东西"<代>:~不欢喜|~名其妙。❷不<副>:~如|爱~能助|~衷一是。❸不要,不可<副>:~相忘|闲人~入。❹表示揣测或反问<副>:~非|~不是。

字形构造:"莫"是暮的本字,是个会意字。甲骨文上下都是草,中间是个太阳,表示太阳西沉于草木丛,天色已晚了。金文、小篆的形体与甲骨文基本一致。楷书发生了讹变,"日"的下面变成了"大",这是为了书写方便。

起源和演变:"莫"在古文字中表示傍晚,春秋时期的《左传》说:"那个傍晚。"原文是"其莫"。王羲之写的《兰亭序》的手迹就已经是很熟练"暮春之初"的"暮"了。

因为音近的关系,"莫"字被假借为否定词使用。我们说"莫不"就是"没有一个不";"莫逆"就是"没有什么违逆于心的",形容两人意气相投,交往密切友好。"哀莫大于心死"就是"没有什么比心死更可悲的了"。而"一筹莫展"就是"一筹不展";"非公莫入"就是"不是公事不要进入"。

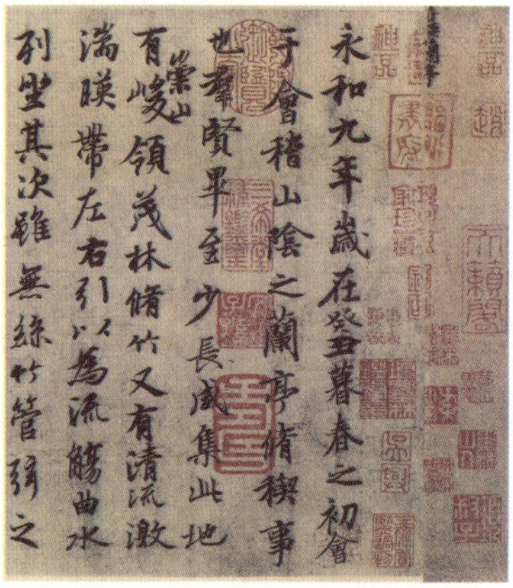

右上图为唐代冯承素摹写的《兰亭序》:永和九年,岁在癸丑,暮春之初,会于会稽山阴之兰亭,修禊事也。群贤毕至,少长咸集。……

如此一来，要表示太阳下山的意义时，只好在“莫”下加上个“日”字写作“暮”，产生了一个上声（莫）下形（日）的新形声字。这样“莫”与“暮”有了明确的分工，“暮”字只表示日落的时候。

字中知识：

莫须有

这是历史上有名的大冤案。《宋史·岳飞传》中记载：秦桧害怕岳飞收复被金兵占领的失地，处心积虑地捏造罪名，诬陷岳飞想带兵谋反，将岳飞关入监狱。大将韩世忠愤愤不平，质问秦桧是否有证据，秦桧说：“虽然没有查明，这事‘莫须有’。”韩世忠说：“‘莫须有’三个字怎么能让天下人信服？”

“莫须有”是宋朝人的用法，并不是“不须要有”的意思。而是“也许有”，“或许有”的意思。秦桧就是以这样的罪名杀害了一身正气、精忠报国的岳飞。后世就把无罪被冤称为“莫须有”。

莫愁前路无知己，天下谁人不识君？

唐诗中有一首极能为志士壮行，为游子解忧的诗，它就是高适送别董大时所做的《别董大》。

关于董大，历来多家考证认为是唐玄宗时代著名的琴客董庭兰，唐人习惯以排行作称谓，称他董大。盛唐时盛行胡乐，能欣赏七弦琴这类古乐的人不多。董大常年隐居山林，生活十分清苦。后来因为老病贫困，应宰相房琯之请，在其门下当过清客，为此还遭到了世人的非议。

高适写这首诗时也很不得志，到处浪游，常处于贫贱的境遇之中，但在诗中却以开朗的胸襟、豪迈的语调把临别赠言说得慷慨大方，鼓舞人心。

《别董大》　高适
千里黄云白日曛，北风吹雁雪纷纷。
莫愁前路无知己，天下谁人不识君？

夕

xī　　甲骨文　　金文　　小篆

《说文解字》:“夕,莫也。从月半见。”译:夕,傍晚,月亮尚未露出全貌。

字形构造:“夕”字是个象形字。在甲骨文和金文中,“夕”字与“月”字几乎一模一样,甲骨文的月或写作“ ”,或写作“ ”,金文中也一样,可见“夕”与“月”早期很可能就是一个字。小篆的夕比月字少了一笔,表示月儿尚未露出全貌。楷书由小篆演变而来。

主要词义与词性:❶太阳落的时候;傍晚〈名〉:~阳|~照。❷泛指晚上〈名〉:除~|风雨之~。

起源和演变:太阳落山了,一眉新月挂上了天空,“夕”的本义,就是指黄昏、傍晚。《诗经》中很著名的一篇《君子于役》中写到了一位女子的心事:“日之夕矣,牛羊下来。君子于役,如之何勿思!”——傍晚太阳落山了,牛羊要下山回家,我的爱人依然在行役之中,我怎能不思念他啊!说起这对于白日将尽的感念,有着不同心意的人们就有不同的辞章。盛唐已逝,大唐式微,多情的李商隐看到夕阳的美景感伤着“夕阳无限好,只是近黄昏”!早于他千年的孔子以追求真理为己任,一天,他对他的学生们说:“朝闻道,夕死可矣。”

巫山夕烟

——要是早上听到了真理，晚上死掉都可以。

黄昏一过，夜幕便降临了，“夕”由此引申指代夜晚，“朝乾（自强不息）夕惕（小心谨慎）”形容终日勤奋工作，戒勉不已。“终夕不寝”是说整夜没有睡觉。中国文学史上最有天才的作者苏轼在他那首脍炙人口的《水调歌头》中对于明月的赞美也蕴含着他对于朝廷的关切：“明月几时有？把酒问青天。不知天上宫阙，今夕是何年？”

今夕是何年？

“夕”是白昼之末，从这里，人们也将一个月的下旬称为“月之夕”，一年的最后一季则称为“年之夕”。白居易《秦中吟·不致仕》云：“朝露贪名利，夕阳忧子孙。”这里的“朝露”和“夕阳”是代表年轻时和晚年，原诗的意思是：年轻时追逐名利，晚年时忧虑子孙（的将来）。

字中知识：

除　夕

除夕是农历一年中最后一天的晚上，之所以叫做“除夕”，意谓旧岁至此而除，新岁自明晨开始，俗称大年三十。中国人对除夕一直十分重视，常常会在这一晚安排很多活动。《梦粱录》卷六：“十二月尽，俗云‘月穷岁尽之日’，谓之‘除夜’。士庶家不论大小，俱洒扫门闾，去尘秽，净庭户，换门神，挂钟馗，钉桃符（用于避邪的桃木板），贴春牌，祭祀祖宗。遇夜则备迎神香花供物，以祈新岁之安。”《万历嘉兴府志》：“腊月，乡人以朱墨涂面，跳舞于市，行古傩礼（击鼓驱鬼除瘟疫的舞蹈仪式）。除夕，易门神、桃符、春帖，封井碨（石

宋代《大傩图》，表现了头戴面具、击鼓舞蹈的人们喧声雷动，以驱鬼除瘟的场面。

磨），爆竹、燔柴，设酒果聚欢，锣鼓彻夜，谓之守岁。”除夕守岁的风俗，可以上溯到晋代。皇宫中的贺岁奢华靡丽，隋炀帝在除夕之夜，令宫人烧去沉香、檀木二百多斤，香飘数十里。寻常百姓人家则吃年饭，而后围炉而坐，叙说往昔。宋代杨无咎在除夕之夜挥笔写下《双雁儿·除夕》一词：“劝君今夕不须眠，且满满，泛觥船。大家沉醉对芳筵，愿新年，胜旧年。”

民间春节吃饺子的习俗在明清时已经相当盛行。饺子要事先包好，待到半夜子时吃，这时正是农历正月初一的伊始，吃饺子取“更岁交子”之意。

除夕之夜，尚有“辞岁”，置送“压岁钱”的习俗。《燕京岁时记》：“凡除夕，蟒袍补褂走谒亲友者，谓之辞岁。家人叩谒尊长，亦曰辞岁。新婚者必至岳家辞岁，否则为不恭。”“以彩绳穿钱，编作龙形，置于床脚，谓之压岁钱。尊长之赐小儿者，亦谓之压岁钱。”

识字规律：“夕”字，如今既可单用，也可作偏旁。凡从“夕”取义的字大都与月亮、夜晚等义有关。

（sūn，会意）：从夕，从食，本义指晚上吃的食品。

《说文解字》：“飧，餔也。从夕、食。”

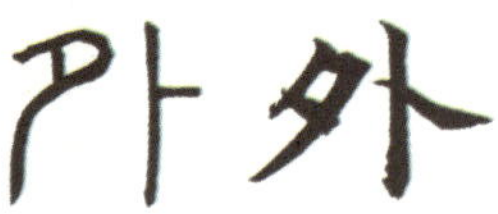

（会意）：从夕，从卜，表示在晚上占卜。这一反古人在早上占卜的习惯，是个例外，“外”由此会意而成。

《说文解字》：“外，远也。卜尚平旦，今夕卜，于事外矣。”

洪水过后的夕阳

昔

xī　　甲骨文　　金文　　小篆

《说文解字》："昔，干肉也。从残肉，日以晞之。"

译：昔，干肉，象残余、零星的肉，用太阳来晒干它。

字形构造："昔"是个会意字。甲骨文从"日"，下面像洪水泛滥的样子，会洪水泛滥的古往的日子之意。金文的形体与甲骨文的形体正相反。小篆由金文演变而来，楷书整齐化。

主要词义与词性： 从前〈名〉：~日 | ~年 | 今非~比。

起源和演变："昔" 的本义指洪水泛滥的古老的日子。虽然也有说法说"昔"是像在太阳底下晒肉干。但从"昔"的字形和引申义来看，我们更愿意相信它和频繁出现在各国神话传说中的远古时代的洪水泛滥有关。

古人认为，下方的民众不行正道，天帝被触怒了，于是降下洪水警告世人。所谓"洚水儆予"（《尚书·大禹谟》）。基督教《旧约·创世记》中说：耶和华因为看见世人作恶，便使洪水泛滥在大地上，要将人类毁灭。

无论人类是否真的曾经罪无可赦，大规模的长时间的洪水灾难的确发生过。这一点，已被近代科学研究所证明。

上面的一幅关于洪水故事的伊斯兰插图，取自 16 世纪晚期写就的一份手稿，画面为在诺亚方舟上。下面的一幅取自 15 世纪英国祈祷礼拜书的图画，动物在洪水开始退却后离开诺亚方舟。

英国的民族学家弗雷泽指出，在北美洲、中美洲、南美洲的130多个印第安种族中，没有一个种族没有以大洪水为主题的神话。我国古老的神话传说中也有很多关于洪水泛滥的故事，对于尧、舜时代洪水不绝的记述比比皆是。

清任颐《女娲炼石图》

母爱慈悲，面对着“四极废（四根擎天柱倒了），九州裂（九州大地裂开了），天不兼覆（天不能盖满大地），地不周载（地不能遍载万物）……水浩洋而不息”的险情，看着“猛兽食颛民，鸷鸟攫老弱”的惨状，女娲炼五色石以补苍天，断鳌足以立四极，杀苍龙以济冀州，积芦灰以止淫水。

大禹像

自救开始了，无能为力则乘上诺亚方舟逃离，尚可坚持则围、堵、封、填。在中国的传说里，直到大禹治水，开沟通渠，引流入海，华夏民族才初步挣脱了可怕的洪魔。

昔日的洪水给人的心底留下了深刻的烙印，汉字“昔”因此引申指从前、往日之意。南宋诗人杨万里写诗追忆被金兵追逃渡江的情景时道：“今兹过吾舟，念昔犹胆寒。”被评为七言律诗第一的《黄鹤楼》云：“昔人已乘黄鹤去，此地空余黄鹤楼。黄鹤一去不复返，白云千载空悠悠。”——从前的人已乘黄鹤远去了啊，这里空剩下这座黄鹤楼。黄鹤背负着仙人一去不返啊，只剩下天际白云，千载悠悠。

“夕”与“昔”

夕，本义指傍晚，如夕阳，朝夕。注意：读为 xī，不要读作 xì。

昔，本义指过去，如昔日，今非昔比。注意：读为 xī，不要读作 xí。

春

chūn

甲骨文　　金文　　小篆

《说文解字》:"萅,推也。从艸,从日。艸(草),春时生也。屯声。"译:春,推出万物。由艸、由日会意。草,春天时生发。屯声。

字形构造:"春"是会意兼形声字。甲骨文从日,从艸(草),从屯。右边的屯像草木钻出地面之形,屯亦表声。左边的上、下两部分都是草,中间是"日"。整个字可谓是一小幅阳光煦暖、绿草萌发的春光图。金文把声符"屯"移到了中间,位置发生了较大的变化。小篆基本上同于金文,只是"屯"的曲笔朝右拐。楷书的写法,"草"和"屯"发生了较大的讹变,已经看不出原本的构字了。

主要词义与词性: ❶春季<名>:四季如~。❷指一年间的时间<名>:一卧东山三十~。❸指男女情欲<名>:~心荡漾。❹比喻生机<名>:妙手回~。

歙县(在安徽省)春晓

起源和演变:"春"字的本义就是一年四季的第一季,一般是农历的正月到三月,称为春季。

中国古人根据太阳运行的位置将一年分为二十四个节气(节气的日期在阳历中是相对固定的),第一个节气就是立春。

一年之计在于春，立春这天人们要打“春牛”，吃春饼，贴迎春条幅，过了立春，农耕就要开始了。农历正月初一（阴历年）通常在立春前后，后来就把这一天定名为“春节”。

春光旖旎，充满生机的美好的春天历来被诗人描写不尽，“春到人间万物鲜”，“春色满园关不住”，“万紫千红总是春”。还记得朱自清先生的那篇《春》吧：“盼望着，盼望着，东风来了，春天的脚步近了。一切都像刚睡醒的样子，欣欣然张开了眼。山朗润起来了，水长起来了，太阳的脸红起来了。小草偷偷地从土里钻出来，嫩嫩的，绿绿的……”

春季是万物生长的季节，生机勃勃，充满活力，古人用春“来”表示生长、生机。那一联富有形象而含意深刻的名句“沉舟侧畔千帆过，病树前头万木春”是刘禹锡为白居易寄诗写的回赠。受到排挤的刘、白二人相互慰藉勉励，说沉船的旁边正有千帆驶过，病树的前头也有万木争春。

“春”，又指春色，喜色。我们且看看南朝宋人陆凯赠给友人的诗：“折梅逢驿使，寄与陇头人。江南无所有，聊赠一枝春。”陆凯，是三国陆逊的族子。虽然有家不能归，但他多么希望将一枝初露春色的梅花一直寄到亲朋的手中，让他们感到安心与安慰啊！

春，这种生命力的勃发又引申为男女情欲。《诗经·召南》中说：“有女怀春，吉士诱之。”可以意译为歌德的名句“哪个少女不怀春，哪个青年不善钟情！”

古人夜观天象，发现北斗星的斗柄指向东方春天便要降临人间了，于是以春指代东方。比如“春方”就是指东方，“春路”就是指东方的道路。

是因为春天太惹人喜爱了吧，是因为它太短暂了，所以留春不住的叹息充满了中国古代诗歌。“目极千里兮伤春心”，“只忧连夜雨，又过一年春”，“九十光阴能有几，金龟解尽留无计”，“屈指数春来，弹指惊春去”，“更能消几番风雨？匆匆春又归去！”

但春天，带给我们更多的是生机、活力与希望。朱自清《春》的结尾说：“春天像刚落地的娃娃，从头到脚都是新的，它生长着。春天像小姑娘，花枝招展的，笑着，走着。春天像健壮的青年，有铁一般的胳膊和腰脚，他领着我们上前去。”

《春思》　李白
燕草如碧丝，秦桑低绿枝。
当君怀归日，是妾断肠时。
春风不相识，何事入罗帏？

清人高鼎《村居》诗云：“草长莺飞二月天，拂堤杨柳醉春烟。儿童散学归来早，忙趁东风放纸鸢。”上图是传统北京风筝“沙燕”。

字义纵横谈

“春”，在英文里称为“spring”。spring，这个单词还有弹性、弹力、跳跃、泉眼等义。其实想起来，春天不正是这样生机勃勃、蹦蹦跳跳的吗？“spring up”是跳起来的意思；“The springs in the sofa are very nice”，是说这沙发里的弹簧弹性极佳。Spring也表示劲头和精力，“She has a spring in her step”，意思是说，她走路很有精神。hot spring，就是指温泉。“tears spring from her eyes”——她的眼中突然涌出了泪水。

字中知识：

春节

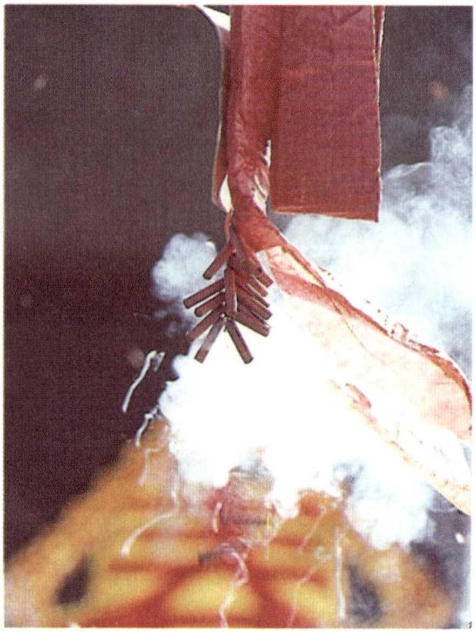

春节，古称元旦，指农历新年的第一天，就是正月初一。春节是中国人一年中最隆重的传统节日，家家户户迎新春，老老小小拜大年，人们把一年的辛劳、愁烦都放在旧岁，敲起锣鼓，点燃爆竹，正是“爆竹声中一岁除，春风送暖入屠苏，千门万户曈曈（tóng）日，总把新桃换旧符”。人们庆祝一年的收获，对新的一年相互寄予最美好的祝愿，希望“一元复始，万象更新”。真个是“有天皆丽日，无地不春风”。起源于上古时代的“腊祭”，那时每逢腊月迎春之时，人们要杀猪宰羊，祭祀上天和祖先，祈求新的一年风调雨顺。人们团圆聚会，载歌载舞，热闹非凡。

潘荣陛《帝京岁时纪胜》介绍清代北京地区过春节的盛况：无论官民，人人新鲜衣帽，盛装整洁，祀神拜祖。清晨阖家团圆，吃丰盛的团圆年饭，出门迎喜，送贺年柬贺节。路遇亲友，下车作揖拜年，互祝说新禧纳福。对上门拜年的亲朋好友，极尽美宴款待。新年拜节，车马喧阗，追欢竟日，可谓极一时之胜了。

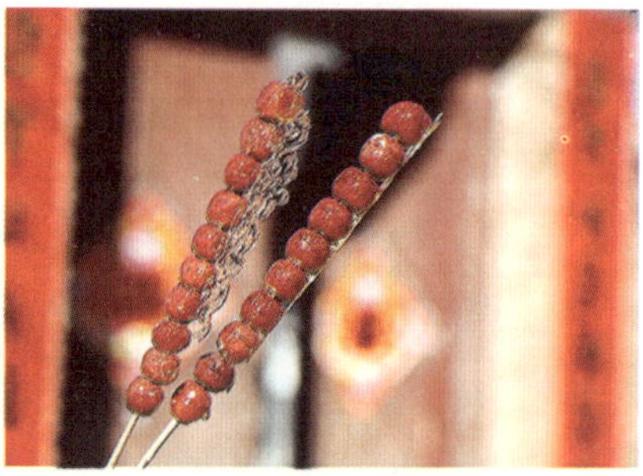

几千年庆祝春节的习俗传承下来，也有形式上的变化，但是它作为中国人团圆的日子、喜庆的日子、总结收获的日子、祈福未来的日子是不会变的，它是中国人人人有份的盛宴，将会是中华民族的永久节日。

细说故事

秦头蔽日

传说宋朝时，宋高宗赵构伙同秦桧害死岳飞后，有一次写了个“春”字让测字先生测字。先生说，春天是万紫千红、滋生万物的季节，写字的人一定是大富大贵之人；接着又说，春是“秦字头蔽日，压着日头无光”。实际是说大奸臣秦桧当道，祸国殃民，对皇帝本人也不利。宋高宗本对秦桧心存疑惧，但也无奈。最后测字先生被秦桧杀害，这则典故就被流传了下来。

识字规律：“春”，如今既可单用，也可作偏旁。凡从“春”取义的字都与春天万物萌动等义有关。

（会意兼形声）：篆文从䖵，春声，春也兼表春到万物萌动之义。本义指昆虫慢慢爬动。

《说文解字》：“蠢，虫动也。从䖵，春声。”

夏

xià

金文

小篆

《说文解字》:“夏,中国之人也。从夊,从页,从𦥑。𦥑,两手;夊,两足也。”译:夏,中原地区的人。由夊,由页,由𦥑会意。𦥑,表示两只手;夊表示两只脚。

主要词义与词性: ❶夏季〈名〉:~天。❷朝代,约公元前2070—公元前1600,禹所建〈名〉。❸指中国〈名〉:华~。

字形构造:“夏”是象形字。甲骨文的“夏”像一个手持斧钺,壮大威武的武士之形。金文“夏”,上面是头,中间为躯干,两边是手,下面是足,仍是高大人形。篆文发生了讹变,但仍可以看出是人形。

起源和演变:“夏”的本义是威武壮大之人,也有人认为“夏”的初形是人的手舞足蹈的样子。总之,这种有活力的人后来引申指“中国之人”。“中国”原指中原地区,与四周少数部族相对,也叫“华夏”或“诸夏”。“华夏”是我国的别称。

夏代镶嵌绿松石铜牌饰

夏代宫殿复原模型

“夏”又引申指事物壮大兴盛之义。房屋高大称为“夏”,《诗经·秦风·权舆》中有:“于我乎夏屋渠渠,今也每食无余。”意思是说我住在大大的屋子里，而当今食物却不丰盛。此义后来写作“厦”。

夏日荷塘

由于壮大兴盛义，“夏”用以指代四季中最热、植物最盛的季节——夏季。战国时伟大的诗人屈原看到初夏草木繁茂就说：“滔滔孟夏兮，草木莽莽。”（《九章·怀沙》）

宋代马麟《夏禹王像》

“夏”又是中国历史上第一个“私天下”的朝代名，为大禹所建，夏朝都城是安邑，在今山西夏县之北。

字中知识：

夏 鼎

传说大禹在治水过程中经历了千难万险，遭遇了不少水怪山精，他为了让天下百姓认识这些怪物的样子，以便以后在山林川泽中遇上就可以辨认出来，而不至于被山精水怪所惑，招致祸害，于是就把山精水怪们千奇百怪的模样刻在当时兼有“媒体”作用的礼器或图书上进行宣传。这就是晋代左思在《吴都赋》中所说的：“名载于山经，形镂于夏鼎。”是说这些精怪的名字记载在《山海经》上，形象刻镂在夏鼎上。后世泛称古董为夏鼎商彝。

我们至今还没有发现夏鼎的实物，右边的两幅图上面是新石器时代晚期蟠龙纹彩绘陶盆（是传说中的夏代的作品）。蟠龙静止的身躯内似乎蕴涵着巨大力量，随时可能会舒展翻腾，跃向天宇。它是陶器上出现的最早的龙的形象。下面是是商代夔龙纹方彝。

秋

qiū

甲骨文　金文　小篆

《说文解字》:“秋,禾谷熟也。”译:秋,百谷成熟。

字形构造:“秋”是个象形字,在甲骨文中像一个蟋蟀的形状。秋天到了,蟋蟀鸣,庄稼成熟了。金文加上了字义符号“禾”,表示庄稼;又加上义符“火”,表示庄稼有的黄了,有的红了,成熟了。篆文就简化成了禾与火的秋。一说是指大火星西向,表示秋天开始。《诗经·豳风·七月》:“七月流火,九月授衣。”

主要词义与词性:❶ 秋季〈名〉:深～|～风。❷庄稼收获成熟的时节〈名〉:麦～。❸指一年的时间〈名〉:千～万代。❹指某个时期(多指不好的)〈名〉:多事之～|危急存亡之～。

起源和演变:“秋”字的本义是指庄稼成熟了。引申指秋季。由夏到秋,蟋蟀先生也不停地在搬家,《诗经·豳风·七月》写道:“七月在野,八月在宇,九月在户,十月蟋蟀入我床下。”大概八月份的时候,蟋蟀还在野外,九月就跑到了屋檐下,十月就进了家门,十一月的时候,它在我床下过冬了。

秋天是收获的季节,看那一片片金色的麦田多让人欢喜,它是回归的季节,不单落叶归根,远行的游子也在归途上,八月十五团圆夜,人们多么希望能和家人共聚天伦啊!

秋也是思念的季节。尤其是当别家都得团聚,而自己却不能如愿的时候。这个季节,也容易让人屈指算年华,临风伤别离。“秋风袅袅入曲房，罗帐含月思心伤。”（《古乐府》）“至乃秋露如珠，秋月如圭，明月白露，光阴往来，与子之别，思心徘徊。”（江淹《别赋》）

一年只有一个秋季，“秋”，还可以表示一年。《诗经》中描写思恋之情的篇章不只一次地写到了“一日不见，如三秋兮”。这是说，一天看不见，好像隔了三年一样啊！只有热恋中的男女才会有这种体会。

“秋”还引申指一个时期。欧阳修《秋声赋》中描写秋之气是“草拂之而色变，木遭之而叶脱”，“其所以摧败零落者，乃一气之余烈”（那使万物凋落飘零的，只是秋气的一点余力罢了）。他还谈到“夫秋，刑官也，于时为阴；又兵象也，于行为金”（秋天是行刑的季节，在季节上属阴；它又是战争的象征，在五行中属金）。大概是基于秋的上述特点，所以它指一段时期的时候常指那些形势严峻、情况不好的。如诸葛亮在《出师表》中分析蜀国“此诚危急存亡之秋也”表明蜀国面临着生死存亡，必须在发展中求生存。

后期印象画派代表人物文森特·梵高笔下秋天的麦田。

字义纵横谈

“秋”，在英文里称为“autumn”，也称为 fall。英国人常说 autumn，美国人常用 fall。说来很形象，fall 用作动词的时候是雨雪下降，（树叶）脱落的意思。The leaves of this tree fall in autumn.（这棵树秋天会落叶。）The crops are being harvested in the fall.（庄稼要在秋天收割。）autumn 也用以指代成熟期、衰退期。比如 He has reached the autumn of his life.（他已届中年。）

冬

dōng

甲骨文　　金文　　小篆

《说文解字》:“冬,四时尽也。古文终字。”译:冬,(春夏秋冬)四个季节的尽头。(冬)是古文的终字。

主要词义与词性:冬季〈名〉:隆~。

字形构造:这个“冬”是“终”的本字。甲骨文描摹的是一段丝或者一根绳索,两头都打上结,表示两个顶端,也就是“终结”、“结束”的意思。而冬季又是一年四季中最末的一个季节,后来就借用这个“冬”字来表示。而“结束”之义就另外在“冬”字之旁加上表义的“丝”表示。

到了金文,形体有所变化,把一个“日”字包在绳索当中,表示太阳光不太温暖了,所以也就是冬天的意思。小篆的形体改变较大,把金文当中的“日”去掉了,又在其下增加了一个“仌”(冰)字,足见是滴水成冰的寒冬了。楷书的形体,为了书写方便,把小篆下部的冰块改为两个点了。

起源和演变:“冬”的本义是指“结束”、“终了”,后来被假借专指一年中时序终了的季节——冬季。

说起冬天,印象中总是草木枯零、千里冰封、白雪皑皑的样子。北国的寒冬滴水成冰,感觉能冻掉耳朵。冬天的来临很多时候也是没有先兆的,前一天还是深秋,一夜北风过后,门前已是玉树琼枝。

而在南国，四季并不那么分明，冬天来了，小溪、小河清瘦了一些，风声大了一点。气温再下降些，下了一点雪，也是一到地面就化了。

广东惠州西湖畔冬色如秋

冬天是寒冷肃穆的，但并不缺少生机，昆虫的卵蕴藏在地下等待着来年破壳而出，许多动物进入冬眠来维持生命的延续。鸟儿们或者飞到南国越冬，或者就留在北国，以为草籽、干果为食。植物也挤干了身体里的水分进入休眠，但是一旦真正认定生长的时机到来了，它就会不顾一切地开始萌发。英国浪漫主义诗人雪莱曾说："冬天已经来了，春天还会远吗？"是啊，一切都在酝酿着，准备着，"千红万紫安排着，只待春雷第一声。"（清·张维屏·《新雷》）

冬眠的睡鼠

最后让我们用关汉卿很有趣味的《大德歌·冬》来结束我们对冬的叙述吧："雪粉华，舞梨花，再不见烟村四五家。密洒堪图画，看疏林噪晚鸦。黄芦掩映清江下，斜缆着钓鱼艖（chá）。"

字里春秋：

冬日之日

春秋时，赵衰（cuī）和赵盾父子二人都是晋国的功臣。赵衰是晋文公的得力助手，帮助晋文公成为"春秋五霸"之一。赵衰的儿子赵盾，也是相当精明强干，晋襄公时他担任国相，颇有成绩。襄公死后，赵盾立夷皋为国君，即晋灵公。灵公继任后，无能而骄横，赵盾几次严肃劝谏都无效，还差点为此招来杀身之祸，不得不暂时离开了国都。不久，晋灵公被赵穿所杀，赵盾才回来，另立了晋成公，仍旧继续辅政。

赵盾和他的父亲赵衰性格不同，有人曾问大夫狐射姑："赵衰、赵盾孰贤？"狐射姑答道："赵衰，冬日之日也；赵盾，夏日之日也（赵衰好比冬天的太阳，可亲可爱；赵盾好比夏天的太阳，严厉可畏）。"

二 地理

赤

chì

甲骨文　　金文　　小篆

《说文解字》:"赤,南方色也。"译:赤,南方的颜色。

字形构造:"赤"是个会意字。甲骨文的上部是个"人",下部是"火",会火映红了人之意。金文与甲骨文的形体结构一致,只是笔画变得更为粗壮。小篆的写法与金文基本相同。楷书发生了讹变,上部变成了"土",下部的"火"也不像"火"了。

主要词义与词性: ❶ 比朱红稍浅的颜色〈名〉。❷泛指红色〈名〉:~小豆|面红耳~。❸象征革命〈名〉:~卫队。❹忠诚〈形〉:~诚|~胆。❺光着,露着(身体)〈形〉:~脚|~膊。

起源和演变:"赤",是指比朱红稍浅的颜色。《辞源》中这样解释:"朱深而赤浅。"《礼记·檀弓上》记载说:"殷人尚白,大事敛用日中……周人尚赤,大事敛用日出。"这段话的大意是说,殷(商)朝人崇尚白色,所以像巡守、兵革、丧葬这样的大事,用品以白色为主。周朝人崇尚赤色,所以像巡守、兵革、丧葬这样的大事,用品以赤色为主。(一说殷人大事多在中午时举行,周人大事多在日出时举行。)中国古代阴阳五行学说认为,南方属火,色赤(东属木,色青;西属金,色白;北属水,色黑;中属土,色黄)。周之亡殷,秦之亡周(秦尚黑),正犹如火销金,水灭火。

正午的太阳

早晨的太阳

我们的祖先炎帝,被尊为南方之神,也称"赤帝”。《史记》中讲汉高祖刘邦斩白蛇起义的时候，有一老妇哭着说：“吾子，白帝（传说中五帝之一）子也，化为蛇，当道，今为赤帝子斩之，故哭。”刘邦自称以火德而兴，故又称“赤刘”、“炎刘”。

“赤”又泛指红色，如“赤红脸”，“赤日炎炎似火烧”等。

赤脸关公乘赤兔

婴儿刚生下来身体赤色，所以称之为“赤子”。《尚书·康诰》上说：“如保赤子。”（保护人民要像保护初生的婴儿一样。）“赤子”一词后被用来表示帝王统治下的子民。至于我们常说的“赤子之心”，用的是初生婴儿的本义，比喻人心地纯正而天真无邪。

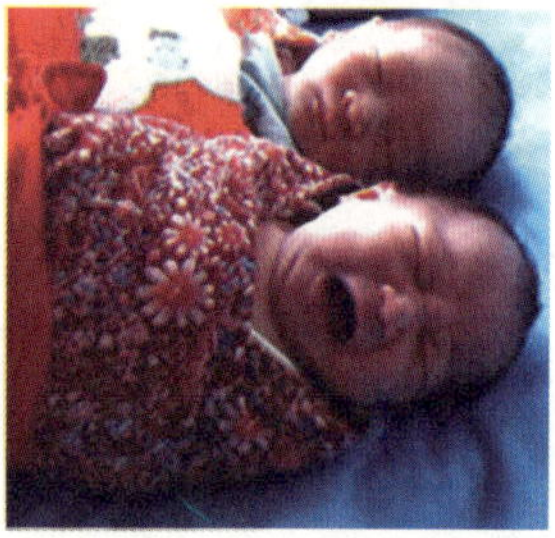

子生赤色，故言赤子。

初生的婴儿赤身裸体，纯正无邪，于是就用“赤”来表示空净无物，如“赤手”、“赤膊”。“赤贫”，那是穷到了一无所有。大灾荒过后往往“赤地千里”——四处光秃秃的，一片不毛之地。

“赤”进而引申表示纯净不杂、专诚不二，如“赤诚”、“赤胆”、“赤金”等等。李白漫游荆州时写给荆州长史韩朝宗的一封信中写道：“知君侯推赤心于诸贤腹中。”意思是说，我知道您对于贤人是推心置腹、真心以待的。

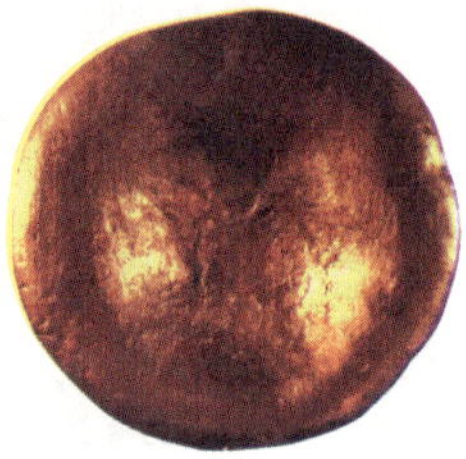

金无足赤，人无完人。就是说没有成色十足的金子，也没有十全十美的人。上图为汉代金饼。

鲜血是红的，因此“赤”也用来指鲜血，“赤津津”是形容鲜血渗流的样子。而革命通常是以鲜血为代价的，故以“赤”象征革命，“赤卫队”，就是保卫革命的队伍。

秦代黑漆朱绘单凤双鱼纹洗

字义纵横谈

“赤”最初是指比朱红稍浅的颜色。红，《说文》解释为“帛赤白色”，相当于我们今天说的粉红色。紫，《说文》解释为“帛黑赤色”，即黑、赤混成的颜色。朱，最初是指大红色，古代称为正色。古人认为红、紫是杂色，故有红紫乱朱的成语。

字中知识：

赤帜

赤帜原指汉用赤色旗帜，《史记·淮阴侯列传》载，韩信领兵数万攻赵。赵军二十万聚兵井陉口。谋士李左车对主帅陈馀建议先断韩信粮草辎重，而后深沟高垒坚守不出，使其进退不能、粮草耗尽而自行溃败。陈馀不听，决心与韩信正面决战。韩信背水扎营，与赵军开战一段时间后命军士丢弃旗鼓，退至水边。赵军倾巢出动追击，背水驻扎的汉军这时上前交战，因没有退路，将士皆出死力。

韩信早备下两千轻骑，人手一面赤帜，就在赵军全军出击以后，疾驰入赵垒，将赵军旗帜尽数拔掉，立汉军赤帜。赵军攻击背水一战的汉军不能胜，想要退回营垒时看到自家营垒已插满汉军旗帜，军心大乱，开始四散奔逃，赵将斩之不能禁。随后为汉军所破。“拔赵帜立赤帜”的成语便从此来。

《宋史·司马光传》记载，宋神宗欲用司马光，向王安石询问。王安石说：“韩信立汉赤帜，赵卒气夺。今用光，是与异论者立赤帜也。”后来也以赤帜比喻自成一家。

赤松子

赤松子，传说中的仙人，相传是神农时施雨的雨师。西汉刘向《列仙传》记载他曾服用水玉这种药物祛病延年，并把这种方法教给神农氏。他能跳入火中去焚烧自己而无任何损害，常常去昆仑仙山，住在西王母的石室里，随着风雨上下戏耍。炎帝的小女儿追随他学习道法，也成了仙人，与他一起隐遁出世。到了高辛氏统治时，他又出来做雨师布雨。杜甫有诗云：“似闻昨者赤松子，恐是汉代韩张良。”帮高祖兴汉的张良功成后舍弃功名利禄，传其随赤松子游。

赤松子像

白

bái

甲骨文　　金文　　小篆

《说文解字》:“白,西方色也。阴用事,物色白。”译:白,西方的颜色,在阴暗处用事,物体的颜色容易剥落为白色。

字形构造:“白”是个象形字,有人解释为像火苗燃烧的样子,后来也有人认为像太阳初升的样子,但那已经有旦字了。解释为一粒白色谷米是最像的,谷米成熟饱满就白,很美。《周礼》中干脆称“稻谷”为“白”。

主要词义与词性:❶像霜雪的颜色,是物体被日光或与日光相似的光线照射,各种波长的光都被反射时呈现的颜色〈名〉。❷光亮;明亮〈形〉:东方发~。❸弄清楚;弄明白〈动〉:真相大~|不~之冤。❹没有加上什么东西的;空白〈形〉:~卷|~饭|~开水。❺没有效果;徒然〈副〉:~做了一天|~费力气。

起源和演变:“白”的本义是指白米粒,引申泛指白色,如台湾作家林清玄先生写的一首颇具意味的小诗中讲:“白鹭立雪,愚人看鹭,聪者观雪,智者见白。”又比如夫妻白头偕老,共同生活到白发苍苍,是对婚姻最美丽的祝愿。

白鹭是候鸟,实际上,白鹭立雪的情景在自然界中是难得一见的。

太阳升起之前,先是东方露白,民间常称为“鱼肚白”,天际的颜色由淡黛青色逐渐变成白色,用不了多久黑夜便全部退去,迎接来了新的光明的白天;白与暗相对,表示光明和明亮。“雄鸡一唱天下白”,当雄鸡唱响报晓的歌声,天光就开始大亮了起来。

鱼 肚 白

一旦光明来临，一切都清楚了起来，“白”从此引申表示使清楚，弄明白。“真相大白”是指真实情况完全弄明白了，“不白之冤”中的“白”也是弄清楚的意思，整个词语指无法申诉或得不到辩白而被迫含忍的冤屈。

“白”进而引申为陈述、表明之义，“表白”就是对人解释、说明自己的意思，“自白”就是把自己的意图说明白。《吕氏春秋》中记载的士人郭骚的故事里，郭骚为了帮晏子洗清冤诬，不惜“以身死白之”，可歌可泣。

白色干净纯洁，不附加任何东西，我们常把初涉世事，毫无经验的人称为一张白纸，说一个人清白也就是说他清净无污。“白”泛指空空的、一无所有；在一无所有的情况下创办事业称为“白手起家”，《红楼梦》哀叹极尽奢华的贾府最后落得“白茫茫大地一片真干净”。

由“空无”之义，“白”引申表示徒然、没有效果、没有原因，如“白费工夫”，“白操了心”，“白白地等了一天”，“平白地添了些烦恼”。

最后要说的是，我们也称写错的或读错的字为“白字”，这里的“白”并没有实际意义，而是“别”的谐音（吴音即呼“别”为“白”），后来也就沿用下来了。

杜甫在《可叹》诗中云：“天上浮云如白衣，斯须改变如苍狗。”比喻世事变幻无常。

识字规律：“白”字，如今既可单用，也可作偏旁。凡从“白”取义的字皆与米粒、白色等义有关。

皓

（形声）：从日，告声。本义指日出光明。《说文·段注》：“天下惟洁白者最光明。”故引申指白。后改其字作皓。

《说文解字》：“日出皃（貌）。从日，告声。”

土

tǔ　　甲骨文　　金文　　小篆

《说文解字》:“土,地之吐生物者也。二象地之下、地之中,物出形也。”译:土,吐生万物的土地,“二”像地的下面和中间,(“|”)像万物从土里长出的形状。(解说不确)

字形构造:“土”字是个象形字。甲骨文像地面上突起来的一堆土。古人非常敬重土,有了土就有农业,有了农业就有衣食。所以人们把这种堆起来的土看成是神,并向它祭献。金文基本上与甲骨文的形体相同,只是将字填实。小篆线条化,看不太出“土”的原本所指了。楷书的形体与小篆基本相同。

主要词义与词性:❶土壤;泥土〈名〉:黄~|~坡。❷土地〈名〉:国~|领~。❸本地的;地方的〈形〉:~特产|~货。❹指民间沿用的生产技术和有关的设备、产品、人员等〈形〉:~法|~专家。❺指不合潮流,不开通〈形〉:~里~气。

起源和演变:“土”的本义就是指泥土、土壤。中国是一个历史悠久的农业国,人们对土壤有着特殊而深厚的感情,北京中山公园的社稷坛被五种颜色的土壤覆盖着,东面是青土,南面是红土,西面是白土,北面是黑土,中间是黄土,它大体上符合我国土壤分布概况,明、清两代的皇帝在每年农历二、八月都要在这里举行隆重的祭祀社神(土神)、稷神(谷神)的仪式,祈望风调雨顺,五谷丰登,国家兴旺,江山永固。

北京中山公园内的社稷坛

土壤能孕育繁衍万物，有了大片的土壤，人类才能够生存和发展。这样，“土”就由泥土引申指土地。从远古的氏族时代开始，人们就为争夺赖以生存的土地而干戈不休，土地有了归属和界线，于是成为“疆土”、“国土”、“领土”等等，两个国家之间的利益交锋每每是“寸土不让”的。

有一天也许会离开故乡远游天涯，临别的时候故人会为你带上一捧乡土，那土的含义，便是故乡。“建安七子”之一的王粲怀才不遇，有一天他登上荆州城楼遥望远方，无限感慨地发出了“虽信美而非吾土兮(山川壮美，但究竟不是我的故乡啊)”的叹息，一千多年过去，元代曲家王恽在满含情趣地游览他乡湖光山色之美时却也不由得想起了故乡，他写下曲子说：“江山信美，终非吾土，问何日是归年？”看来对于故乡的眷恋，一直都深埋在客子的心田。

蜜饯果脯、内画鼻烟壶、景泰蓝、烤鸭是北京的土产。

然而在交通极为不便的古代，大多数人一辈子就在这乡土上生老病死，“土”因此引申指本地的或地方性的，比如人们介绍籍贯的时候常用到“土生土长”，就是说在当地出生，在当地长大。

后来“土”字又引申指“出自民间的”，“土法”是民间习用的办法，“土布”是民间用手工纺织的布。

绣花土布

长时间局限于本土，不与外面的世界互通有无，人的思想行为会逐渐趋于死板僵化而且俗气，土于是又指不时兴的、不开通的，用于“土里土气”、“土头土脑”等词。

识字规律："土"字，如今既可单用，也可作偏旁，凡从"土"取义的字皆与土地等义有关。

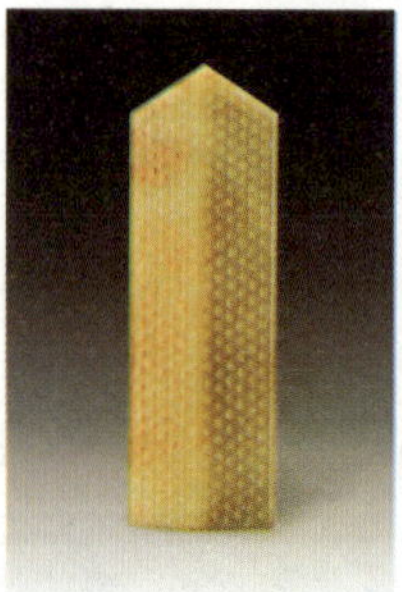

战国玉圭

（会意）：从二土。古代的诸侯手持玉圭长短不同，分别代表了不同的等级地位（封地多少不同）。玉圭代表了不同的等级地位，是等级的标志。

《说文解字》："圭（珪），瑞玉也。上圆下方。公（爵）执桓圭，九寸；侯执信圭，伯执躬圭，皆七寸；子执谷璧，男执蒲璧，皆五寸。（天子）以（圭）封诸侯，从重土（由两个土字重叠会意）。"

（形声）：从土，也声。本义指土地。

《说文解字》："地，元气初分，清轻阳者为天，浊重阴者为地，万物所陈列也。从土，也声。"

地、的、得当助词用的时候是同音字，都读轻声de。"地"是状语的标志，用于状语前。"的"是定语的标志，用于定语之后，中心词之前。"得"是补语的标志，用于中心词之后，补语之前。

（会意兼形声）：从土，匀声。"匀"亦兼表字义，合起来指土地分配平均。本义为平均。

《说文解字》："均，平也。从土，匀声。"

"坐"与"座"

两字音同义近。坐位、坐次又作座位、座次。注意：坐北朝南不可写成座北朝南，座谈不可写成坐谈。

（会意）：古文作象形字，像两人坐在土上。本义指人的止息方式之一。

《说文解字》无。《段注笺》："古文从二人对坐。"

山

shān

甲骨文　　金文　　小篆

《说文解字》:"山,宣也。宣气散,生万物,有石而高。"象形。译:山,宣畅。使地气宣通,散布各方,产生万物,有石构成而又高峻。象形。

字形构造:"山"字是个象形字。甲骨文、金文都很写实,表现的是一座有三个山峰的山。小篆线条化,但总体形象变化不大。楷书的形体基本上与小篆相同。

主要词义与词性:❶地面形成的高耸的部分〈名〉:高~|黄~。❷形状像山的东西〈名〉:冰~。

我国最高大的山——喜马拉雅山。喜马拉雅山绵亘于中国和印度、不丹、尼泊尔、锡金之间。坐落在我国境内的部分是我国最高大的山。它的最高峰珠穆朗玛峰位于我国与尼泊尔王国的国境线上。海拔8844.43米,是世界第一高峰。

起源和演变:"山"的本义是指地面上由土、石形成的很高的地形。中国是一个多山的国家,山区面积占全国总面积的2/3,世界上著名的喜马拉雅山脉、喀喇昆仑山脉等14座海拔8000米以上高峰中的9座都位于中国的边疆和边界线上。孕育了华夏文明的华北平原也是群山环抱,我们不知道哪一座是"山"字的原型,但很多山看起来都像这个字。

我国地位最尊贵的山——泰山。东岳泰山为五岳之长,中国人自古就崇拜泰山,有"泰山安,四海皆安"的说法。盛世之君前往泰山举行封禅大典,历朝历代在泰山举行的祭祀活动更是从未间断。

中国名山众多，数不胜数，雄、奇、灵、秀，各具特色，卓然出众者首推五岳。泰山的雄伟，华山的险峻，衡山的烟云，恒山的奇崛，嵩山的秀拔，百态千姿，各擅胜境。中国的名山历来是佛家、道家崇奉之地，险峻的高山隔绝了尘世，幽美的山林宁静祥和，居住在其间，人能最亲近地拥抱大自然，感受它的生机与纯净，感受万物的和谐相处。当你登上山巅，看一轮红日从云涛雾海中喷薄而出；当你俯视四野，体会“一览众山小”的眼界和气度，自然的道理，生命的意义，也许就在那一刻有了新的领悟。孟子说：“孔子登东山而小鲁，登泰山而小天下。故观于海者难为水，游于圣人之门者难为言。”——孔子登上东山就觉得鲁国变小了，登上泰山又觉得天下也小了。所以见过大海的人，对一般的水就难以有兴趣了，曾经到圣人门下游学过的人，一般的言谈也就很难打动他的心弦了。

我国最为奇美的山——黄山。黄山山势峻极而险幻，千峰竞秀，万壑峥嵘，奇松怪石灵秀多姿，素有“中国第一奇山”之誉。

人们也把形状像山的东西称为山，支承人字形屋顶两头的墙叫做“山墙”，成语中也有“刃树剑山”来形容极其艰难危险的地方。

由山的高大，“山”字又被引申表示“巨大”，常用以形容声音：一个人把桌子拍得山响；天子临朝，众人山呼万岁。

南宋的《望贤迎驾图》，描绘了安史之乱时陕西民众见到唐玄宗、唐肃宗二帝时罗列下跪、山呼万岁的情景。

字中知识：

四大佛教名山

五台山：五台山为我国四大佛教名山之首，位于山西省五台县。五台山是文殊菩萨的道场，台怀镇是寺庙最集中的地方，寺院一个挨着一个，显通寺、塔院寺、菩萨顶（传说中是文殊菩萨的居住处）、殊像寺和罗睺寺并称为五台山五大禅林。

五台山殊像寺文殊菩萨像。

普陀山：普陀山位于浙江省普陀县，是舟山群岛中的个小岛，胜景集寺庙、海、沙、石于一体，素有"海天佛国"之称。佛教《严华经》记载的"观自在菩萨至普陀洛迦山"一说，使普陀成为观世音的圣地。宋宁宗嘉定七年（1214）正式定普陀山为观音菩萨道场。

普陀山远景

九华山：九华山位于安徽西部青阳县城西南，山奇峰秀，庙宇遍布全山，有"佛国仙城"的美誉。唐开元年间，新罗国（今韩国境内）王室贵族金乔觉渡海来华，在九华山潜心修持75年，99岁圆寂。圆寂后尸身过了三年还栩栩如生，僧众尊为地藏菩萨，九华山由此被辟为地藏道场。九华山僧尼的不腐肉身有据可查的已有14尊。

九华山天台正顶。天台峰是九华山的主峰，九华胜景在天台。

峨眉山：峨眉山位于四川盆地西南部，包括大峨、二峨、三峨、四峨四座大山。大峨、二峨两山相对，远望峨眉山，柔美的山体轮廓犹如少女的面容和修眉，因而得名“峨眉”，素有“峨眉天下秀”的美誉。唐代诗人李白诗曰：“蜀国多仙山，峨眉邈难匹。”峨眉山是普贤菩萨的道场，兴盛之时寺百余座，僧众千计。山上动植物资源丰富，生长着 5000 多种植物，野生动物达 2300 余种。其中尤以猴最为有趣，经常出没于林间小道和寺院回廊，向游客乞食嬉戏，人称“猴居士”。

峨眉山的“猴居士”

识字规律：“山”字，如今既可单用，也可作偏旁。凡从“山”取义的字大都与山石等义有关。

河南省登封县北的“中岳”嵩山。

（会意）：从山，从高。本义指山高。后起字，《说文解字》无。

（会意兼形声）：本作“僊”，从人，从䙴，会人升天成仙之意。䙴亦声。简化文字后写作“仙”，可解为会人入山修行成仙之意，山亦声。

《说文解字》：“僊（仙），长生迁去也。从人，从䙴（升高），䙴亦声。”

（会意）：从山，从分。本义指山脉分岐之地。后起字，《说文解字》无。

田

tián

甲骨文　　金文　　小篆

《说文解字》:“田,陈也。树谷曰田。象四囗;十,阡陌之制也。”译:田,陈列(得整整齐齐)。种植稻谷的地方叫田。囗像田四周的界线;十,表示田间纵横的分界。

字形构造:“田”字是个象形字。无论甲骨文、金文、小篆、楷书,都像一块方形的大田,由纵横的田埂(或者田间小路)分成几块小田。

主要词义与词性:❶ 田地〈名〉:水~|麦~|稻~。❷指可供开采的蕴藏矿物的地带〈名〉:油~|气~。

起源和演变:“田”的本义是农田,就是种庄稼的土地。在中国古代诗歌中,有很多描写乡村生活的作品,“田”字是常见的,它散发着农家生活辛劳质朴而又不乏情趣的气息:“昼出耘田夜绩麻,村庄儿女各当家。童孙未解供耕织,也傍桑阴学种瓜。”(宋范成大《四时田园杂兴》)“绿遍山原白满川,子规声里雨如烟。乡村四月闲人少,才了蚕桑又插田。”(宋翁卷《乡村四月》)

宋代《农耕图》(佚名)

从“农田”的本义，“田”又引申指“耕种”。楚汉相争时，刘邦为了赢得民心，使自己拥有稳固富裕的大后方，颁布了“故秦苑囿园池，令民得田之”的法令，将亡秦的皇家花园分给农民耕种。法令中的“田”，就是“耕种”的意思。后来“田”字的这层含义被单分出来，写作“佃”。

东汉水田耕作俑

“田”还有狩猎的意思，比如我们形容人只顾眼前的利益，无止境地索取而不留余地，就会说他是“焚林而田，竭泽而渔”，把森林烧了去猎捕野兽，把湖水排干了以获得鱼类。“田”字的这个意思也被单分出来，写作“畋”。

“故人具鸡黍，邀我至田家。绿树村边合，青山郭外斜。”这首脍炙人口的小诗中的“田”字是泛指与农家生活相关的事物。中国古代文人在人生道路的选择上大体只有两条路可以走，一是积极入世，辅君治国平天下，二则退居乡野，漫游山水，追求超越世俗、空灵高逸的情致，追求自然纯净、返璞归真的人生境界与心灵境界。后者的作品被称为山水田园文学。开宗派的山水田园诗人陶渊明在告别官场回到乡村时悠然吟道：“少无适俗韵，性本爱丘山。误落尘网中，一去三十年。羁鸟恋旧林，池鱼思故渊。开荒南野际，守拙归园田。……”

上图是明代著名画家沈周《东庄图册》中的两幅，从画中我们不难感受中国传统文人所追求的田园生活的意境和情趣。

细说故事：

求田问舍

《三国志·魏书·陈登传》记载了这样一则故事：刘备投靠在荆州刘表门下的时候，一次一位叫许汜的名士从广陵过来。一天，刘表和刘备谈论天下名人，许汜也在座，谈起了广陵太守陈登。许汜说：“陈元龙湖海之士，豪气不除。”刘备问刘表说：“许君说的是事实吗？”刘表回答：“若说不是，此君是位名士，不应虚言；若说是，可元龙名重天下。”刘备又问许汜：“你说他‘豪气不除’，有事实吗？”许汜说：“旧日遭遇战乱路过下邳，拜访过元龙。元龙无宾主之礼，久久不和我说话，自己睡在大床上，叫我这个客人睡下床。”刘备说：“足下素有国士之名，可惜并无国士之实。现在天下大乱，帝王失所，大家都希望足下忧国忘家，匡济艰危。然而足下却只顾买房置产，求田问舍，言论无益于时世，这正是元龙所不齿的，他为什么要和足下说话？这也就是碰上元龙了，还算客气。如果是小人我，恨不得自己睡在百尺高楼，让足下睡在地上，还说什么大床小床！”

识字规律：“田”字，如今既可单用，也可作偏旁。在汉字中凡由“田”取义的字皆与田地等义有关。清朝后期，农民起义风起云涌，义军带领农民抗租粮、均田地，致使地方豪绅为田焦虑发愁。当时有位秀才写了一首《田字诗》作讽，今日读来可以作识字歌用：昔日田为富字足，今日田为累字头。拖下脚时成甲首，伸出来头不自由。田安心上长相思，田在心中虑不休。当初只望田为福，谁料田多叠叠愁。

（会意兼形声）：篆文从宀（房屋），畐（fú）声。畐兼有财物充满之意。本义指富有。

《说文解字》：“富，备也。一曰厚也。从宀（房屋），畐（fú）声。”

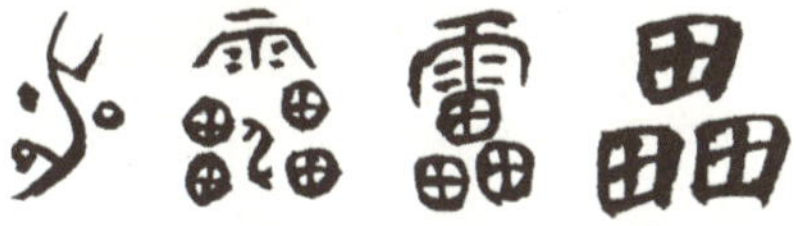

（léi，指事）：“畾”与“雷”是异体字。甲骨文从申，即闪电，两个圆圈表示雷声滚滚。金文、篆文加雨。

《说文解字》：“靁，阴阳薄动靁雨生物者也。从雨，畾象回转形。”

水

shuǐ

甲骨文　金文　小篆

《说文解字》:“水,准也。象众水并流。” 译:水,平。像许多水一同流去。注:准,平也。天下莫平于水。(《释名》)

字形构造: 无论在甲骨文、金文或小篆中,水的形体都是弯弯曲曲的流水之形,其中几点,表示激流中溅起的水花。到了楷书,则把表示水的几点线条化了。

主要词义与词性: ❶ 最简单的氢氧化合物,无色无味的液体。是一切生物体的主要成分〈名〉。❷河流〈名〉:汉~|淮~。❸指江、河、湖、海、洋〈名〉:~陆交通。

起源和演变: “水”的本义是河流。有很多古老的河流至今仍称为水,比如汉水、渭水、淮水、泗水等等。在古老的诗集《诗经》中有很多描写到水的诗:“扬之水,不流束薪。彼其之子,不与我戍申。怀哉怀哉,曷月予还归哉。”——河水慢慢流淌啊,水流浅小漂不起一捆柴。想起我那意中人啊,我戍守申国她难来。想念啊,想念啊,不知道何年何月我才能回家!又比如“蒹葭苍苍,白露为霜。所谓伊人,在水一方”。虽然时隔数千载,但满怀思念的人儿轻声吟诵起这几句诗,那可望而不可即的爱情带来的恍惚与怅然便是如此清晰,这是千年不变的咏叹。

远水余晖

“水”后来泛指江、河、湖、海、洋等一切水域，“万水千山”、“水路两栖”、“水上人家”中的“水”，都是泛指水域。由水的液体性质，“水”字又被用来泛指汁、液，比如药水、汗水、汽水、钢水、墨水。《世说新语》记载的望梅止渴的故事这样写道：“魏武行役，失汲道，军皆渴。乃令曰：‘前有大梅林，饶子（果实饱满），甘酸，可以解渴。’士卒闻之，口皆出水，乘此得及前源（前面的水源）。”

水无色无味，易于流动，根据它的这些特点，“水” 也被当作形容词来用，“水酒”就是淡酒，“水性杨花”用来指轻薄女子，责备她们用情不专，像水一样易于流动，像杨花一样轻飘。

字中知识：

水土流失

水土流失是指土壤在水的浸润和冲击作用下，结构发生破碎和松散，随水流动而散失的现象。水土流失按时期可分为人类出现以前的水土流失和人类时期的水土流失。后者是在前者形成的侵蚀地貌基础上，在人类活动下发生演变而成的。水土流失不但会造成地陷、地滑、滑塌、洪流甚至山崩，更可以使土壤肥力降低，水、旱灾害频繁发生，河道淤塞，地下水位下降，农田、道路和建筑物被破坏，环境质量恶劣和生态平衡遭到破坏。不合理的垦殖和森林破坏等人类活动是当今世界致使水土流失的最主要的因素。

中国人的水

中国人对于水，有着特殊的情感，水或藏于地下含而不露，或喷涌而上汩汩为清泉，细流集为河湖，河湖汇成江海，80万年以前的旧石器时代，中华民族的祖先就在水草肥美的黄河流域过着狩猎、采集的生活，提起黄河，中国人称它是华夏文明的摇篮，中华民族的母亲河。

一条大河波浪宽——黄河。

泉水叮咚作响，唤发智者灵动的思虑，春雨滋润大地，德泽万物而默默无声，孔子说："智者乐水"，老子说："上善若水，水善利万物而不争。"这平平常常的水构成了我们身体的大半，八百里洞庭壮人胸怀，无边的沧海更开阔了人们的眼界。

北京樱桃沟水源头泉涌

北京故宫褉赏亭流杯渠

文人们喜欢水，临清流而赋诗，引曲水以流觞。水是隐者的知音、雅士的良伴，宴饮时，便是天然去雕饰的清秀女子，有着婉约浪漫的情致，玲珑剔透，眼波盈盈。北宋名家王禹偁作文赞颂自己的小竹楼说"夏宜急雨，有瀑布声；冬宜密雪，有碎玉声"。水的形态不同，包含的情趣也各不相同。

另外，在汉字里也很难找到比水能更好地形容人的情感的词了。比如，形

中国园林素有"无水不成景"之说，左图顺时针依次为苏州名园狮子林、网师园、退思园、拙政园。

容思念的有，“梳洗罢，独倚望江楼。过尽千帆皆不是，斜晖脉脉水悠悠。”形容离别的有，“春草碧色，春水渌波，送君南浦，伤如之何？”形容眷恋的有，“柔情似水，佳期如梦。”形容忧愁的，怕是比不上后主的“问君能有几多愁，恰似一江春水向东流”了。而形容感慨的则有“大江东去，无奈则抽刀断水”。形容悲愤的则有“江湖秋水，欢喜则弄潮江上”等等。

谈到治国，为人君者从水的作用中得到了最深刻的启示：“天下莫柔弱于水，而攻坚强莫之能先。”（《老子》）“水则载舟，水则覆舟。”（《荀子》）

人生如饮水，冷暖自知。要活出顺利的人生，就要“流水不腐”，不断地锻炼身心，处世懂得“顺水推舟”，功成不忘“饮水思源”，至于“高山流水”的知音，“行云流水”的妙境，则更是可遇而不可求。

识字规律：“水”，如今既可单用，也可作偏旁，作左旁时写作“氵”。在汉字中凡由“水”字所构成的字大都与水流等义有关。

《说文解字》：“涉，徒行濿水也。”

（会意）：甲骨文字形，中间是水，两边两只脚，像涉水之形。本义指趟水过河。

（会意兼形声）：从水，从𠂢（支流），𠂢亦声。本义指水的支流。

《说文解字》：“派，别水也。从水，从𠂢，𠂢亦声。”

（会意）：从水，从鱼。小篆从𩺰，从水。本义指捕鱼。

《说文解字》：“瀺，捕鱼也。从𩺰，从水。”

川

chuān

甲骨文　　金文　　小篆

《说文解字》:"川,贯穿通流水也。象形。"译:川,使水贯穿流通。象形。

主要词义与词性: ❶河流〈名〉:海~|名山大~。❷平地;平野〈名〉:一马平~|八百里秦~。❸指四川〈名〉:~菜。

字形构造: 甲骨文的"川"字像一条弯曲的河流的样子,其中还能看到漩涡。金文和篆文把水中的"点儿"(漩涡)省去了,字形更为优美简练。楷书与小篆基本一致。

石古文"川"

起源和演变:"川"的本义是河流,中国有一个四川省,之所以叫做"四川",因为岷江、沱江、黑水、白水四大河流经这块土地而得名,后来"川"便作为四川的简称。四川盆地群山环抱,这里土地肥沃、气候温和、雨量充沛、社会安定繁荣,故称为"天府之国"。"川菜"一菜一格,百菜百味,"川剧"活泼风趣,充满鲜明的地方色彩和浓郁的生活气息,"川军"以吃苦耐劳,擅打硬仗而著称。

四川名菜"麻婆豆腐"。四川人爱吃辣,因为四川的气候潮湿,吃辣可以预防各种风湿类疾病。

我们用"川流不息"形容像水流一样连续不断地行进的事物,看那些汽车川流不息地行驶在公路上!

车辆川流不息的街道

河水的水面一般都低于河岸,河流水面是平坦的,山间或高原上低而平坦的地带像河川，因此“川”引申为山间或高原上平坦的地带。如《乐府诗集·新歌谣辞·敕勒歌》：“敕勒川，阴山下，天似穹庐，笼盖四野。”现在仍有“平川”、“米粮川”。

敕勒川

字中知识：

水、川、州

水的甲骨文写法是

川的甲骨文写法是

“水”字，只是说自然现象中的水，而“川”字表现的是河流，引申有连绵不断地流动之义。我们形容人的心静而能定，说是“心如止水”。但是我们形容人流车船往来不断时就要说“川流不息”。子在川上曰：“逝者如斯夫，不舍昼夜。”是伟大的孔子感叹时光流逝不停，如日夜奔腾而去的大河，语中有无限的历史沧桑之感。

《沁园春·长沙》

独立寒秋，湘江北去，橘子洲头。

看万山红遍，层林尽染，漫江碧透，百舸争流。

鹰击长空，鱼翔浅底，万类霜天竞自由。……

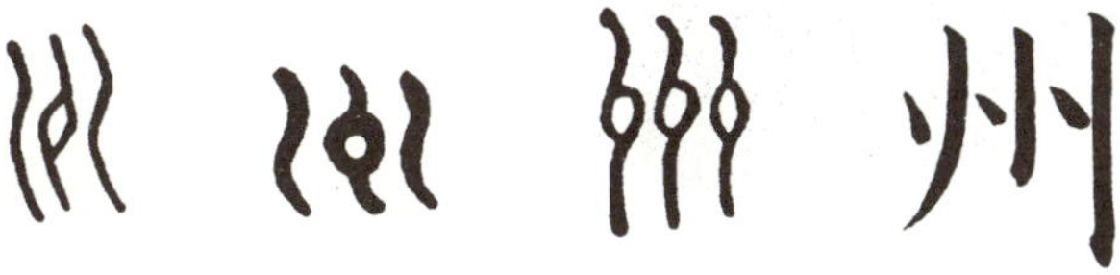

甲骨文的“州”像河水中有小岛形。金文大同。小篆变成了三个小岛。后来“州”为引申义所专用（古代行政区），水中陆地之义便另造加义符“氵”的“洲”来表示。

细说故事：

防民之口，甚于防川

《国语》中载，周厉王暴虐无道，国都里的人都议论谴责他。他很恼怒，找来一个卫国的巫师，监察指责自己的人，只要巫师来报告，厉王就将被告发的人杀掉。国里的人于是都不敢说话了，在道路上碰见，彼此只用眼神示意。

周厉王自鸣得意了，他说：“我能够消除谤言了，他们不敢说话了。”可是召公劝他说：“压制人民的言论比堵截奔腾的江河还要危险（防民之口，甚于防川）。堵塞的河道一旦崩溃，一定会造成灾害。应该像疏浚河流一样疏导人民的言论。”厉王不听，国人沉默了三年，就把厉王流放了。

识字规律：“川”，如今既可单用，也可作偏旁，作偏旁时写作“巛”。凡从“川”取义的字大都与河流、顺随、通畅等义有关。

（会意）：从川，从邑。会水流（川）围困城邑之意。本义指四方被水环绕的都邑。

《说文解字》：“邕，四方有水自邕成池者。从川，从邑。”

清代王翚等人画的《康熙南巡图》

（形声）：从辵(chuò)，川声。本义指到各地视察。

《说文解字》：“巡，延行皃(貌)。从辵，川声。”

石

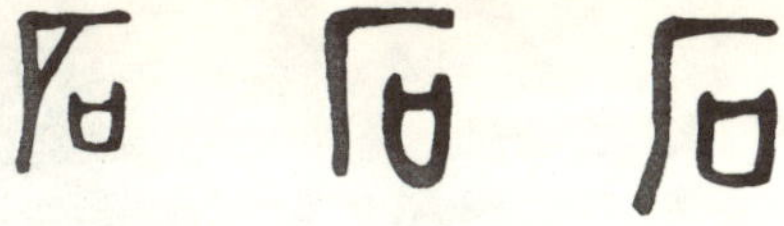

shí

甲骨文　　金文　　小篆

《说文解字》:“石,山石也。在厂之下,口象形。”译:石,山上的石头。在厂(山崖)之下;“口”像章石头的形状。

字形构造:“石”字是个象形字。甲骨文的左边像岩角,右下角的“口”形部分像石块。金文的岩角形省为“厂”。小篆同于金文。楷书的形体基本上与小篆相同。

主要词义与词性:❶构成地壳的坚硬物质,是由矿物集合而成的〈名〉:花岗~|石灰~。❷刻石〈名〉:金~。

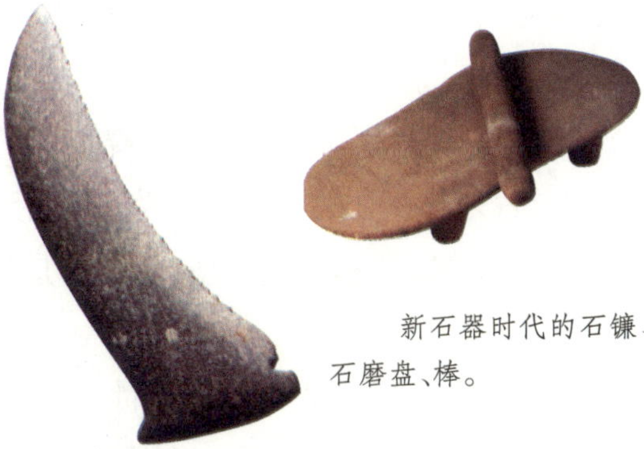

新石器时代的石镰、石磨盘、棒。

起源和演变:陆游诗《闲居自述》中云:“花如解语应多事,石不能言最可人。”意思是说,如果花能解人言,那就会生出许多事端;不能说话的石头却是最招人喜爱的。“石”字的本义,就是石头。

人类早年就经历了一段漫长的石器时代,最早的劳动工具是石头,最早的饰物是石头,石头甚至被当作图腾来崇拜。随着人类文明的发展,人们从石头中提炼金属,选择有特殊功用的石头入药,用经过加工的石材铺设宏阔的广场,

北京故宫三大殿(太和殿、中和殿和保和殿)都建在汉白玉砌成的八米多高的台基上。台基四周的石柱和台阶上,雕刻着精美的石龙和各种花纹。

创造雄伟的建筑……

石头深受中国人的喜爱，中国文人雅士认为石头是天地之骨，是有灵性的。他们将石头人性化，赋予石头人的性格和品质。北宋著名书法家米芾每天都给自己花园里的大石头磕头，并且用“吾兄”这样的敬称语问候石头。而一句“石可破也，不可夺其坚”的古语，更成为人们为人处世的准则，常让人比德于石。沧海桑田，唯有坚硬的石头能历久长存，中国人赠给它一个雅号，叫做“寿石”；“石”字也用以比喻“坚固”、“坚硬”，坚定的心志称为“石心”，友谊牢固的朋友称为“石友”。

传统中国画无论花鸟题材、山水题材还是人物题材，画面中总是少不了石头。

东汉将军窦宪大破匈奴，曾在燕然山刻石记功，后来以“燕然勒石”作为保卫祖国、立功边疆的代称。“石”在这里使用的是其引申义“碑石”。

我们读《汉书·律历志上》时，会见到“三十斤为钧，四钧为石”的话。这里的“石”代表重量单位，一百二十市斤为一石。“石”作重量单位时不读 shí，而应当读 dàn。

泰山刻石

字中知识：

中国名石

我国地大物博，石材资源非常丰富，各种奇石、名石、宝石如繁星璀璨。看中国人喜欢的石头，我们就能感受体察到中国文化独特的风韵情趣和审美视角。

寿山石：寿山石因产于福建省福州市北郊寿山乡而得名，它质地细腻，色彩丰富，是雕刻和篆刻的理想石材。其中以田黄石最为出名珍贵，它产量极少，民间有“一两田黄四两金”的说法。而田黄石现在更是身价倍增，上品已是千金难求。

清代田黄印章

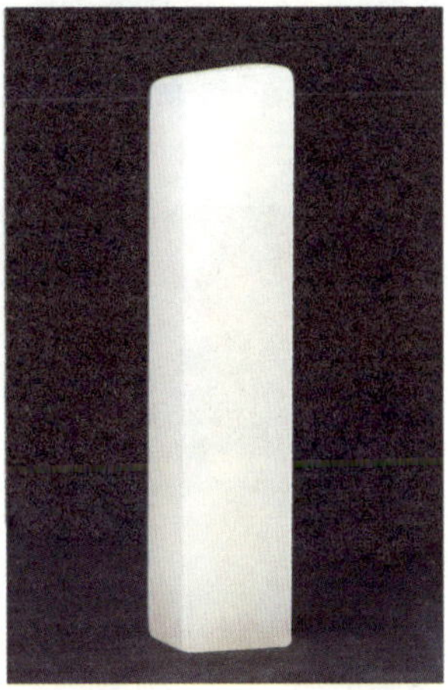

寿山石白荔枝冻石

昌化三彩红鸡血石

鸡血石：鸡血石是中国特有的名贵石种，具有艳丽鲜红如鸡血般的色彩和晶莹如美玉般的光泽，它最早发现于浙江昌化，经报官进贡，深得州府朝廷的喜爱，后逐渐成为馈赠的贵重礼品和极具价值的珍藏，被誉称为“稀世珍宝”。1972年，中日恢复邦交，周总理将一对鸡血石珍品印章作为国礼赠与田中首相。

青田石：青田石主要产于浙江省青田县，它质地细腻，脆硬合适，易于受刀，且价格较低，因而成为雕刻和篆刻的主流选材。青田石按质地的粗细与色泽的异同可分为普通印石和冻石，冻石质地如玉，通体半透明，色温润莹洁。珍品有灯光冻、酱油冻、封门青等。

封门青

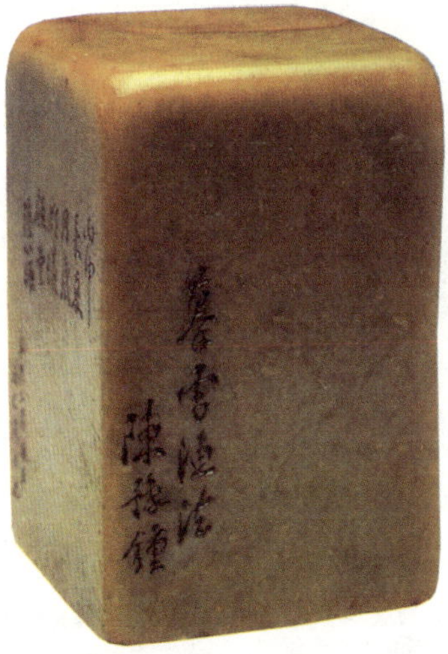

清代“好故求从无意来”青田石印章

巴林石：巴林石的产地在内蒙古赤峰市的巴林右旗。它品种相当丰富，珍品如巴林鸡血、巴林黄、水晶冻、羊脂冻等等。三大名石均在巴林石中有类似者。尤其是巴林鸡血，是昌化鸡血的同族异种，但不如昌化鸡血血色深沉凝重且能保持色泽长久稳定。

巴林黄

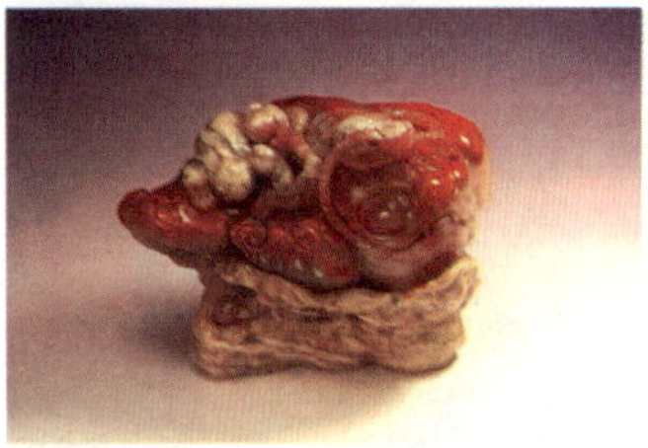

巴林鸡血石

寿山石、鸡血石、青田石、巴林石称为中国印石四大名石，其他如辽宁岫岩玉、新疆和田玉也常常作为珍贵而有代表性的中国特有名石与四大名石一并提及。

和田玉双鹅把件

识字规律：“石”字，如今既可单用，也可作偏旁，凡从“石”取义的字都与山石等义有关。

背景为神话传说中沉香劈石救母处

《说文解字》：“斲，斫也。从斤、䍃。”

斫（会意兼形声）：从斤，从石，石亦声。本义指砍削，以斧砍击岩石。

汉代画像砖《击磬图》

《说文解字》：“磬，乐石也。”

（会意）：甲骨文从殳（手持槌），从声，会以槌敲击悬磬之意。篆文又加义符“石”，表示乐器为石制。本义指古代打击乐石磬。

周口店北京人遗址

穴

xué　　金文　　小篆

《说文解字》:“穴,土室也。” 译:穴,土室。

主要词义与词性:❶洞窟〈名〉:洞~|空~来风。❷动物的窝、巢〈名〉:虎~|蚁~。❸墓穴〈名〉:土~|砖~。❹医学上指人体上可以进行针灸的部位,多为神经末梢密集或较粗的神经纤维经过的地方〈名〉:~位。

字形构造:

“穴”字是个象形字。这个字在甲骨文中尚未发现。金文很像土室或岩洞。小篆的形体与金文差距不大。楷书由小篆演变而来。

起源和演变:

陕西西安半坡村遗址,建筑主要为半地穴式。

“穴”字的本义即是“洞穴”。人类的襁褓时代是在天然洞穴中度过的,原始人选择那些进出方便、靠近水源、周围易于找到食物的洞穴,稍加整理就居住下来了,这样过了很多年。随着社会的进步,人们逐渐走出山洞,他们开始自己建造更舒适的住所。在黄河流域新石器时代仰韶文化的遗存中,我们看到很多有趣的小村落,村落里的房屋都是半地穴式的,茅草屋顶直接坐落在地面上,上面留有烟道,内部的一根木柱支撑着它,人们就住在地穴里,三米深,直径四五米。这就是我们祖先最早期的建筑。

在地球上生活的众多动物之中，唯有人类脱颖而出，其他动物虽然也在进化，但它们的生存依然完全依赖自然的给予。穴居的依然穴居。后来我们提起作为居所的“穴”，大部分时间是在说动物的家，如“虎穴”、“蚁穴”等等，两千多年前的荀子在为我们讲述专心致志、锲而不舍的道理时作比喻说：“蚓无爪牙之利，筋骨之强，上食埃土，下饮黄泉，用心一也。蟹六跪而二螯，非蛇鳝之穴无可寄托者，用心躁也。”

昔日虎穴

树上的蚁穴

“穴”字也特指墓穴，中唐著名诗人元稹为悼念与自己相濡以沫、同历艰辛的亡妻韦氏写下这样的诗句：“同穴窅冥何所望，他生缘会更难期。惟将终夜长开眼，报答平生未展眉。”——纵使与你同穴而葬，也会因为地下黑暗迷茫而哀情难通，想在来生与你再续前缘，但知道这更是难以期待。我只有用自己长夜不寐的思念，去报答你平生未展的眉头。

满城汉刘胜墓

“穴位”是中国传统医学一项重要发现，一般分布在密布神经末梢或较粗的神经纤维经过的地方。选择穴位施行针灸、推拿等法，可以预防和治疗疾病。以穴位为基础建立起来的中医针灸学，正在为世界上越来越多的医学界同行所接受。

针灸铜人体模型（明仿宋铸制）。铜人是医院教学与考试的工具。考试时铜人外层涂蜡，体内注水，学生根据命题以针刺穴，针入水出，方为合格。

字中知识：

泰宁岩穴

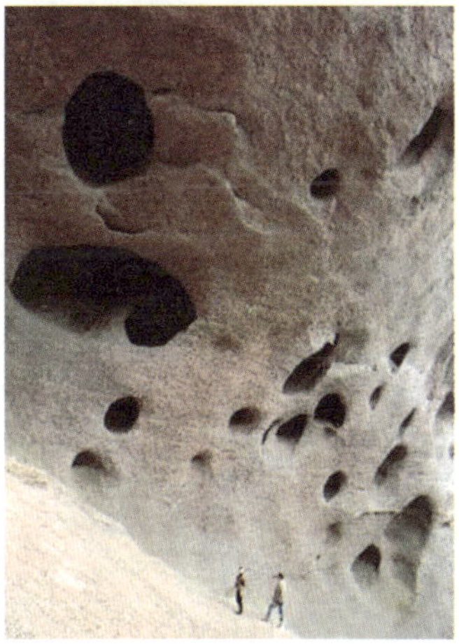

亿万年前翻天覆地的地壳运动造就了福建省西北部的山城小县泰宁的特有的丹霞岩穴地貌。这繁星般众多的岩穴，小的属鸟虫之巢，大的则遍布了人类活动的足迹，千百年来，以其天然灵异之气而成为宗教和隐读的理想福地。僧、道、隐者、失意文人、有志学子在这里讲经修道，避世苦读。历史名人如朱熹、杨时、李纲等都曾到此隐居。

识字规律：

“穴”字，如今既可单用，也可作偏旁。凡从“穴”取义的字大都与洞窟等义有关。

穷 (会意兼形声)：篆文从穴，从躬，躬亦声。躬指身体，身在穴下，很窘困。简化字改“躬”为“力”，会在穴下，有劲使不出之意。本义指穷尽，完结。

《说文解字》：“窮，极也。从穴，躳声。”

窑 (会意)：穴，土室；缶，瓦器。表示烧制瓦器的地方。本义指烧砖瓦陶瓷器的灶。

《说文解字》：“窯(窑)，烧瓦灶也。从穴，羔声。”“窯”后写作“窑”。

窅 (会意)：从穴中目，表示目深。本义指深目。

《说文解字》：“窅，深目也。从穴中目。”

金

jīn

金文

小篆

《说文解字》:“五色金也。黄为之长。久埋不生衣,百炼不轻,从革不违。西方之行,生于土,从土;左右注,象金在土中形;今声。”译:金,五色金属的总称。黄金作它们的代表。久埋地下,不产生朽败的外层,千锤百炼,不损耗变轻,顺从人意,变更成器,不违背本性,是西方的一种物质。产生在土里面,所以从土;土字左右两笔,像金属块状物在土中的样子;今表声。(所释是就篆文所作的解说,所释为引申义)

字形构造: 这个“金”字是个会意字。金文左边像两块铜饼,右边上为矢下为斧,会可制作箭和斧的金属之意。小篆整齐化,讹变为上声(今)下形(土中有金属块)的形声字了。楷书的写法基本上同于小篆。

主要词义与词性: ❶金属〈名〉:五~|合~。❷钱〈名〉:现~|基~。❸比喻尊贵、贵重〈形〉:~口玉言。❹像金子的颜色〈名〉:~色发带。

起源和演变:“金”的本义不是指黄金,商周时期,人们使用的金属器具都是青铜制造的,“金”被创造出来,用以特指青铜。在出土的青铜器中,有一件距今三千多年的青铜礼器——“利簋”。它的器内底上有九字铭文,记载了周武王征商,在甲子日上午击败商军的史实。还讲

利簋,目前确知的最早的西周青铜器。

到为了表彰右史（官职）利（人名）的良好建议，周王“易（赐）又（右）史利金”，利就用这些“金”为祖先铸造了祭器。

商代兽面钺，礼器。

在那个古老的年代，青铜十分贵重，用青铜制作的器物在中国先民的物质生活和精神体系中占据着举足轻重的地位，多见于重要的祭器、礼器 。人们把青铜器也称为“金”，“金文”，就是青铜器上的铭文。

宗周钟，西周重器。

随着生产技术的不断发展，人们开采冶炼的金属越来越多，“金”字则用作各种金属的统称。在荀子所写的《劝学》一文中，他语重心长地告诉人们：“锲而舍之，朽木不折；锲而不舍，金石可镂。”意思是说：如果中途停止，那么腐朽的木头也不能刻断；如果你不停地刻下去，那么金石也能雕刻成功。

“金”字后来也泛指金属制品。在战争中，优势的一方“金鼓齐鸣”，劣势的一方“鸣金收兵”，这些都是金属打击器。在武侠小说里，金疮（金属器械造成的伤口）药是武林中人随身必备之物。

唐代四蛙铜鼓

春秋时代的吴王夫差鉴

大多数金属的质地都是非常坚硬的，“金”因此被用来形容坚固或无懈可击的事物，坚固的城防被称作“固若金汤”（金属造的城，滚水形成的护城河），牢不可破的交情则称为“金石之交”。

固若金汤的明代西安城墙

春秋战国时期,对于黄金的拥有量逐渐成为财富的象征,黄金也进入了货币领域。《战国策》中记载的齐国高士鲁仲连不尊强秦为帝的故事里,赵国平原君“以千金为鲁连寿(祝寿)”,这里的“金”指的就是黄金。鲁仲连没有接受馈赠,辞别了平原君,终生没有再相见。秦始皇统一六国后,把货币分为两等,黄金为“上币”,铜钱为“下币”。从那时候起,“金”字也被用来专指黄金。

战国时期的金版

唐代刻花赤金碗

秦代半两铜钱。秦统一中国后通行半两方孔圆钱,奠定了中国两千多年的铜币钱形。

在形容尊贵、珍贵等义的时候,人们很自然地联想到“金”。人们用“金枝玉叶”来指代皇族的子孙和出身高贵的公子小姐,一个人从事条件很好很难得的职业人们则说他找到了“金饭碗”。

由黄金的货币的属性,“金”又引申指钱,用于“奖金”、“酬金”、“拜金主义”等词中。而与黄金相似的颜色,则被称为金色,比如金色的阳光、金黄色的油菜、金发女郎等。

元代王实甫《西厢记》,讲述了书生张君瑞与相国之女崔莺莺曲折动人的恋爱故事。由于身份的悬殊,张生与莺莺的爱情阻碍重重,在莺莺丫环红娘的帮助下,二人私下幽会并订了终身。莺莺对张生说:“妾千金之躯,一旦弃之,此身皆托于足下,勿以他日见弃,使妾有白头之叹。”(千金的本义就是一千斤金子,后用来指代女儿,有尊贵之意)

字中知识：

金人泣泪

北京北海公园的琼华岛上有一座“仙人承露盘”，是乾隆时期效仿汉代故事而建造的。

这里说的金人指的是汉武帝时候建造的铜仙人。铜仙人矗立在神明台上，托举铜盘以承接天上露水，看上去很是雄伟。魏明帝青龙元年，它被拆离汉宫，运往洛阳。《汉晋春秋》说：“帝徙盘，盘折，声闻数十里，金狄（即铜人）或泣，因留霸城。”唐代诗人李贺著名的诗篇《金铜仙人辞汉歌》前面的序言讲：“魏明帝青龙元年八月，诏宫官牵车西取汉孝武捧露盘仙人，欲立置前殿。宫官既拆盘，仙人临载，乃潸然泪下。”诗中名句云：“空将汉月出宫门，忆君清泪如铅水。衰兰送客咸阳道，天若有情天亦老。”

金铜仙人是汉王朝由昌盛到衰亡的见证人，最后无限凄凉地被魏官强行拆离汉宫，它的故事因此而常常为后人引用，以比喻亡国之人的艰难的处境和凄苦的情怀，在南宋词中尤其常见。如南宋词人周密因有感于宋陵被掘而写下的《水龙吟》句：“擎露盘深，忆君凉夜，暗倾铅水。”深沉婉转地倾诉了故国之思。又如文天祥在被严密隔离囚禁的情况下写下的满含悲恨的词句：“铜雀春情，金人秋泪，此恨凭谁雪？”（《念奴娇》）

金刚经

《金刚经》是佛经名，是《金刚般若波罗蜜经》的简称。般若，意译为智慧，波罗蜜，为渡彼岸。般若之体，其常清净，不变不移，譬如金刚之坚实。右图为唐柳公权书《金刚经》。

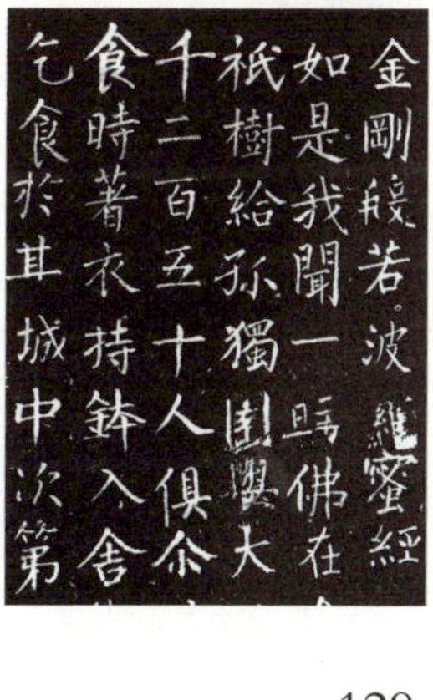

识字规律：“金”字，如今既可单用，也可作偏旁。作左偏旁时写作“钅”，凡从“金”取义的字皆与金属等义有关。

西汉五铢金钱

钱

（形声）：从金，戋(jiān)声。本是农具名，即铁铲。上古时期曾以农具作为交易媒介，其后铸造货币又仿其形为之，因此引申指货币、钱财。

《说文解字》：“钱，铫也。古田器。从金，戋声。”

明代永乐大钟

鐘 鐘 钟

《说文解字》：“鐘（钟），乐鐘也。从金，童声。”

（形声）：从金，童声。是古代的一种打击乐器，中空，金属制成，悬挂架上用槌打击发音。

鍾 鍾 钟

（形声）：从金，重声。是古代盛酒的容器，就是圆形壶。

《说文解字》：“鍾，酒器也，从金，重声。”

鑫

（会意）：旧时商店字号、人名用字，取其金多兴旺之意。

后起字，《说文解字》无。

图中左下为春秋马衔。

銜 衔

（会意）：衔，由行和“金”部首两部分组成，会控制马行走的金属物之意。本义指马嚼子。

《说文解字》：“衔，马勒口中。从金，从行。衔，行马者也。”

火

huǒ　　甲骨文　　金文　　小篆

《说文解字》:“火,南方之行也。炎而上,象形。”译:火,表示南方的一种物质,火光热烈向上。象形。

字形构造:“火”字是个象形字。甲骨文描摹的是一团燃烧冲腾的火焰。金文中只有作为偏旁的“火”(至今尚未发现金文中有独体的“火”字),是将甲骨文填实了。小篆线条化,还保留了一点向上火苗的样子。楷书由小篆演变而来,结构基本一致。

主要词义与词性:❶物体燃烧时所发的光和焰〈名〉:~花|灯~。❷枪炮弹药〈名〉:军~|~网。❸形容红色〈形〉:~云|~腿。❹比喻紧急〈形〉:~速。❺比喻人性情暴躁或发怒〈形;动〉:~性|他~了。❻兴旺;兴隆〈形〉:买卖很~。

起源和演变:“火”本义是物体燃烧所发的光、焰和热。在没有火的年代,原始人类就像野兽一样,一群群地住在深深的洞穴中。他们靠采集野果捕捉小动物为生,常常挨饿,因为要躲避野兽的伤害,还不敢随便出去寻找食物。

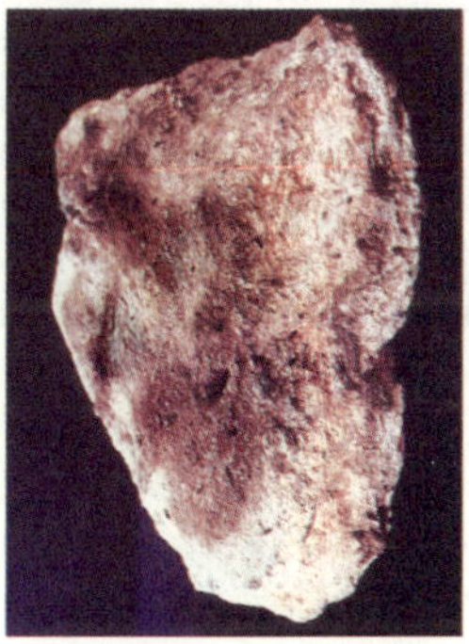

周口店北京猿人遗址出土的用火的灰烬。

自然的山火常是雷电击燃了树木,大火迅速蔓延,烧毁了人们生活的森林,害得他们四处奔逃。但当人们在火熄之后返回森林,他们找到许多烧死的野兽。他们毫不费力地填饱了肚子,还有了一个重大发现:烤熟的肉比生肉好吃得多!火的余烬使人感到暖烘烘的,大家都舍不得离开它，于是把火种带回到洞穴中，让它昼夜长燃不熄，阴冷的洞穴从此变得又暖又亮。更使原始人惊喜的是，有了火，和人类抢洞穴的野兽也不敢闯进来了。人们后来又学会了靠钻木、打击燧石等人工方式来取火，在古老的传说中，发明人工取火方法的人称为燧人氏，他便是被后人奉为“三皇五帝”的“三皇”之一。

钻燧取火

这是后人为纪念燧人氏的功德，在他经常活动的地方筑起的燧皇陵。

火焰是红色的，人们常用它来形容红色的事物。又因为它热烈、旺盛、冲腾，于是又被用来形容兴旺、热烈，比如我们说“买卖很火”、“场面非常火爆”。我们也常用“火”来形容一个人脾气暴躁或者他的愤怒的情绪，比如“他这个人是火性子”，“他听了这话立刻火冒三丈”。

香山十月叶如火

至于中医所说的“上火”，既基于“火”温热、向上升腾的特点，又包含着人们口干咽痛、心中灼热等症状的直接感受。

红红火火、场面火爆的北京厂甸春节庙会。

《三国演义》和《三国志》中都记载张飞性脾气火暴，说他“不恤小人”，“暴而无恩”。刘备曾多次劝张飞：“卿刑杀既过，又日鞭挝健儿，而令在左右，此取祸之道也。”果然张飞就是死在其部下之手。

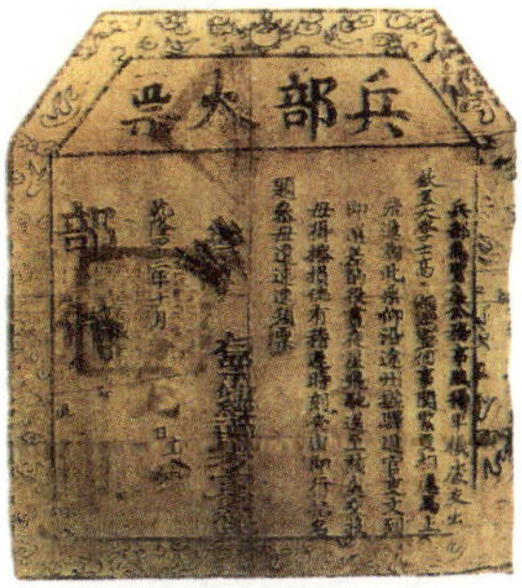

清乾隆年间兵部火票，即兵部发出的紧急公文的凭证。

失去控制的大火蔓延迅速，对于人来讲，那是一件非常紧急的事情，于是“火”又有了“紧急”、“急迫”的意思，比如“十万火急”，又比如“火牌兵符”，这是军事上最紧急的通知或命令。

黑火药是中国的四大发明之一，据说是古代炼丹士在炼丹时无意中配制出来的。它能够迅速燃烧并且能在一定条件下产生爆炸效果，因此得名“火药”（能够着火的药）。

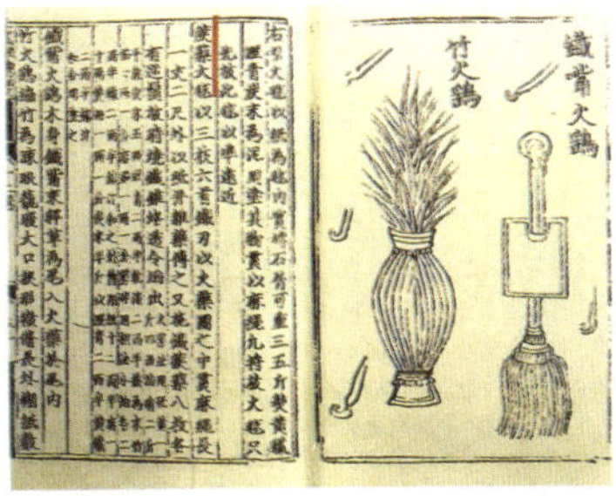

东晋葛洪在炼丹的过程中总结了配置火药的经验。在他所著的《抱朴子》一书中，记述了两种火药的配方。

元代火铳

黑火药在中国的战场上并没有发挥非常大的作用，经过欧洲人的改进而做枪炮发射药并大规模应用于战争，“军火”一词中的“火”，是“火”的引申义——枪支弹药。“火”后来又进一步引申指战争，诸如“交火”、“开火”、“停火”。

明代“火龙出水”，这是世界上最早的二级火箭。第一级推动龙身飞入敌阵，第二级发射龙腹中箭射杀敌人。

《木兰诗》：“出门看火伴，火伴皆惊惶。”古代兵制五人为列、二列为火，即十人共一火（一灶）炊煮，同火吃饭的称为“火伴”。后来引申为同伴之义。现在写作“伙伴”。

欧式铜炮。马克思这样评论道：“火药、指南针、印刷术——这是预告资产阶级社会到来的三大发明。火药把骑士阶层炸得粉碎，指南针打开了世界市场并建立了殖民地，而印刷术则变成了新教的工具。”

字义纵横谈

“火”作为动词用的时候,有焚烧、烧毁的意思。比如《孙子兵法·火攻篇》里讲的:凡火攻有五,一曰火人(敌方人马),二曰火积(粮草积聚)……火的英文是 fire,fire 作为动词用的时候也有放火焚烧的意思,比如 somebody fired the house (有人放火烧了那房子)。当然,fire 作为动词用还有一个重要的意思,就是开火,就像我们在各种影视作品中看到的,军官拔出战刀大声对士兵喊:Fire!

美国独立战争油画

字中知识:

火攻

赤壁火攻

火攻是中国古代战法中威力最为强大的摧毁手段。所谓“五兵之中,唯火最烈”。火攻一旦成功,敌方的营盘器械、兵马粮草片刻间便毁伤殆尽,从而为纵火一方的进攻创造绝佳的作战态势。正如《孙子兵法·火攻篇》中所言:“故以火佐攻者明,以水佐攻者强。水可以绝,不可以夺。”(用火辅助军队进攻,效果明显;用水辅助军队进攻,可以加强攻势。水可以把敌军分割隔绝,却不能像火那样使敌人失去军需物资。)

历史上运用火攻取得战争胜利的例子很多,其中如官渡之战、赤壁之战堪称经典。官渡之战曹操火烧袁绍军屯粮之地乌巢,以两万人马击破袁军十万之众。赤壁之战孙权、刘备联军借助风势火烧曹操军战船与大营,五万兵力便使曹军二十余万重兵土崩瓦解。火攻的巨大效用,由此可见。

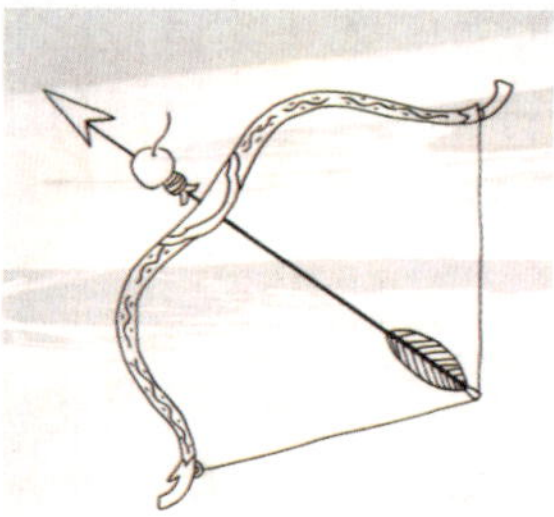

火箭,箭绑燃烧物。宋将李宝曾借它烧毁金军战船数百。

识字规律:“火”字,如今既可单用,也可作偏旁,凡从“火”取义的字皆与火及其相关等义有关。

(会意):甲骨文的字形像洪水泛滥横流成灾之形。后另加义符会水火之灾之意。大概后来火灾渐多,便又造了从宀从火的灾字。

《说文解字》:“天火曰烖,从火,𢦏声。或从宀、火。”

(会意):从火,从又(手)。意思是火已熄灭,可以用手去拿。本义指灰烬。

《说文解字》:“灰,死火余烬也。从火,从又;又,手也。火既灭,可以执持。”

西汉长信宫灯

(形声):从火,登声。简化文字后写作“灯”。本义指置烛用以照明的器具。

(会意):本为形声字,从水,烕(miè)声。简化字从“一”从“火”,“一”表示覆压火上。本义指熄灭。

《说文解字》:“滅(灭),尽也。从水,烕声。”

(会意):从火,从林。甲骨文字形像火烧丛木。本义指火烧草木。

《说文解字》:“焚,烧田也。从林,从火,林亦声。”

战国玉多节佩。此器是战国出土玉器中环节最多、纹饰最繁复的一件，堪称世之绝宝。

玉

yù　　甲骨文　　金文　　小篆

《说文解字》："玉，石之美者。象三玉之连。丨，其贯也。"译：玉，美好的石头。像三块玉连接之形。中间的竖是那穿玉的绳索。

主要词义与词性：❶玉石〈名〉：~雕｜~簪。❷比喻洁白或美丽〈形〉：~颜｜亭亭~立。

字形构造："玉"是象形字。甲骨文像用一根绳子串吊着三块玉石。金文和小篆都很像"国王"的"王"字，其实不一样，"王"字三横间的距离不相等，上空小，下空大，而"玉"字的三横则是等距离。后来为了避免与"王"字相混，所以才加上一点写为"玉"。这一点可以理解为玉也有不完美的瑕疵。

起源和演变："玉"的本义是温润而有光泽的美石。人们常常会问起玉与石头的分别，其实玉就是美丽的石头，细腻坚硬，温润莹洁，在我国古代，把"石之美者"通称为"玉"。

和田玉原石

中国人对玉有着特殊的感情和爱好，《礼记·玉藻》中说："古之君子必佩玉……君子无故，玉不去身。"在古代，做君子，佩玉是必需的。古人把玉作为品德的象征，有"君子于玉比德"的传统。《礼记·聘义》中记载了孔子的一段话，从仁、知、义、礼、乐、忠、信、天、地、德、道十一个方面阐述了玉的道德内涵，《五经通义》中则从五个方面更加简要地概括了玉德：温润而泽有似于智；锐而不害有似于仁；抑而不挠有似于义；有瑕必见于外有似于信；垂之如坠有似于礼。在《诗经·秦风·小戎》中，一位思妇轻声低唱道："想念我那出征的夫君啊，他的人品温和的如玉一般。"（言念君子，温其如玉）

秦始皇像。皇帝冕冠两端分别垂挂 12 串玉珠，使他只能正襟端坐，不然这些玉珠就会乱摆。他腰挂玉佩，长及裙摆，要求他步履庄严，方能鸣响有节。

君子佩玉，只有心中坦荡无邪，行走时从容端庄，只有这样，玉佩才会伴随着主人的步伐发出有韵律的悦耳动听的声音。这声音不但令佩玉者本人时刻警醒自持，同时也昭示四围：君子来去光明正大，绝不行阴伺窃听之事。于是佩玉又成为君子行动光明磊落的象征。

"易挑锦妇机中字，难得玉人心下事。"这是南宋词人刘克庄奉劝友人的话，这里的"玉人"是指美人，锦妇则指家中的妻子。

玉的品貌俱佳，多成白色，所以古人往往用"玉"来形容美好的、珍贵的、洁白的东西。姣好的容颜称为"玉容"，姿态美好称为"玉立"，珍贵的饭食称为"玉食"，珍稀佳酿称为"玉液"。《诗经》中用"有女如玉"描写一位清纯美丽的少女，用墨不多，但写意传神。至于"仰面观太虚，疑是玉龙斗"的名句，那是在形容雪随风舞的样子。

"翠叶吹凉，玉容销酒。"（姜夔《念奴娇》）看荷花像饮酒后红晕上脸的美丽女子吗？

仰面观太虚，疑是玉龙斗。（《三国演义》三十七回）

从形容美好珍贵的东西，"玉" 字进一步虚化，纯粹作为一种雅称或敬称词。比如请别人促成此事称为“玉成”，别人的照片称为“玉照”，对方的书信或言词称为“玉音”等等。

美玉需要磨制而成，“玉”因此引申表示“培养”、“帮助”，比如我们常常说的“艰难困苦，玉汝于成”，意思是说，艰难困苦，可以帮助你达到成功。

字中知识：

金缕玉衣

河北满城中山靖王刘胜墓出土的金缕玉衣。

在古人心目中，玉是一种神奇的物体。人们认为玉具有超自然的力量，佩戴上玉器，可以驱邪避祸，祛病益寿，哪怕沉睡于地下，有玉的陪伴，也能让尸骨久存不腐。玉制作的陪葬品，最有名的就要数汉代的金缕玉衣了。金缕玉衣是汉代规格最高的丧葬殓服，用两千多片大小形状不同的玉片由金丝编缀而成，分为头罩、上身、袖子、手套、裤筒和鞋子六部分。玉片要经过选料、锯玉、钻孔、抛光等工序，造型设计非常复杂，最后用金线连接成一个整体。缝制一件玉衣需要一百个工匠耗费两年时间才能完成，费用大体相当于一百户中等人家家产的总和。金缕玉衣价值连城，但它没能实现王侯贵族们保持尸骨不坏的心愿，反而招来盗墓毁尸的厄运，许多汉王帝陵往往因它而多次被盗。到三国时，魏文帝曹丕下令禁止使用。

识字规律：

玉，如今既可单用，也可作偏旁。作左旁时候写作“王”。在汉字中凡由“玉”字所组成的字大都与玉石或玉器有关。下面介绍的六个字在古代被称为“六器”，是古代社会礼仪用玉的主干。

良渚文化人面纹玉琮

琮

(cóng，形声)：从玉，宗声。本义是用作信符的玉器。是祭祀大地的礼器。

《说文解字》：“琮，瑞玉。大八寸，似车缸。从玉，宗声。”

商代玉圭

圭 珪

(guī，形声)：本为会意字，指用作信符的玉器。是上古标明等级身份的重要礼器，“圭”后来作了偏旁，便另加义符“玉”，写作“珪”。

明代青玉双夔谷纹圭

《说文解字》：“珪，瑞玉也。上圆下方。公(爵)执桓圭，九寸；侯执信圭，伯执躬圭，皆七寸；子执谷璧，男执蒲璧，皆五寸。(天子)以(圭)封诸侯，从重土(由两个土字重叠会意)。”

西周玉璋

璋

(形声)：从玉，章声，本指形状像半个珪的玉器。璋与珪一样曾为区分等级的器物，春秋以后趋于少见。

《说文解字》：“璋，剡上为圭，半圭为璋。从玉，章声。”

战国白玉双龙首璜

璜

(形声)：从玉，黄声。本义指半璧形的玉。璜是礼器，实际上用于日常佩戴，故有“佩璜”之称。

《说文解字》：“璜，半璧也。从玉，黄声。”

战国玉镂空螭虎吻合璧

璧

(形声)：从玉，辟声。本义指平而圆、中心有孔的玉。《尔雅·释器》将圆形玉器分为璧、瑗、环三种，内孔直径是边宽两倍的，称为瑗，内孔直径与边宽相等的称为环，边宽是内孔直径两倍的称为璧。从近年考古出土的实物看，古人制作玉器对于上述比例并没有严格的规定，因此今天我们习惯上把宽边小孔的统称作璧，而窄边大口径的称为环，一般不再用“瑗”这一名称。

《说文解字》：“璧，瑞玉圜也。从玉，辟声。”

商代圆雕玉琥

琥

(会意兼形声)：从玉，从虎，虎亦声。本义指发兵玉器。

《说文解字》：“琥，发兵瑞玉……从玉从虎，虎亦声。”

三 植物

木

mù　　甲骨文　　金文　　小篆

《说文解字》:“木,冒也。冒地而生。东方之行。”译:木,蒙覆。蒙覆土地而生长。是代表东方的物质。注:古五行说,东方属木。

主要词义与词性: ❶树木〈名〉:伐~|果~。❷木材,木料〈名〉:朽~不可雕也。❸质朴〈形〉:~讷。❹麻木〈形〉:舌头~了,尝不出味道。

字形构造:“木”字是个象形字,甲骨文和金文描摹的都是一棵树的形状,上边是树枝,中间一段是树干,下面是树根。楷书加以简化,看不太出“木”字的原型了。

起源和演变:“木”的本义指树木,是木本植物的通称,在“果木”、“伐木”、“独木不成林”、“一草一木”等词语当中的“木”,都沿用了“木”的本义。树木被采伐,经过加工就成为了木材,人们用木材制作日常生活中的各种用品,“木梳”、“木椅”、“木鞋”以至于儿童的玩具“木马”、“木偶”等等。又比如“朽木不可雕也”、“木已成舟”中的“木”,都是表示木材的意思。

多么唤人回忆的木鸭车!

木制艺用人体模型

“木”也特指棺材,成语“行将就木”,是说寿命不长,就要进棺材了。

木屐

由木质的素淡无华，“木”引申指质朴、淳厚，《史记·绛侯周勃世家》中记载周勃为人“木强敦厚”，“木强”是说他为人质朴刚强。由于木质实在，敲起来声音迟钝，所以“木”又引申指头脑呆笨不灵便，比如我们说一个人“木头木脑”、“木木痴痴”。后来进一步引申为麻木的意思，长时间地在冰天雪地中行走，我们就会感到手脚都“冻木了”。

在现代汉语中，“木”的本义由树来代替，“树”在古代汉语中多当“种”讲，比如《管子·权修》：“一年之计，莫如树谷；十年之计，莫如树木。”

字中知识：

木雁

《庄子·山木》中说，庄子在山中行走，看见一棵大树，枝叶十分茂盛，伐木的人停留在树旁却不去动手砍伐。问他们是什么原因，说：“没有什么用处。”庄子说：“这棵树就是因为不成材而能够终享天年啊！”庄子走出山来，留宿在朋友家中。朋友高兴，叫童仆杀雁款待他。童仆问主人：“一只能叫，一只不能叫，请问杀哪一只呢？”主人说：“杀那只不能叫的。”第二天，弟子问庄子：“昨日遇见山中的大树，因为不成材而能终享天年，如今主人的雁，因为不成材而被杀掉，先生你将怎样对待呢？”庄子笑着说道：“我将处于成材与不成材之间。处于成材与不成材之间，好像合于大道却并非真正与大道相合，所以这样不能免于拘束与劳累。假如能顺应大道而自由自在地游乐就不是这样。没有赞誉没有诋毁，时而像龙一样腾飞时而像蛇一样蛰伏，跟随时间的推移而变化，不偏滞于某一方面；时上时下，一切以和为度，优游自得地生活在万物的初始状态，役使外物却不被外物所役使，又怎么会受到外物的拘束和劳累呢？”

后来以木雁比喻善于处材与不材之间，以全生远祸。

庄子像

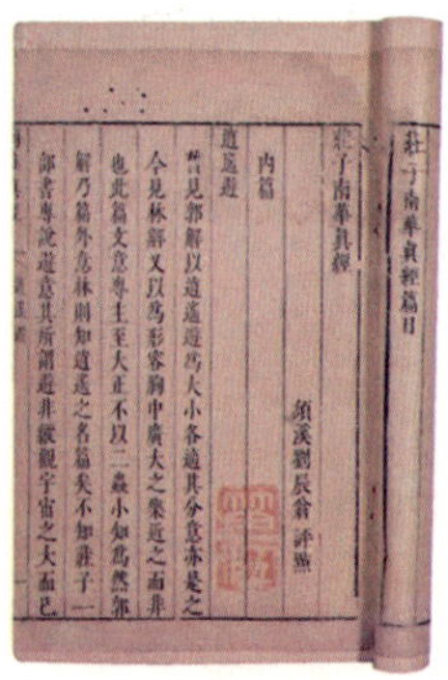

莊子南華眞經

內篇

逍遙遊

須溪劉辰翁 評點

《南华经》本名《庄子》，汉代道教出现以后，尊之为《南华经》，且封庄子为南华真人。上图为古本《南华经》。

木牛流马

木牛流马

在《三国演义》第一零二回中说道，公元231年，蜀军伐魏，由于道路险峻，运粮困难，诸葛亮便教人制造木牛流马，“牛马皆不水食，可以转运，昼夜不绝”。一种木制的器具，竟能自己运行，因此古往今来，一直有人对此表示怀疑。现在学者的普遍观点是，“木牛流马”是当年诸葛亮设计而制成的两种新型人力车。“木牛”有一个车轮，车前后装四条木柱。“流马”则是改良的木牛，装载量要比木牛大。

细说故事：

呆若木鸡

斗鸡剪纸

《庄子·达生篇》中讲了这样一个故事：古时候人们很喜欢斗鸡的游戏，一个叫纪渻子的人专门为国王训练斗鸡，准备参加搏斗。过了十天，国王问纪渻子：“鸡已经训练好了吗？”纪渻子回答说：“还没有，这只鸡表面看起来气势汹汹的，其实没有什么底气。”又过了十天，国王再次询问，纪渻子说还不行，因为它一看到别的鸡的影子，马上就紧张起来，说明还有好斗的心理。又过了十天，国王去问但还是不行，因为纪渻子认为这只鸡还有些目光炯炯，气势未消。

这样再过了十天，纪渻子终于说差不多了，它虽然偶尔还叫几声，已经有些呆头呆脑、不动声色，看上去就像木头鸡一样，说明它已经进入完美的精神境界了。国王于是把这只鸡放进斗鸡场，没想到别的鸡一看到这只“呆若木鸡”的斗鸡，还没有交手就都掉头逃走。

现在人们通常只用“呆若木鸡”的字面意思，形容因恐惧或惊讶而发呆的样子。

识字规律：“木”字，如今既可单用，也可作偏旁，凡从“木”取义的字皆与树木等义有关。

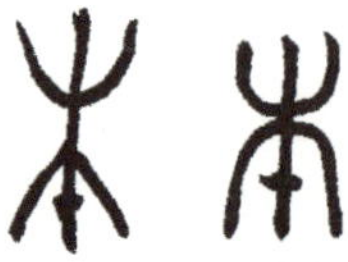

本（指事）：“木”下面的短横是指事符号，指明树根的所在。本义指树根。

《说文解字》：“本，木下曰本。”

（指事）：“木”上面的横是指事符号，指明树梢的所在。本义指树梢。

《说文解字》：“末，木上曰末。”

（会意）：由二“木”字会意，表示树木丛生。本义指丛聚的树木。（“森”字由三木会意，指比普通树林更加广阔繁密的树林。）

《说文解字》：“林，平土有丛木曰林。”

（会意）：“东”的繁体字写作“東”。《段注》：“日在木中曰東。”本义指日出的方向。

《说文解字》：“东，动也。”许慎认为太阳顺树木往上升起时，表现出的是一种动势。（按：近来有些学者根据甲骨文考证“东”字与日字无关，待考。）

（会意）：从木，从爪。甲骨文上像手，下像树木及其果实。表示以手在树上采摘果实和叶子。

《说文解字》：“采，捋取也。从木，从爪。”

（形声）：从木，公声。本义指松科植物的总称。

《说文解字》：“松，木也。从木，公声。”

华

huā

 華

金文　小篆　繁体楷书

《说文解字》:"华,荣也。" 译:华,花朵。

字形构造:"华" 本是个象形字。金文的上部像花朵的形状,下部是花蒂。小篆的整齐化,但与金文相差不大。楷书写作"華"。简化文字后写作"华"。

主要词义与词性:❶光彩〈形〉:~美|光~。❷繁盛〈形〉:繁~|荣~。❸精华〈名〉:英~|才~。❹奢侈〈形〉:浮~|奢~。❺(头发)花白〈形〉:~发。❻指中国〈名〉:~人|驻~大使。

起源和演变:"华" 的本义指花朵,就是花的本字,读作 huā。后来因被引申义所专用,所以另造了形声字"花"来表示花朵之义。"华"表示花朵是随处可见的,《诗·周南· 桃夭》:"桃之夭夭,灼灼其华。"意思是说,茂盛桃树嫩枝桠,开着鲜艳粉红花。唐人张九龄《感遇》诗云:"兰叶春葳蕤,桂华秋皎洁。"葳(wēi)蕤(ruí)指的是枝叶茂盛披离的样子,桂华自然就是指桂花了。我们如今常用的成语"春华秋实",说的是春日花开,秋来收果。这里的华作动词用,仍读 huā,指开花。

桃之夭夭,灼灼其华。

花朵艳丽,"华"由此引申指美丽光彩(华的引申义均读 huá)。可以作形容词用,如"华服"(华丽的服装),"华舆"(华美的车辆或轿子),

华灯,就是指光华灿烂的灯。上图是华灯初上的北京夜景。

“生存华屋(华美的屋宇)处,零落归山丘”(曹植《箜篌引》)。也可以作名词,如“月华”(月亮的光辉),“光华”(明亮的光辉)等。

“华”进一步引申指显贵,最常用的“荣华”一词,原本指花开盛美,后来用以指人之显贵。又如“华族”指贵族,“华秩”指高阶显位等等。

“喜荣华正好,恨无常又到。”这是红楼梦第五回中一首概括贾元春命运的诗的前两句。上图为清人孙温为元春省亲的情节所配插图。

“华”由花儿盛开引申表示繁盛,由此又用以形容人一生中最繁盛蓬勃的青春时代。李商隐一首饱含惆怅情怀的《无题》诗云“锦瑟无端五十弦,一弦一柱思华年。”——锦瑟没有理由地采用了五十根弦,弹拨起它,一弦一柱地回忆着从前的青春时光。“华年”也可以称为韶华,韶形容春光美好,韶华就是美好的青春年华。“华”在这里作名词,表示时光。

那座山正当顶上,有一块仙石……盖自开辟以来,每受天真地秀,日精月华,感之既久,遂有灵通之意。(《西游记》第一回)上图采自黄山。

花儿是植物的精华,青春是生命的精华。“华”又表示精华之义。“物华天宝,龙光射牛斗之墟。人杰地灵,徐孺下陈蕃之榻。”这是唐代王勃《滕王阁序》中的名句。“物华”是指万物的精华。“物华天宝,人杰地灵”如今常用来形容一个地方山川灵秀,盛产珍贵的物品和人才。

谈到风华正茂中的“华”,指的是人的显见的才能(多指文艺方面的),即才华,风华正茂意思是风采才华正盛。

由花的外表艳丽,“华”还引申指浮华,如“华辞”(虚浮巧饰的言辞),“华誉”(不实的声誉)等。

中国和汉族古称华夏,《尚书正义》注“华夏”说:“冕服华章曰华,大国曰夏。”《辞海》中解释说:“夏”义为“中国之人”(中国在古代指中原),古人常以“夏”和“蛮夷”对称。又常以“华”和“夷”对称。华夏连用出现较晚。

我国古称华夏，今称中华，省称为“华”，“华北”、“华南”、“华人”、“华侨”等词中的“华”，都是代表中国。

字中知识：

华 表

天安门前华表

华表是中华民族的传统建筑物，它高大挺拔的八角型柱身上雕刻着一条盘旋而上的巨龙，龙身外布满云纹，柱顶上端横有一块云纹长片石，顶部蹲坐着一只瑞兽。（瑞兽名为犼，有守望习惯，象征着上传天意，下达民情。）

华表是一种在古代建筑物中作为标志和装饰用的大柱，设在桥梁、宫殿、城垣和陵墓之前。设在陵墓之前的又称为“墓表”。

天安门后华表

北京天安门前后的两对华表是华表中的优秀作品。天安门前华表上的犼头向宫外，名为“望帝归”，是希望皇帝不要迷恋游山玩水，快回到皇宫来处理朝政。天安门后华表上的犼头向宫内，名为“望帝出”，是希望帝王不要成天待在宫内吃喝玩乐，应该经常出去看望他的臣民。

华 胥

华胥，是传说中人祖伏羲的母亲，《路史》：“太昊伏羲氏，母华胥。”

华胥，也指理想国。相传黄帝“昼寝而梦，游于华胥之国……其国无帅长，自然而已。其民无嗜欲，自然而已。不知乐生，不知恶死，故无夭殇；不知亲己，不知疏物，故无爱憎；不知背逆，不知向顺，故无利害；都无所爱惜，都无所畏忌，入水不溺，入火不热……”

草

cǎo

甲骨文

金文

小篆

《说文解字》:“艸,百卉也。”译:草,百草。

主要词义与词性:❶草本植物的统称〈名〉:野~|青~。❷指可作饲料、燃料的稻、麦之类的茎和叶〈名〉:稻~|~料。❸草率;不细致〈形〉:潦~。❹初步的;非正式的〈形〉:~案。

字形构造: 甲骨文中的“草”字像两颗小草形,表示众草。小篆整齐化。后假借“草”(本义指栎树的果实)为“艸”,而“草”的栎实之义则另写作“皂”来表示。

起源和演变:“草”的本义是栎树的果实,后来假借表示草本植物的总称。比如“青草”、“杂草”、“水草”中的“草”,都是指草本植物。

“草”又指可作饲料、燃料的稻、麦之类的茎和叶,如赤壁之战中周瑜为孙权分析曹操挥师南进的弊端时说:“今又盛寒,马无稿草。驱中国士众远涉江湖之间,不习水土,必生疾病。”(《资治通鉴》),又如“草料”、“稻草”等。

小草虽然不起眼,却有着顽强的生命力和生存适应性。

兵马未动,粮草先行。

未经开垦的土地杂草丛生,古人于是将荒野之地称为“草”,商鞅变法时曾发布《垦草令》,《韩非子·显学》中有:“耕田垦草以厚民产。”后来“草”又进一

人们正在辛勤地垦荒呢。

步引申为山野、民间之义，唐代诗人李颀在《送陈章甫》诗中写到陈章甫的才华抱负："胸中贮书一万卷，不肯低头在草莽。"而《水浒传》中的梁山兄弟大都是在被逼无奈的情况下才"落草为寇"的。

由草的杂乱，"草" 字又引申表示粗劣、草率、简略。南朝宋文帝好大喜功，想要驱逐外族，建立西汉霍去病战胜匈奴、封狼居胥山一样的功勋，却打无准备之仗，结果一败涂地，望到北方追来的敌人张皇失色。辛弃疾在《永遇乐·京口北固亭怀古》词中写道："元嘉（宋文帝年号）草草，封狼居胥，赢得仓皇北顾。"这里的"草草"便是草率的意思。战国时候齐国孟尝君的门客冯谖成功为主人经营安身立命的保障，而最初自身价值不为人知的情况下却受到"食以草具"的待遇（《战国策·冯谖客孟尝君》）。这里的"草"是粗劣的意思，"具"是饭食义。由粗略、草率义，"草" 进一步引申指初步的、非正式的，比如"草案"、"草稿"等。从东汉以后，书体上出现了"草书"。

西汉霍去病墓前马踏匈奴石塑。石塑线条草略简约，却体现出一种质朴雄浑的原生的雄壮气魄。是华夏民族当时精神与力量的绝好表现。

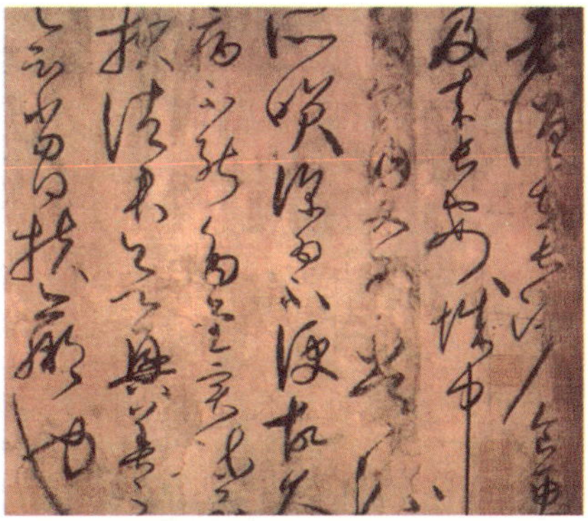

怀素是中国历史上杰出的书法家，他的草书称为"狂草"，用笔圆劲有力，奔放流畅，一气呵成。右图是他的名作《食鱼帖》。

《食鱼帖》中说："老僧在长沙食鱼，及来长安城中多食肉，又为常流所笑……"怀素身在佛门，却倜傥不拘，完全是一个不守清规戒律的形象。

字中知识：

本 草

李时珍像

中国传统医学所用的药物以草、木的成分为主，所以习惯上用“本草”代指药物。中国历史上的不少医书多以本草名之，如南朝的《神农本草经》，唐代的《本草拾遗》等。在诸多本草类著作中，最有名的当数明代李时珍所著的《本草纲目》。《本草纲目》成书于明万历六年（1578），全书共 52 卷，载药物 1892 种，对每种药物，都说明了它的色泽、性状、功能、炮制方法等，还附有大量插图。

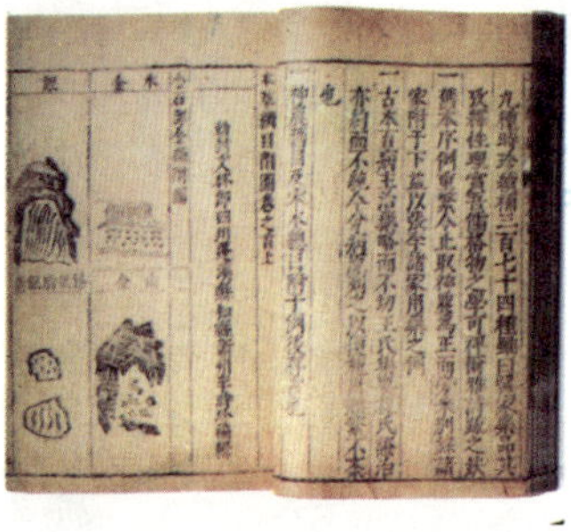

《本草纲目》书影

《本草纲目》是李时珍在博采历史上诸家“本草”成果的基础上，通过长期地民间考察和医学实践，历经 30 年艰苦写作而成的，对中国的药物学研究作出了重大贡献。

细说故事：

草木皆兵

东晋时候，占据北方的强秦一直想吞并晋王朝。辅佐秦王苻坚建立大秦的贤臣王猛临死前曾告诫他不要发兵攻打东晋，但此时的苻坚踌躇满志，欲以“疾风之扫秋叶”之势一举荡平东南，完成大统。

公元 383 年，苻坚亲率步兵 60 万、骑兵 27 万、羽林军 3 万，共 90 万大军南下，迫进淮河，东晋朝野震动，遣大将谢石、谢玄率 8 万精锐往淮河迎战。

苻坚在得到情报的情况下迅速包围东晋前锋阵地，劝降时反被使者泄露自军尚未集结完毕的情况。晋军主帅决定转守为攻，主动出击，这年的冬天，晋军奇袭秦军前部，大胜，而后直抵淝水东岸，在八公山边扎下大营，与隔岸秦军对峙。苻坚站在城楼上，一眼望去，只见对岸晋军布阵整齐，将士精锐。连八公山上的草木，他也感到类似人形，误认为是晋兵，颇为惊慌，对弟弟苻融说：“此亦劲敌，何谓弱也？”这就是著名的典故“草木皆兵”的来历。

识字规律：“草”字，如今既可单用，也可作偏旁。作偏旁时写作“艹”。凡从“草”取义的字都与植物等义有关。

（会意）：古字从三“屮”（小草），会众草之意。本义为百草的总称。

《说文解字》：“卉，草之总名也。从艸、屮。”

（形声）：从艸，采声。上古时期，菜只指蔬菜，不包括肉类、蛋类，到了中古以后，菜就包括肉类、蛋类及熟食在内了。本义指蔬菜。

《说文解字》：“菜，草之可食者。从艸，采声。”

（会意）：从艸，从田。小篆的“苗”字，会草生于田中之意。本义指庄稼，是指没有开花结实的禾苗，也泛指一切初生植物。

《说文解字》：“苗，草生于田者。从艸，从田。”

（会意）：甲骨文像一个人手持树苗栽种的样子。本义指种植。

《说文解字》：“埶，种也。从坴、丮 。”

禾

hé

甲骨文　　金文　　小篆

《说文解字》:“禾,嘉谷也。二月始生,八月而熟。得时之中,故谓之禾。” 译:禾,美好的谷子。二月开始发芽生长,到八月成熟。得四时中和之气,所以叫禾。

字形构造:“禾”是个象形字。你看甲骨文、金文多么形象,一棵成熟了的谷子,沉甸甸的谷穗弯垂着。小篆线条化,与甲骨文、金文形体大同。楷书由小篆演变而来,不过你很难看出那成熟饱满的谷穗的样子。

> **主要词义与词性:**❶谷类作物的总称〈名〉。❷禾苗〈名〉。

起源和演变:“禾”的本义是指谷子。谷子原产于中国,是先民们从很多野生禾中选育培育来的。一些野生禾今天还十分常见,比如狗尾草。

狗尾草

谷子性喜温暖,适应性强。农谚有“只有青山干死竹,未见地里旱死粟”,可见它的抗旱能力。中国人栽培谷子有数千年的历史了,中国是世界上谷子栽培面积最广、总产量最多的国家。

谷子去壳后叫小米,几千年来,一直是人们的主食之一,在有的时期,它还被当作薪水来发。现代把它划入了杂粮(稻谷、小麦以外的各种粮食),但还是建议你多吃些小米,它含有的蛋白质与小麦一样多,却有多几倍的磷、镁、钾和多种重要的维生素。

“禾”字在古代也泛指庄稼。《诗经·魏风·伐檀》中嘲讽小人：“不稼不穑，胡取禾三百廛兮？”以此来反赞君子不素餐。还有那首四岁儿童也大都会背的诗：“锄禾日当午，汗滴禾下土。谁知盘中餐，粒粒皆辛苦。”

“禾”有时还特指禾苗，就是初生没有吐穗的水稻。

禾苗

字中知识：

五　谷

《周礼·夏官·职方氏》“其谷宜五种”后面的注说，指稻、黍、稷、麦、菽。后来统称谷物为五谷，不一定限于五种。

“稻”是会意兼形声字，从禾，从舀（手从米器中取米），舀也兼表声。

“稻”有粳、糯之分。粳稻茎秆较短，米粒较粗，就是我们俗称的大米。李时珍在《本草纲目》说它：“暖脾胃，止虚寒泄痢，缩小便，收自汗，发痘疮。”糯稻是黏性稻，就是我们俗称的糯米。《本草纲目》中说它“通血脉，和五脏，好颜色”。

甲骨文的“黍”像禾上结的果实。下边的水表示黍可以酿酒。

“黍”、“稷”是同一种东西，就是黄米，别名粢、糜。也有说稷是指高粱的。一般将黍、稷称为稷；分别来说，则黏性的品种称为黍，粳性的品种称为稷。《本草纲目》中说它“益气，补不足”，“凉血解暑”。

“麦”是会意字，甲骨文从来从夂（朝下的脚），会小麦天赐来临之意。本义为到来，后指麦子作物。

麦有大麦、小麦之分，我们吃的“白面”指小麦粉，是人们的主食粮作物，从药用上说，小麦有养心益肾、除烦止渴的功效。

“菽”(shū)是形声字，从艸，叔声。

菽就是大豆，油料作物。黑大豆有祛风行水、活血解毒的功效。

“粟”是象形字，甲骨文从禾，上边有米粒形，表示成熟出米的谷子。

“粟”也称“粱”，其子实带壳，俗称谷子。去壳后称为小米。《本草纲目》中说它有和中益肾、除热解毒的功效。

食谷须知

粳米陈稻新碾甚佳。糯米不宜消化，勿多食。小麦占四时，秋种夏收，益人。芝麻油能消毒。绿豆清热解毒，作枕明目。赤小豆解毒，利小便，能逐津液，久食虚人。

——采自清代《传家宝》

识字规律：“禾”字，如今既可单用，也可作偏旁。凡从“禾”取义的字都与五谷粮食作物等义有关。

《说文解字》：“香，芳也。从黍，从甘。《春秋传》曰：‘香稷馨香。’”

（会意）：甲骨文是器皿中盛新登禾黍芳香形，篆文变为从黍，从甘。本义指粮食馨香。

《说文解字》：“年，谷熟也。从禾，千声。”（析形不确）

（会意）：甲骨文从人背禾，会谷物成熟终于收割之意。古代稻禾一年只能收成一次，所以“年”字又引申为“岁”，一年就是一岁，代表春夏秋冬四季十二个月。

《说文解字》：“秉，禾束也。从又持禾。”

（会意）：甲骨文从又（手），从禾，会手持禾穗之意。本义指手持一把庄稼之意。

唐代陶乐舞俑

《说文解字》：“龢，调也。从龠，禾声。”

（形声）：甲骨文从龠（yuè，口吹排箫），禾声。古文字省写为从口，今写为“和”。本义指音乐和谐。

米

mǐ

甲骨文

小篆

《说文解字》:“米,粟实也。象禾实之形。”译:米,米粟的子实。像禾子实的形状。

主要词义与词性: ❶稻米;大米〈名〉:糯~。❷泛指去掉壳或者皮后的种子,多指可以吃的〈名〉:小~|高粱~。❸小粒像米的东西〈名〉:海~|~兰。

字形构造: “米”字是个象形字。甲骨文的“米”字,中间是一条横道,上下像米粒的样子。至于这一横道代表什么,有着种种不同的说法。一种认为米的形状与沙粒、水滴等相似,所以加一横道以示区别,一说这条横道代表一面筛子,甲骨文即像用筛子筛米的样子,还有的说横道是稻秆,黑点是稻粒,众说纷纭,莫衷一是。

起源和演变: “米”的本义是去掉皮、壳的谷类和其他植物的子实,去了皮的稻谷通常称为“大米”,去了皮的谷子称之为“小米”。米的种类有很多,但是大米和小米在很长一段时间内是中国人的主要食粮。

米通常呈细小的颗粒状,由米这一形状特点,“米”转意来形容像米的东西或者很小的事物,比如沿海地区产的“虾米”,又比如一种常绿灌木米兰,米兰夏秋时节开花,花儿细小繁密,圆圆的好像米粒一样,但花香馥郁,沁人肺腑。在很多演义

米兰花

小说中，阵前挑战的武士会大声呵斥："尔等米粒之珠，吐光不大！"将对方形容为像米粒一样小的珠子，以此来激怒对手，显示自己对对方的藐视。

在《汉书·咸宣传》中有"其治米盐"的话，这话是特指管理一些细小之事。颜师古说："米盐，细杂也。"这个解释很正确，因为米、盐都是颗粒非常细小的东西。

细说故事：

不为五斗米折腰

清代黄慎《陶令重阳饮酒图》

据《晋史·陶潜传》载，陶渊明是晋大司马陶侃的曾孙，性喜饮酒，为人恬淡自守，善作文，文采斐然。他曾做过祭酒、镇军等小官，但每次都因不愿受束缚，辞官回家。最后一次做官时已过"不惑之年"，有一天，他对亲朋说："想做个文官挣些补贴家用的钱。"当局的人听说了，就任用他做彭泽县令。陶渊明简朴自爱，不谄媚长官，一次，郡遣督邮至，县吏说他应该束带相见，陶渊明叹息说："我不能为五斗米的俸禄而弯腰，小心谨慎地为乡下的小人做事啊！"于是便辞去职务，写了《归去来辞》。从此以后，他便隐居乡里，不再出仕。

识字规律：

"米"字，如今既可单用，也可作偏旁。凡从"米"取义的字大都与五谷、食物等义有关。

(会意)：甲骨文从禾，旁边有米粒形。篆文从米，从卣(果实下垂貌)。本义指谷子。

《说文解字》："粟，嘉谷实也。从卣、从米。"

(会意)：从斗，从米，会用斗量米之意。本义指称量。

《说文解字》："料，量也。从斗，米在其中。"

竹

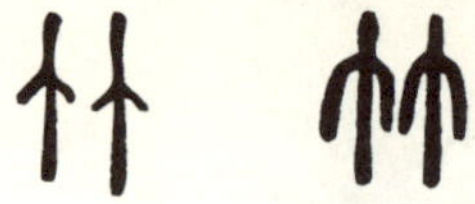

zhú　　金文　　小篆

《说文解字》:“竹,冬生草也。象形。” 译:竹,经冬不死的草,象形。

主要词义与词性: 竹子〈名〉:~林|~园。

字形构造:“竹”字是个象形字。金文多像两枝下垂的竹叶。小篆也是竹叶的样子。楷书是直接由小篆演变来的。

起源和演变:“竹”的本义,就是广为人们所礼赞的高节清风的竹子。“有节骨乃坚,无心品自端”,细想起来,没有任何一种植物能像竹子那样具有坚强的性格和恬雅的风度了。

“瞻彼淇奥,绿竹猗猗。”——看那淇水深曲的岸边,长着婀娜丰茂的绿竹。《诗经·卫风·淇奥》继续写道:“有斐君子,如切如磋,如琢如磨。”“斐”是有文采,切磋、琢磨分别指加工象牙和玉。在这几句诗中,将水流、竹子、君子和精心加工的象牙与美玉写在了一起。

人 分 个

《芥子园画谱》中说,画竹子最困难之处是画竹叶。画本中有秀美竹叶的不同画法。有时把竹叶画成“人”,有时画成“分”或“个”。

瞻彼淇奥,绿竹猗猗。

但竹子并非只是纤洁秀穆，它的生命力很强，“咬定青山不放松”，可以扎根岩石，任你狂风侵袭。它经冬不凋，“遭霜雪而不凋，历四时而常茂。”“雪压竹头低，低下欲沾泥。一朝红日起，依旧与天齐。”

清人丁敬，是西泠印派的创始人，他的篆刻，古拗峭折，直追秦汉，这是他刻的“竹解心虚是我师”印章。

扬州八怪之一的李鱓画的竹子

它还是古代制作乐器的重要材料。长则可以为呜咽箫声，短则可以为清脆笛声，削制后做成竹简承载了古老的文字，竹匠们用它盖起简洁的竹楼，制成家用的竹器。汉字中竹指代管乐器，如“无丝（指弦乐）竹（指管乐）之乱耳”，在成语“罄竹难书”中，“竹”指代竹简，这个成语的本义指要写的事太多，砍掉山上所有的竹子制成竹简书写都写不过来了。

古代八音之一，指箫笛一类竹制乐器。

金石丝竹，乐之器也。
——《礼记·乐记》

云南傣家竹楼

竹，因为宁折不屈、虚心清劲、坚韧耐寒等品性而备受历代文人雅士的喜爱，它是花中四君子（梅、兰、竹、菊）之一（竹子是草本植物），和梅、松一起称为岁寒三友。宋代大文豪苏轼咏竹名句云：“宁可食无肉，不可居无竹。无肉令人瘦，无竹使人俗。人瘦尚可肥，士俗不可医。”

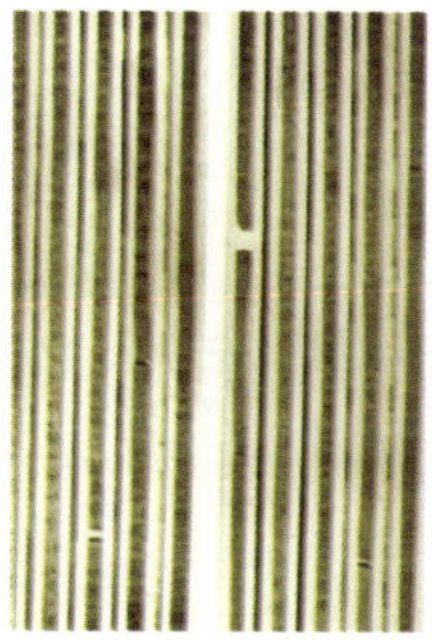

汉代竹简

古人在竹简上书写，先以火烤竹去湿，再刮去竹青部分，以便于书写和防蛀，称为汗青，因此后世把著作完成叫做汗青。文天祥诗：“人生自古谁无死，留取丹心照汗青。”

字中知识：

竹夫人

竹夫人

“留我同行木上坐，赠君无语竹夫人。”这是苏轼《送竹几与谢秀才》一诗中的两句，所谓“竹夫人”，是用竹篾编成的圆柱形长笼。竹篾本身很清凉，编成中空的长笼透风且富有弹性，炎炎夏日将竹夫人内置些驱虫药料抱在怀中入睡，凉润消暑，蚊虫不叮，让你终宵酣睡到天明。竹夫人唐朝时称为“竹夹膝”，宋代得“竹夫人”之名。

细说故事：

胸有成竹

北宋文同《墨竹图》

北宋画家文同画的竹子远近闻名，每天总有不少人登门求画。文同画竹的妙诀在哪里呢？

原来，文同在自己家的房前屋后种上各种各样的竹子，无论春夏秋冬，阴晴风雨，他经常去竹林观察竹子的生长变化，回到书房，就把心中的印象画在纸上。日积月累，只要凝神提笔，平日观察到的各种形态的竹子立刻浮现在眼前。所以每次画竹，他都非常从容自信，画出的竹子，无不逼真传神。晁补之赞颂他说：“与可（文同字）画竹，胸中有成竹。”

识字规律：“竹”，如今既可单用，也可作偏旁。作偏旁时写作“⺮”，在汉字中凡由“竹”取义的字皆与竹子等义有关。

（会意）：从聿，从竹。“聿”（yù）是“笔”的本字，像执笔之形，后为偏旁，便另加义符写作“筆”。简化文字后写作“笔”，从竹从毛会意。

《说文解字》：“筆（笔），秦谓之筆。从聿从竹。”

桑

sāng

金文

小篆

《说文解字》:"桑,蚕所食叶木。" 译:桑,蚕儿所吃的桑叶树。

字形构造:"桑"是个象形字。甲骨文描摹的就是一棵桑树样子。小篆的形体,上部的树枝变为三个"又"(手),的确,没有一种树的叶子比桑树被中国人采摘得更多了。楷书的写法与小篆基本相同。

主要词义与词性:桑树,落叶乔木。树皮有浅裂,叶子椭圆形,花单性,花被黄绿色,叶子是蚕的饲料,嫩枝的韧皮纤维可造纸,果实可以吃,嫩枝、根的白皮、叶和果实均可入药〈名〉。

野蚕食青桑,吐丝亦成茧。

起源和演变:中国是桑树的原产国,谈到桑树,说它浑身是宝一点儿也不为过。桑叶是蚕的"粮食",入药能疏散风热,清肝明目。果实桑椹被称为"民间圣果",常吃能显著提高人体免疫力,具有延缓衰老、美容养颜的功效。桑枝、桑根、桑树皮各具功用,值得一提的是,以桑皮为原料生产的桑皮纸是书画家们的宠儿。

"樱桃桑椹与菖蒲,更买雄黄酒一壶。"这是清朝人李静山关于端午的句子,民间传说端午节吃了樱桃桑椹,可全年不误食苍蝇。

采桑叶,周代青铜酒器上的饰图(局部)。

在桑树没有被大面积种植之前,古代妇女前往野外采摘桑叶,以养蚕取丝。《诗经·豳风·七月》中云:"遵彼微行,爰求柔桑。"意思是沿着小路向前走,寻求何处有嫩桑。采桑是古代劳动女性生活的重要内容，又是她们走上田野，展示风姿的时光。《诗经·魏风·十亩之间》中唱道："十亩之间兮，桑者闲闲兮，行与子还兮。"妇女采桑，且劳且歌，走上田野，其乐融融。

晋代葛洪《神仙传》：仙妇麻姑见王方平曰："吾与汝自上次会面以来，东海已三为桑田矣。"

日暮时分，太阳落到了桑树榆树之间，桑榆因而常常被用来比喻傍晚，后来又转喻人的晚年，比如白居易在《咏老赠梦得》一诗中表现出一种对衰老的消极悲观情绪，刘禹锡在答诗中鼓励他说："莫道桑榆晚，为霞尚满天。"又如曹植在《赠白马王彪》诗中感叹："人生处一世，去若朝露晞。年在桑榆间，影响不能追。"极言年命消逝之快，无法追阻。

字中知识：

桑梓与桑中

桑梓本指桑树和梓树。桑树的众多用途我们前面已经介绍过了。梓树木质轻软耐朽，可供建筑及制作木器用，它生长迅速，还常被作为薪炭用材。因为桑、梓对人们生活极具实用价值，所以古人常在宅边植桑栽梓。门前屋后的桑梓，绾结着很多人儿时成长的记忆，一株株的桑树、梓树，无不是父母先辈所植。以后见了桑、梓，就会引起对父母家乡的怀念，后世即以桑梓作为家乡的代称。

《诗经·鄘风·桑中》中云："期我乎桑中。"意思是说："我们在桑中约会。""桑中"，一说是地名，一说是桑树林中，但作桑林解更具生活气息。中国是蚕桑之乡，广种于南方乡村的桑林常常一眼望不到边，就好比北方的青纱帐，是人们歇凉闲谈、儿童游戏玩耍的好地方；当然，也是青年男女约会的理想场所。后来，人们把男女幽会称为"桑中之约"。

麻

má

金文

小篆

蔴

繁体楷书

《说文解字》:“麻,与林(麻茎皮)同,人所治,在屋下。”译:麻,与林同义,是人们加工的植物,在敞屋之下。

主要词义与词性:❶大麻、亚麻、苎麻、黄麻等植物的统称〈名〉。❷芝麻〈名〉:~酱|~油。❸指表面不平,不光滑〈形〉:纸面有点~。❹带细碎斑点的〈形〉:~蝇|~雀。

字形构造:“麻”是个会意字,金文上部是“厂”(山崖),其内不是“林”字,而是挂着一缕一缕的纤麻,会于崖下劈麻晾麻之意。小篆改为从广(敞屋),会在屋檐下晾麻之意。人认为麻是草属,所以繁体楷书又在上部增加了一个草字头。简化文字时,又把草字头去掉了。

大　麻

起源和演变:“麻”的本义指可做绳索的大麻。大麻在我国俗称“火麻”,是一年生草本植物,它的茎、干可制成纤维,籽可榨油。至于作为毒品的“大麻”,主要是指矮小、多分枝的印度大麻。

麻纤维可以织布、制绳,因此被广泛种植。陶渊明《归园田居》中描写在乡村单纯质朴的生活:“相见无杂言,但道桑麻长。”——村里面人们相见不说虚浮的无聊话,谈论的是农作物的生长情况。唐人孟浩然《过故人庄》诗云“开轩面场圃,把酒话桑麻”。“桑麻”,从农作物而引申泛指农事。

抽离出来的麻纤维

没有经过抽离的麻纤维细长繁密，纠结纷乱，人们就借用它的这种特性形容繁密纷杂的东西，“雨丝如麻”、“心乱如麻”，一个“麻”字让人感同亲历。

画山水的披麻皴，笔画从上而下，如散麻下披，故名。

用麻纤维纺成的布制作的衣物轻便耐用，吸湿性、透气性都很好，但手感有些粗涩。基于这种手感，人们用麻来形容不平、不光滑的表面，比如我们说一块岩石的表面麻麻糙糙的。

麻 布

它为什么叫麻花？因为条状的面上撒了很多芝麻粒，然后把几条面拧成花，下锅炸。

能够导致严重皮肤病变的疾病名也包含“麻”字，如麻疹和麻风病。一个人得了天花以后在脸上留下的痕迹被称为麻子。

蓖 麻 籽

中国据说早在三国时，神医华佗就发明了麻药，名叫“麻沸散”，但配方后来失传了。谈到“麻”从何时用以形容肌体暂时丧失知觉还有待考证，不过早期的麻药确实有麻类植物的提取物。明代李时珍在总结前人经验的基础上，把沿用下来的十多种麻醉药配方精简为曼陀罗花和火麻子花，《本草纲目》:“八月采曼陀罗花，七月采火麻子花，阴干，等分为末，热酒调服三钱，少顷昏昏如醉。”

它为什么叫麻雀？据说身上有麻点花斑，不过它看上去和蓖麻籽倒是很像。

古人的丧服通常用麻布制成，所以“麻”字也指代丧服，所谓“披麻戴孝”。如今被人视为典型的中国植物的棉花到了元朝才开始种植，后来逐渐取代麻而成为织日常用布的主要纤维。但至今仍然有在葬礼时穿未加染色的麻布衣的。

丝

sī

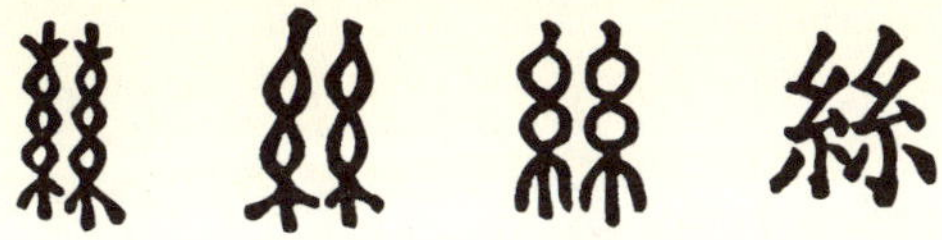

甲骨文　　金文　　小篆　　繁体楷书

《说文解字》:"丝,蚕所吐也。从二糸。"译:丝,蚕吐的丝。由两个糸字会意。

字形构造:"丝"是个象形字。甲骨文像两小把丝束。金文和小篆与甲骨文的形体相类似。繁体楷书更规整。简化文字后写作"丝"。

主要词义与词性:❶ 蚕丝〈名〉。❷像丝的东西〈名〉:发 ~| 钢 ~。❸极少的或极少的量〈形〉:一 ~ 不差 | 一 ~ 风也没有。

起源和演变:"丝" 的本义就是蚕吐的丝。中国是桑和蚕的原产国。蚕吃桑叶,一生忙碌而短暂。消费将近一吨的桑叶才能得到五六公斤丝,而其中可用于纺织的,可能只有一半。蚕从卵中孵出一个月以后吐丝作茧,在茧里待七至十天便破茧变成飞蛾。蚕蛾没有嘴,不能进食,它要很快地交配繁殖,然后就死了。"春蚕到死丝方尽"的说法是贴切的。

《天工开物》中描绘的缫丝的情景

蚕丝长约一千米,由蚕茧抽出蚕丝的工艺称为"缫丝"。人们将蚕茧浸在热汤盆中,用手抽丝,卷绕于丝筐上,这就是原始的缫丝方法。人们总是同时抽很多蚕的丝,丝很细,单独一根不好操作。缫丝的工作需要细致而有耐心,因为抽出的丝很容易打结和缠死。

早在四千多年以前，中国人就已经利用蚕丝制作简单的编织物。到了三千多年的商周时代，女工们用蚕丝织出了罗、绸、绫、纨、纱、绉、绮、锦、绣等品目繁多的丝织品，到了战国，就能编织各种复杂的花纹了。

丝履，就是丝鞋。上面是古代的男丝履和女丝履。长篇叙事诗《孔雀东南飞》形容焦仲卿妻“足下蹑丝履，头上玳瑁光。腰若流纨素，耳著明月珰。指如削葱根，口如含朱丹”。更让人为故事悲剧的结局而叹惋。

缂丝，我国特有的一种丝织手艺。以生蚕丝为经线，彩色熟丝为纬线，采用通经回纬的方法织成平纹织物。

蚕丝非常细，因而用以形容极细微的事物，比如细雨，比如头发。宋词“自在飞花轻似梦，无边丝雨细如愁”中蕴涵着无限的寂寞和惆怅，诗文“交丝结龙凤，镂彩织云霞。一寸同心缕，千年长命花”中，铭记着结发夫妻美好的祝愿和誓言。

中国古代的弦乐器多采用蚕丝为弦，因此“丝”也指代弦乐。欧阳修说，宴饮的快乐“非丝非竹”，而在于与宾朋一起的热烈气氛。白居易则不习惯偏远乡县的文化贫乏，“浔阳地僻无音乐，终岁不闻丝竹声”隐含着贬官的悲怨。

青青柳丝

字中知识：

丝绸之路

中国是世界上最早发明丝织品的国家，传说黄帝的妃子嫘祖首创种桑养蚕之法、抽丝编绸之术。商、周时期，丝绸的生产技术已经发展到相当高的水平，到春秋战国时，中国的丝织品已被贩运到周边国家，广受欢迎，身价颇高。

敦煌壁画中的《商旅图》。上层表现商队在干旱的丝绸之路上到达水井驿站时快活的情景。下层描绘的是桥上车马东来西往的情景。

“丝绸之路”是古代连接亚、欧的东西方商贸通道的总称，因交通线上运输最多的商品是丝绸而得名。不同时期丝绸之路的路线各不相同，总的来说有草原丝绸之路、绿洲丝绸之路、海上丝绸之路和西南丝绸之路。而我们通常所说的丝绸之路，是指绿洲丝绸之路，是汉武帝派张骞出使西域建立起来的。这条路的起点是长安，过黄土高原，经甘肃河西走廊到达敦煌。而后分为南北两路进入新疆。进入新疆后再分成北道、中道、南道三条路线西行。一直到达里海沿岸和地中海东岸地区。古罗马贵族们十分偏爱来自东方的丝绸，不惜以大量黄金进口，罗马人称中国为“丝国”。

从丝绸之路流入的罗马金币。

骑驼乐舞三彩俑

古代丝绸之路的开通与维持，对中西方物质文化和精神文化的交往作出了重要的贡献，运载着动物、植物、皮货、药材、香料、珠宝的商队往来不绝，宗教、文化和技术得以交流、发展和传播，是名副其实的联结东西方文明的纽带。

识字规律：“丝”，如今既可单用，也可作偏旁，构字如“咝”、“鸶”。丝的一半是“糸”（读 mì），像一束丝的样子。“糸”如今只作为偏旁，作左旁时简作“纟”，凡从糸取义的字皆与蚕丝、纺织等义有关。

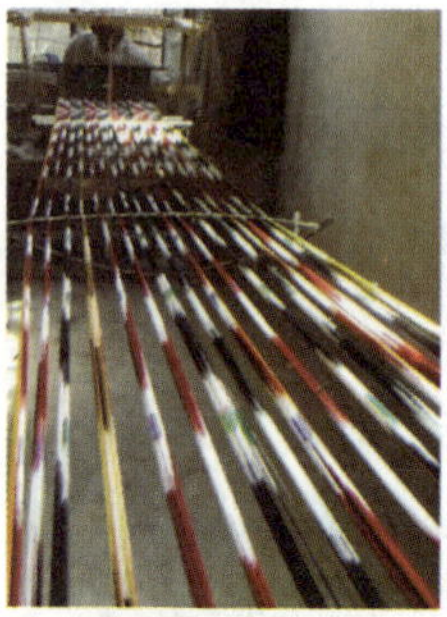

经 线

《说文解字》：“经，织也。从糸，巠声。”

（会意）：经的本字为“巠”，是个象形字，像织机上有经线之形。后由于“巠”作了偏旁，便另加义符“糸”表示，“巠”也兼表声。简化文字后写作“经”。

（形声）：从糸，方声。本义指将丝麻纤维制成纱或线。

《说文解字》：“纺，网丝也。从糸，方声。”

徐悲鸿《愚公移山》（局部）

（形声）：甲骨文从子，从糸，会子与子连续之意。本义为儿子的儿子。

“虽我之死，有子存焉；子又生孙，孙又生子；子又有子，子又有孙；子子孙孙无穷匮也，而山不加增，何苦而不平？”（《愚公移山》愚公言）

《说文解字》：“孫，子之子曰孙。从子，从糸。”

（会意）：甲骨文从手，从二糸，会用手悬结二丝之意。本义为悬结。

《说文解字》：“系，繫也。从糸，丿声。”（析形不确）

云南古茶树

茶 茶

chá

小篆

《说文解字》："茶，苦茶也。"译：茶，苦茶。

主要词义与词性：❶常绿灌木，叶子长椭圆形，花白色芳香，嫩叶加工后就是茶叶。是我国南方最重要的经济作物之一〈名〉。❷用茶叶做成的饮料〈名〉：喝～｜品～。❸某些饮料的名称〈名〉：奶～｜果～。

字形构造：茶在小篆中写作"茶"。"艹"为形，余为声。到了唐代，把茶字的中间去掉一横，成为"茶"。

起源和演变："茶"的本义指茶树，它原写作"茶"。茶，一字多义，一字多音，读(tú)时指一种苦菜，读(chá)时就假借为我们中国人喜爱的茶了(中国古人数千年前就已经发现并利用了茶，民间口头称它为"chá"但却一直没有这个字，文字上还以"茶"表"茶")。到了唐代，"茶圣"陆羽将茶字略去一笔，定为现在的"茶"字。

中国人把神农氏敬为"茶"神，这位发明涉及农业、医药及其他许多事物的先行者，在一次尝试草药的过程中中了毒。他头晕眼花，躺在大树下休息。一阵风过，落下树叶，神农信手放入口中咀嚼，虽然味道苦涩，但舌根生津，头脑渐醒。神农氏叫它作"茶"，以后每当吃进有毒的东西，他便立即吃点茶。

采 茶

后来茶慢慢变成单纯的饮品，“茶”字也转指茶叶或者茶水，“武夷真是神仙境，已产灵芝又产茶。”（元林锡翁《咏贡茶》）李清照晚年孤身一人，在一个秋天她提笔写下一首小词：“寒日萧萧上锁窗，梧桐应恨夜来霜。酒阑更喜团茶苦，梦断偏宜瑞脑香……”

玫瑰洋参红茶

后来“茶”的字义扩大，很多饮料都冠名以茶，一般是在茶汤中加入其他饮品或辅料制成，如奶茶、柠檬茶、果茶等等。此外，“茶”还指像茶汁一样的颜色，如茶色、茶镜等。

字中知识：

中国的茶文化

茶，中华民族的举国之饮，寻根溯源，世界各国最初所饮用的茶叶，引种的茶种、饮茶方法、栽培技术、加工工艺、茶事礼俗，都是直接或间接从中国传播出去的，中国是茶的故乡。

茶分六类：绿茶、白茶、黄茶、乌龙茶（青茶）、黑茶、红茶。

约从东汉开始，茶叶在华夏大地上繁茂了快两千年了，茶的品种不断增加，对茶叶品种的遴选也越来越精。据不完全统计，近代以来，中国的名茶有上百种之多，而最负盛誉的是狮峰龙井、洞庭碧螺春、六安瓜片、君山银针、黄山毛峰、信阳毛尖、太平猴魁、庐山云雾、蒙顶甘露、顾渚紫笋，它们被合称为“中国十大名茶”。

最晚在东汉时期，中国就出现了饮茶习俗，以后，饮茶的具体内容几经变化。茶与酒一起成为中国人最重要的饮料。但饮酒伤身，饮茶则对人身心有益，因此很多人后来都远酒亲茶。陆羽《茶经》里说："宁可终生不饮酒，不可三餐无饮茶。"唐代高士陆龟蒙曾一度病酒，身体不适，于是写了一篇《中酒赋》，决定忘却这短暂的刺激和快乐。他从此嗜茶，在历史上是很有名的。

饮茶可以消食生津、提神醒脑、消炎清热。然而，中国古代的饮茶习俗大大超越了这种单纯的生理欲求。中国人饮茶，讲求一个"品"字。

"品"，蕴妙无穷。首先是品茶具。狭义地说，茶具就是泡茶饮茶的用具，优质茶具冲泡上等名茶，两者相得益彰，使人在品茗中得到美好的享受，而茶具的质地也决定了泡出的茶的味道有所不同。

唐代陆羽瓷像

唐人陆羽（字鸿渐）所著的《茶经》，是中国第一部系统介绍唐代以前所有茶事的综合性著作。《国史补》称，陆羽"茶术尤著，巩县陶者，多为瓷偶人，号陆鸿渐，买数十茶器，得一鸿渐"。

其次是品水。中国古人历来讲究泡茶选水，《茶经》里说："其水，用山水上，江水中，井水下。其山水，拣乳泉石池漫流者上。"一般来讲，泡茶用水以泉水和山溪水为上，雪水和雨水为次，江河、湖泊、井中活水再次。上等水泡茶，无损于茶的纯洁本色，细咂慢品，香高味醇，的确是让人难以忘怀的。

虎跑泉有天下第三泉之称，第一泉为镇江金山中泠泉，第二泉为无锡惠山的惠泉。虎跑泉水质甘冽醇厚，与龙井茶叶合称西湖双绝，有"龙井茶叶虎跑水"之美誉。

烹茶是一项细致的事，夏季先贮水后入茶，冬季先贮茶后入水。火不能太旺，水不能太滚。《茶说》云：汤者茶之司命，见其沸如鱼目，微微有声，是为一沸。铫（烧水用的器具）缘涌如连珠，声若松涛，是为二沸。腾波鼓浪，是为三沸。一沸太稚，三沸太老，是为二沸，正好之候也。茶烹好后将表面的一层“色如黑云母”的水膜舀出倒掉，而后舀出的茶汤方可饮用。

明代文徵明《品茶图》

明代王问《煮茶图》

品茶，在饮茶过程中全面展开。中国人饮茶讲求无事（闲适的时间），精舍幽座，佳客，吟咏挥毫，会心赏鉴等雅致幽趣，讲求平心静气，摒除妄念，会心赏鉴。

因此，饮茶艺术成为中国人传统的修心养性、交流情感的一种方式，它为人生的闲适带来了一种清幽隽永的意境。

饮茶十德

唐代刘贞亮将前人颂茶内容概括为“十德”：

以茶散郁气，以茶驱睡气；
以茶养生气，以茶驱病气；
以茶树礼仁，以茶表敬意；
以茶尝滋味，以茶养身体；
以茶可行道，以茶可养志。

清代乾隆年间紫砂茶叶罐

四人事

新石器时期的泥塑，比甲骨文还要早些。这是中国艺术中最早表现人物的作品之一，简单得像一个字。

人

rén

甲骨文　　金文　　小篆

《说文解字》:“人,天地之性最贵者也。此籀文。象臂胫之形。”译:人,天地中生物的最可贵的。这是籀文。像手臂腿胫的样子。

主要词义与词性：❶能制造工具并使用工具进行劳动的高等动物〈名〉:男～|女～。❷指成年人〈名〉:长大成～。❸指某种人〈名〉:工～|军～。❹指人的品质、性格、名誉〈名〉:他～很老实。❺指人的身体或意识〈名〉:这几天～不大舒服。❻指人手、人才〈名〉:～浮于事|她们那儿正缺～。

字形构造：“人”字是个象形字。甲骨文、金文的“人”字,都像一个站立的人的侧面,手下垂或轻轻举到前面,颈背微微前倾。小篆与甲骨文、金文相似,但看上去像一个弯着腰的人,垂着长长的袖子。楷书由小篆演变而来,却是已经迈开步的样子了。

传说中女娲用泥造出人来,并为人类建立了婚姻制度。

中国猿人北京种,俗名“北京人”(Peking Man)。

起源和演变：“人”的本义就是人类，是由类人猿进化而来的，是能制造工具改造自然并使用语言的高等动物。关于人与其他动物的本质区别至今没有一个完满的答案，是智慧？是情感？是直立行走？是精神的追求？在中国传统文化中，绝大部分的圣贤把是否具有伦理观念和

西汉苏武出使匈奴被扣留，坚贞不屈，在冰天雪地的贝加尔湖牧羊十九载，是视民族大义高于一切的人。

道德意志作为区别人和其他动物的根本标志。荀子有一段非常著名的话语，将天下万物分为四大类："水火有气而无生，草木有生而无知，禽兽有知而无义。人有气有生有知，亦且有义。故最为天下贵也。"——水火没有生命，草木有生命却没有知觉，禽兽有知觉却没有义（合宜的道德行为），只有人有生有知而更有义，所以为天下最贵。

人是天下万物中最可贵的，这样的观念深深扎根于古人心中，见诸于诸多经典。《尚书·泰誓》中说："惟人万物之灵。"《孝经》中引孔子的话说："天地之生，人为贵。"到后来，思想家们认为人的灵性与智慧最接近于天的意志，人虽是天地所生万物之一，但是可与天地并列为三。古籍中常讲"与天地参"，就是这个意思。

由人的伦理观念和道德意志，"人"字引申指人的品质、性情，比如我们说："他人很不错。"又比如我们称赞人有组织领导才能时说他"知人善任"。曾国藩逝世后，左宗棠为他作挽联云："谋国之忠，知人之明，自愧不如元辅！"曾、左二人长期不和，这是心高气傲的左宗棠第一次俯首称愧，承认不如曾国藩。

由人的社会属性，"人"也特指社会中的某种人、某些人，比如"军人"、"工人"、"文人"、"主持人"，进而泛指人手或人才，如"招人"、"缺人"、"人才济济"等等。在这层意义上的人，一般都是

古代男子二十岁行冠礼，表示已经成人。因为身体还没有达到强壮，所以称作"弱冠"，弱冠后来指男子二十左右的年纪。右图为今人模仿古人行冠礼。

成人，所谓成人，就是说他成为了在身材、体力、智力方面都达到完全发育的人。

"人"字也常常用来指"别人"、"他人"，比如助人为乐、舍己救人，孔子曾经说："不患人知不己知，患不知人也。"意思是别人不了解我我不急，我急的是自己不了解别人啊。

我们读冯梦龙的《醒世恒言》第三十五卷时，会见到"送些人事与我们"的话。这里的"人事"是指礼物，意思是："（你）送些礼物给我们。"把礼物称为人事，颇耐研究社会学的人寻思！

字义纵横谈

人类历史的发展，以男性价值为主导占了很长的一个时段，这在英文中表现明显，英文的"人"在很多情况下是由man代表的，比如Time and tide wait for no man（岁月不待人），Every man has his fault（人孰无过）。man可以泛指人，woman就不行。有以man为词尾human（人类）这个词，但没有huwoman这么个词。在人类历史的很长一个时段，女性常常被看作是一个附属。

俄国名画《不相称的婚姻》，描绘的是一个衰老的官僚和一个如花似玉的少女结婚的场面。老头新郎一副傲慢的神情，新娘则低头无奈默认了悲惨的命运。

细说故事：

人面桃花

《唐诗纪事》记载了一段故事：诗人崔护考进士不中，清明独游于都城南郊，到得一处村居，花木掩映，景色如画。他上前叩门，很久才有一位女子从门缝问他何事。崔护回答说："我一个人游赏春光，因为口渴而讨杯水喝。"女子于是将门打开，为他捧了一盂水来，自己倚在小桃树旁站着，满含情意地看着他。崔护喝完水后向女子辞别，女子送他到了门口，颇有些恋恋不舍的样子。来年的清明，崔护前往相寻，一切如故，但门却锁着。物是人非，诗人感慨无限，因而在左侧的门板上题诗云："去年今日此门中，人面桃花相映红。人面不知何处去，桃花依旧笑春风。"

识字规律："人"字，如今既可单用，也可作偏旁，作偏旁时写作"亻"，凡从"人"取义的字皆与人义有关。

 从

(会意)：从前后二人，会相跟随之意。本义指人相跟随。

《说文解字》："从，相听(随行)也。从二人。"

 北

(会意)：甲骨文从二人相背，会背离之意。金文大同。是"背"的本字。本义指相背、背离。

《说文解字》："北，乖也。从二人相背。"

 比

(会意)：甲骨文字形，像两人步调一致，比肩而行。它与"从"字同形，只是方向相反。本义为并列、并排。

《说文解字》："比，密也。二人为从，反从为比。"(把"从"字反过来是"比")

 休

(会意)：甲骨文从人，从木。会人在树荫下歇息之意。本义指歇息。

《说文解字》："休，息止也。从人，依木。"

清代任颐《青石披发仕女》

女

nǚ

甲骨文　　金文　　小篆

《说文解字》:“女,妇人也。象形。”译:女,女人。象形。

主要词义与词性:❶女性〈名〉:~子|少~。❷女儿〈名〉:长~|生儿育~。

字形构造:“女”字是个象形字。甲骨文、金文的“女”字,都像一个两手交叉身前跪坐着的女子,显现出温柔顺从的姿态。小篆稍有变化,不如甲骨文更像跪着的人形。楷书整齐化,但却看不出人形了。

西汉跪坐女俑

起源和演变:“女”字的本义是指未嫁的女子。《诗经·邶风》中的一篇写道:“静女其姝,俟我于城隅。爱而不见,搔首踟蹰。”——“善良姑娘真美丽,她在城上的角楼里等着我。我故意隐藏起来不露面,看她在那里彷徨搔首。”在很长的一段时间里,未嫁的女子称为“女”,已嫁的女子称为“妇”。早期诗歌中提到“女”的时候,常常是和爱情有关的。

笑容可掬的东晋陶女俑

“女”后来泛指女性,在陶渊明描写的世外桃源里,“男女衣著,悉如外人;黄发垂髫,并怡然自乐。”桃源里的男人们女人们的衣着和桃源外的人没有什么分别,老人和小孩个个安适自在，悠然自得。由“女性”的意思，“女”进一步引申指“雌性”，在《太平广记·河东记》所载的一则故事中有“畜一女猫，常往来绍家捕鼠”的话，意思是说，养了一只母猫，常到绍家去捉老鼠。

“女”也特指女儿，如《木兰诗》：“不闻爷(父亲)娘唤女声。”杜甫《月夜》：“今夜鄜州月，闺中只独看。遥怜小儿女，未解忆长安。”

古文中名词“女”也可以当动词用，表示“嫁”，如《左传·桓公十一年》：“宋雍氏女于郑庄公。”也就是说，宋雍氏嫁于郑庄公。不过当“嫁”讲的女字应当读 nǚ。至于女读为 rǔ，那是假借为古代的第二人称“汝”(当“你”讲)。

唐代三彩女立俑。女俑头梳鬟发垂髻，面庞丰满，朱唇粉面，眉清目秀，身着蓝地黄花上衣，黄色长裙，肩披淡黄长巾；她右臂略前伸，手心向上，似乎诉说着什么。这端庄秀美的面容，婀娜典雅的体态，展现了唐代仕女的风采。

黄庭坚《送薛乐道知郧乡》诗中有这样一句：“双鬟女弟如桃李。”这句诗中的“女弟”是指“妹妹”。那么姐姐可称为“女兄”吗?是的，宋代诗人王令就给姐姐写过一首很有名的《山阳思归书寄女兄》的诗，《能改斋漫录》说：“近世称女兄为姐。”

泥人张《花袭人》

刘禹锡的《石头城》诗中有这样的名句：“淮水东边旧时月，夜深还过女墙来。”这里的“女墙”是指古代城墙上的垛墙，垛墙比较矮，不用说训练有素的军队，就是女人也可以翻过，故也称“女墙”。

女墙

字义纵横谈

在汉字中，以“女”为偏旁组成的字有数百个，有个有趣的现象。一是表示美好的意思，这和女子的纯真、秀丽、绰约、玲珑、贤淑等等美好的东西有着直接的关联，比如好、妙、娥、婉、娴等。二则表达了明显的贬义，在劳动力密集型的社会，人们喜欢要男孩子，生女孩儿被认为是一种不幸。而在家中从事家务劳动或为得到宠爱而争风吃醋的女人们也常常会明显表现出妒嫉心强，喜欢群聚而私下议论，目光短浅等一些并不美好的品德。所以有了妒、嫉、奸(姦)、婪等字。当然，以女为偏旁组成的汉字里，还有很多表现了女性从属受奴役地位的字，比如奴[以又(手)掠夺之]、妾(有罪受刑的女子)、如(遵从，依照)、耍[用而(颊毛)戏弄女子]等等。

字中知识：

中国古代四大美女

中国博大的锦绣河山不但英才辈出，也孕育出无数灵秀佳人，古代佳人中最著名的就要数四大美女了：西施、王昭君、貂蝉、杨贵妃。之所以将她们列为四大美女，除了她们容貌出众，更因为或者源于民间传说，或者史实确有其事，她们都对当时重大的政治事件产生了传奇式的重大影响，身负重任者不惜献身而促成成功。

西施，名夷光。最早把西施与吴越争霸联系起来的是东汉时的两部野史《吴越春秋》和《越绝书》。在《吴越春秋》中，文种向越王献破吴九术，其四为“遗美女以惑其心而乱其谋”，勾践“使相者国中，得苎萝山鬻薪之女曰西施、郑旦，饰以罗縠(hú)，教以容步，习于土城，临于都巷，三年学服而献于吴”。《越绝书》的记载大致相同。至于越国灭亡吴国以后西施的结局，两书则有着不同的说法。前者说亡吴后越人认为西施是祸根留不得，于是把她沉于江中，算是对被吴王杀害的伍子胥的祭奠，后者则说她与范蠡结为伴侣，泛五湖而去。相传西施还是贫家女子在江边浣纱时，水中的鱼儿看到她的容貌，都惊艳得沉入江底，故而被称为“沉鱼”。

王昭君，名嫱，汉元帝时以良家子选入宫中。据《后汉书》记载，其时匈奴呼韩邪单于来朝请求和亲，汉元帝诏令以宫女五人赐之。王昭君“入宫数岁，不得见御，积悲怨”，于是自愿请求嫁入匈奴。呼韩邪单于临辞大会，汉元帝将五位宫女召来让他看。昭君“丰容靓饰，光明汉宫”，左右皆为之惊叹。“帝见大惊，意欲留之，而难于失信，遂与匈奴。”王昭君入匈奴后生二子。及单于呼韩邪死，阏氏子代立，欲娶昭君为妻，昭君上书求归，成帝敕令从胡俗，遂复为后单于阏氏。王昭君来到草原以后的六七十年间，汉朝北部边境再没有发生过战争。至于相传她是因为画工毛延寿的故意丑化而事先未能得到皇帝召见一事只是传说而已。那些将“昭君出塞”写得凄凉悲苦的历代诗歌戏曲，则是因为作者内心的民族情结。

昭君墓又名青冢，之所以叫青冢，据说是因为凉秋九月，塞外草衰时，唯独昭君墓的草色青青。

传说昭君出塞时于马上弹起悲怀命运、思念故乡的《出塞曲》。天上大雁听到也肝肠寸断，纷纷掉落在地。“落雁”由此得名。

貂蝉，貂蝉之名并不见于史鉴。《后汉书·吕布传》有这么一段记载：“卓以布为骑都尉，誓为父子，甚爱信之。尝小失意，卓拔手戟掷之，布拳捷得免，布由是阴怨于卓。卓又使布守中阁，而私与侍婢私通，益不自安。”从这一记载里，可以看到貂蝉的影子。真正使貂蝉家喻户晓的是名著《三国演义》“凤仪亭”一节，也是根据上述历史发挥而来，描写她帮助司徒王允巧施连环计，最终诛灭了祸国殃民的董卓。

传说貂蝉在花园中拜月时，有云彩遮住月光，人们因此说貂蝉比月亮还漂亮，月亮比不过，就赶紧躲在云彩后面去了，因此称她为“闭月”。

杨贵妃，小字玉环，唐蒲州永乐人(今山西永济)。父杨玄琰,做过蜀州司户，死得很早，依其叔父生活。初嫁给玄宗之子寿王李瑁，册为寿王妃。玄宗宠妃武惠妃死后，后宫数千人无中意者。有人向玄宗举荐玉环，玄宗如获至宝，于是授意让她出家先当道士，号曰太真。不久纳入宫中。《旧唐书》称：“太真资质丰艳，善歌舞，通音律，智算过人。每倩盼承迎，动移上意。宫中呼为‘娘子’，礼数实同皇后。”天宝初年进册为贵妃。杨贵妃姊妹皆有才貌，分别封为韩国、虢国、秦国夫人，出入宫掖。堂兄杨钊，赐名国忠，升任宰相，权倾朝野。杨贵妃曾两次因逆了玄宗意而被送出宫，但离开她玄宗不思饮食，复召还，宠爱更甚。后安禄山以诛杨国忠为名发动叛乱，潼关失守，玄宗逃离长安。至马嵬驿时禁军哗变，诛杨国忠父子，之后仍旧不解散归营，说：“国贼的根本尚在！”玄宗无奈，将杨贵妃缢死在佛堂，时年三十八岁。

杨贵妃墓

华清池

华清池温泉，玄宗每年携带杨贵妃到此过冬。白居易《长恨歌》：“春寒赐浴华清池，温泉水滑洗凝脂。侍儿扶起娇无力，始是新承恩泽时。云鬓花颜金步摇，芙蓉帐暖度春宵。春宵苦短日高起，从此君王不早朝。承欢侍宴无闲暇，春从春游夜专夜。后宫佳丽三千人，三千宠爱在一身。”

唐肃宗于灵武即位后，玄宗被奉为太上皇。洛阳、长安收复，玄宗自蜀还，暗中令人将杨贵妃移葬，尸身肌肤已坏，而香囊犹在，玄宗视之倍感凄惋，于是令人画杨贵妃像于别殿，朝夕相对。抛去国家兴亡不谈，这是一段名副其实的“在天愿作比翼鸟，在地愿为连理枝”的爱情绝唱。

人们常把国家的衰亡归结到帝王的宠妃身上，但杨贵妃自入宫以来，遵循宫廷体制，不过问朝廷政治，不插手权力之争，以女人的美丽温柔和过人的音乐才华得到了玄宗的宠爱。只是帝王非同常人，一旦沉湎情娱，毁身亡国的危险转瞬便会到来。

识字规律：“女”字，如今既可单用，也可作偏旁。凡从“女”取义的字大都与妇女等义有关。

三国蜀国持簸箕陶俑(明器)

《说文解字》：“婦，服也。从女，持帚，洒埽也。”会意。谓服事人者。

(会意)：甲骨文字形，左边是“帚”，右边是“女”。会女持扫帚洒扫之意。古代认为婚后女子主要是在家料理家务。本义指已婚的女子。

(会意)：甲骨文、金文、篆文都从女在“宀”下之状，像一女子安然坐于室内的样子。本义指平静、稳定。

《说文解字》：“安，静也。从女在宀下。”

(会意)：甲骨文从女、从口，会顺从指令之意。本义指顺从，遵照。

《说文解字》：“如，从随也。从女、从口。”

母

mǔ

甲骨文　金文　小篆

《说文解字》："母，牧也。从女，象怀子形。一曰：象乳子也。"译：母，像养牛一样哺育子女。从女，像怀抱子女的样子。一说像给子女喂奶的样子。

主要词义与词性： ❶母亲〈名〉：～女｜老～。❷家族或亲戚中的长辈女子〈名〉：祖～｜伯～。❸（禽兽）雌性的〈形〉：～鸡｜～牛。❹有产生出其他事物能力或作用的〈名〉：酵～。

字形构造："母"字是个象形字。甲骨文是面部朝左曲身跪坐的女子，双手交叉身前，温柔顺从。女子有奶水，是做母亲的重要特征，甲骨文用两个黑点儿表示这个女人已袒胸露乳（准备哺乳）、乳峰高耸的样子。金文的形体与甲骨文基本上一样。小篆由金文演变而来。楷书的写法，大轮廓就似一个"女"字，两个乳房的象征依然存在。

起源和演变："母"字的本义就是指哺育抚养我们长大的母亲。中医上讲："乳乃气血之所化而成也。"甘甜的乳汁，其实是母亲的血化成的。《佛说父母恩重难报经》中佛陀对阿难说："一堆枯骨分作二分，若是男骨，色白且重；若是女骨，色黑

这是宋代绘画，一位母亲正在哺育幼子。

且轻。(母亲)每生一孩,赖乳养命,乳由血变,每孩饮母八斛四斗甚多白乳,所以憔悴,骨现黑色,其量亦轻。"阿难听罢痛割于心,垂泪悲泣。是啊!母亲日夜为我们操劳,在可口的饭食里,洁净的衣服上,担忧期盼的眼神中;还有那被褥里新添的棉絮,行装上密密的针脚,无不蕴含着母亲无私而博大的爱。"谁言寸草心,报得三春晖",我们像小草一样的些微孝心,又怎能报答母爱于万一啊!

"母"由母亲之义又引申女性中的长辈,如"伯母"、"祖母"、"舅母"中的"母",就不是指母亲,而是取"母"的长辈之义。

宝玉贾母祖孙二人

宋人画的《子母鸡图》。

"母"是女性的专用字,相当于动物中的雌性,故又指与公相对的雌,如"母鸡"、"母牛"、"母老虎"。

由母亲生儿育女,"母"字又引申指能产生其他事物的本源,如"字母"就是能组成单词的符号,"酒母"就是能让粮食发酵成酒的物质,"失败是成功之母"中的"母",则是强调成功是从失败中而来的。

字义纵横谈

在汉字中,有个字与"母"的字形非常相似,它就是"毋"。"毋"是表禁止的副词,常用作"不"、"不用"、"别"等义。在甲骨文、金文中,"毋"与"母"同形。直到小篆,"母"字胸前的两点变成了一横,楷书则变成了"毋"。荣庚先生《金文编》中说:"'毋'与'母'为一字。"后被借作表示禁止的副词。这种说法比较普遍。《说文》中讲:"毋,止之也。从女,有奸之者。"意思是说,有一男子想对女子行奸情,那么这个女子就必须立即制止他。在许慎看来,"毋"是动词,义为"制止",因而引申出"不要"的意思。

字中知识：

母权时代

中国历史上的一个相当长的时期内，妇女曾经是一切社会生活的主宰，善于生育的女性是先民早期的崇拜对象。远古时代由于生产方式落后，部族战争频繁，人们抵御自然灾害能力差，人口增加困难。又因为那时人口的增加是部族或家庭生存、发展的重要条件，这就导致了先民对善产者、多育者的重视与尊崇。这一个时期，就称为“母权时代”。母权时代的一个重要特征是：一夫一妻的婚姻关系尚未产生，男女之间存在着杂交现象。这种杂交的后果就是女性生下了后代无法确认其真正的父亲是谁。因此，早期经典用“只知其母，不知其父”来描述这一时期。经考古发掘证明，至少在距今六七千年的仰韶文化时期，远古人类还处在母权时代。此后随着生产技术的提高，男子在生产和生活中的主导地位越来越明显和突出，历史就渐渐进入了父权时代。

细说故事：

孟母三迁

孟子是战国时期儒家学派的重要代表人物，他提倡统治者与民实行宽容的政策，倡导做人要养浩然之气，以舍生取义的大丈夫精神激励世人，受到后世的推崇，被奉为“亚圣”。孟子能取得如此成就，与他的母亲从小对他的严格教育有十分密切的关系。

孟子三岁时父亲去世，由母亲一手抚养长大。据汉代刘向的《列女传·邹孟轲母传》记载，孟子小时候很贪玩，模仿性很强。他家原来住在坟地附近，他常常玩筑坟墓或学别人哭拜的游戏。孟母觉得这样对孟子的心理发展不利，就把家搬到集市附近。谁知闹市中商贾云集，孟子又模仿起别人做生意和杀猪来。孟母不希望孟子成为商人，就把家搬到了学堂旁边。孟子于是跟着学生们学习礼节和知识。至此，孟母才满意地说："这才是我儿子真正应该居住的地方啊！"

俗话说："近朱者赤，近墨者黑。"从孟母三迁的故事中我们不难看到环境对人的塑造作用。

识字规律："母"字，如今既可单用，也可作偏旁，凡从"母"取义的字都与年长妇女等义有关。

（象形）：甲骨文、金文象妇女头上有盛饰形。本义指头饰盛美。一说象草盛之形。

《说文解字》："每，草盛上出也。从屮(chè)，母声。"

（会意兼形声）：从女，母声，本指"年过五十，无子，出而不复嫁，能以妇道教人者"（《段注说文》）。就是年老的女教师。引申指保姆，又引申为年老妇女的通称。李白《梦游天姥吟留别》中的"姥"是"姆"的异体字，同音同义。

后起字，《说文解字》无。

夫

fū

甲骨文　　金文　　小篆

《说文解字》："夫，丈夫也。从大，一以象簪也，周制以八寸为尺，十尺为丈。人长八尺，故曰丈夫。"译：夫，成年男子。从大，"一"用以像（成年男子头发上的）簪子。周朝制度用八寸作一尺，十尺作一丈。人身长八尺（合周制为一丈），所以叫丈夫。

字形构造："夫"是个象形字，甲骨文的"夫"像一个大人绾起的头发上横插一支簪子。"大"就是一个成年人，"大"字上加一横就是插上那支簪子。

主要词义与词性：读 fū 时 ❶丈夫〈名〉：~妻|~妇。❷成年男子〈名〉：匹~|一~当关，万~莫开。❸从事某种体力劳役的人〈名〉：渔~|农~。读 fú 时 ❶代词。他：使~往而学焉。❷助词：a)用在一句话的开始：~战，勇气也。b)用在一句话末尾或句中停顿的地方表示感叹：人定胜天，信~。|逝者如斯~，不舍昼夜。

起源和演变：古时候未成年的男子是披发的。成年以后，也就是到了 20 岁以后，男子要束起发，举行加冠之礼。束发是将头发绾起成髻，用簪子束在头顶上，以免散乱。所以"夫"的本义是指成年男子。

古代称身高近丈的男子为"丈夫"，"丈夫"是大男子之义。男子既大，就可以从事各

《三国演义》：及刘焉发榜招军时，玄德年已二十八岁矣。当日见了榜文，慨然长叹。随后一人厉声言曰："大丈夫不与国家出力，何故长叹？"……

种生产活动了。从事渔业的称为“渔夫”，从事农业的称为“农夫”。农耕时代男耕女织，男子作为女子的配偶称为“丈夫”，一对配偶就是“夫妻”，这是婚姻男女最庄重的称呼。

男女可以平等（妻的本义也是“齐也”），但是男女真要不同才好！有人说过，男子最可爱的性格是刚强，女子最可贵的性格是温柔。为了强调男子特有的品格、气质或气概，再加一个“大”字，谓为“大丈夫”。孟子这样定义说：“富贵不能淫，贫贱不能移，威武不能屈，此之谓大丈夫。”

至于“夫”字当指示代词“这”、“那”用，是假借字的问题，与“夫”字的本义毫无关系，如《左传·成公十六年》：“夫二人者，鲁国社稷之臣也。”大意是：这两个人，是鲁国所依靠的大臣呢。“夫”字有时还可以当句首语气词用，如《左传·庄公十年》：“夫战，勇气也。”就是说：说起打仗来，那是要靠勇气的。这个“夫”字放在句首，表示提起议论。有时又可以放在句末，表示感叹，如《论语·子罕》：“逝者如斯夫！”意思是：一去不复返的事就像这样（流水）啊！

人力车夫

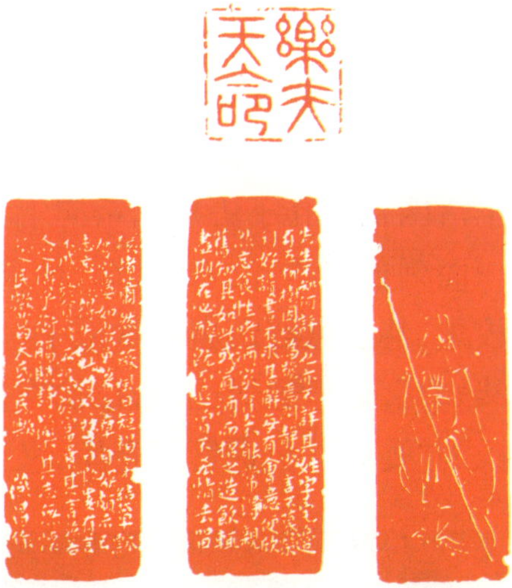

陶渊明《归去来辞》云：“聊乘化以归尽，乐夫天命复奚疑！”（姑且顺随着自然的变化了此一生，乐于听从天命还有什么可怀疑！）上图为清张燕昌“乐夫天命”印章。

细说故事：

夫子何为者

唐玄宗在鲁地祭祀孔子时曾写下这样一首诗："夫子何为者？栖栖一代中。地犹鄹氏邑，宅即鲁王宫。叹凤嗟身否，伤麟怨道穷。今看两楹奠，当与梦时同。"

孔子像

孔子，中国传统文化的巨人，正是他，揭开了中国系统思想史的序幕。孔子的祖先，是宋国的贵族，后来为避难来到了鲁国。孔子三岁丧父，随母亲移居阙里。因为母亲的教育和影响，孔子从小游戏的方式与别的孩子不一样。他总是学着大人的样子，把祭祀时存放供品用的方形圆形的俎豆等祭品摆列停当，练习磕头行礼。他十六七岁的时候，母亲也去世了。无依无靠、生活困窘的孔子更加勤奋向上。他一面独立谋生，一面刻苦自学。洗衣、做饭、种菜、挑担、推车、为人放羊，甚至做红白事的吹鼓手，努力维持生活。他虚心好学，博览多闻，且谦恭知礼，处世通情达理，很快在社会上获得了声誉。二十岁以后，他当过季氏的"委吏"，负责管理仓库；又当过"乘田"，负责管理牛羊。干得都很出色。

《圣迹图·孔子退修诗书图》描绘了孔子不仕而退修诗书，办私学，整理传授古代文献的情景。

春秋末年，社会崇尚礼、乐、射、御、书、数六项基本技能，这是一个人想要参与贵族政治并取得一定地位的前提。三十岁时孔子在阙里收徒授业，开创私人办学之先河，打破了只有少数贵族子弟才有权读书的旧传统。其思想核心是"仁"，"仁"即"爱人"。他把"仁"作为行事的规范和目的，使

“仁”和“礼”相互为用。主张统治者对人民“道之以德，齐之以礼”，从而再现“礼乐征伐自天子出”的西周盛世，进而实现他一心向往的“大同”理想。

这幅《圣迹图》对孔子在齐国受到诋毁而返鲁的遭遇做了生动的描绘。

孔子三十五岁时，因鲁国内乱而奔齐，受到齐景公的赏识，欲起用孔子，因齐相晏婴从中阻挠作罢。孔子受到冷遇后返回鲁国。

孔子在齐国时“闻韶乐，三月不知肉味”。上图为山东淄博齐故城东南的“孔子闻韶处”。

杏坛，孔子讲学的地方。

孔子五十一岁时，被任命为鲁国的“中都宰”，由于为政有方，一年后被提升为鲁国的小司空，又迁大司寇，主管司法，位列上卿。五十四岁时，摄行相事。他为了提高国君的权威，提出“堕三都”（拆毁三桓所建城堡）、抑三桓（鲁的三家大夫，鲁桓公三个儿子的后裔）的主张，结果遭到三家大夫的反对，未能成功。五十五岁时，鲁国君臣接受了齐国所赠的马匹和美女，从此终日迷恋声色。孔子大失所望，遂弃官离鲁，带领弟子周游列国，另寻施展才能的机会，此间“干七十余君”，终无所遇。到六十八岁那年，鲁国的季康子听了孔子弟子冉有的劝说，才派人把他从卫国迎接回来。孔子回到鲁国，虽被尊为“国老”，但仍不得重用，他在无可奈何中打消了求仕的念头。转而集中精力继续从事教育及文献整理工作。一生培养弟子三千余人，身通六艺（礼、乐、射、御、书、数）者七十二人。

孔子六十九岁时，独子孔鲤去世。七十一岁时，得意门生颜回病亡。孔子悲痛至极，哀叹道："天丧予！天丧予！"公元前479年，夏历二月初四的早晨，七十二岁的孔子扶杖盘桓门前。弟子子贡前来问候。孔子对他说："赐（子贡名赐，字子贡），你怎么来得这么晚呢？"接着叹息道："太山坏乎！梁柱摧乎！哲人萎乎！"（泰山快要崩颓了啊！梁柱快要折断了啊！哲人快要枯萎了啊！）说着流下了眼泪。他又对子贡说："夏人殡于东阶，周人于西阶，殷人两柱间。昨暮予梦坐奠两柱之间，予始殷人也！"后七日卒。

孔子生在"周室微而《礼》、《乐》废，《诗》《书》缺"的春秋时代，与弟子们先后删《诗》、《书》，订《礼》、《乐》，修《春秋》，对古代文献进行了全面整理，是周末礼崩乐坏时代第一个保存文献的人。

清康熙帝为北京孔庙所题匾额

孔子是伟大的思想家、教育家、哲学家。在伦理上，他认为人性大同，不应区别对待，他的以"仁"为核心的思想体系主要有两层含义：一层是提倡真正的、无区别的爱（孔子不是三纲五常伦理的提出者）。所谓"仁者爱人"。讲求的是凡事换位思考，体谅关爱他人。"己所不欲，勿施于人"，"己欲立而立人，己欲达而达人"。二是"克己复礼为仁"，这实在是修身做人的箴言。"克己"，也就是要随时注意约束自己，克服种种不良习性和私心，这其实也正是今天我们常说的"战胜自我"。这里说的"礼"，是指社会生活中实行的各种礼仪规范，孔子强调的，是不符合礼的事就不要去做。

孔子首先提出"有教无类"的教育思想，不分贫贱富贵，均可以在他那里受教。在教育过程中，他采用"因材施教"和启发式的方法，培养学生的正确的学习方法和良好的品德修养，循循善诱，诲人不倦。

2005年，联合国教科文组织宣布设立"孔子教育奖"，这是联合国首次以中国人的名字命名的国际最高级别的奖项，主要奖励世界上在教育、文化、哲学等方面有突出贡献的人。

女子的及笄之礼

妻

qī　　甲骨文　金文　小篆

《说文解字》:"妻,妇,与夫齐者也。" 译:妻,又叫妇人,与丈夫一致的人。

主要词义与词性: 妻子〈名〉:夫~|未婚~|~儿老小。

字形构造:"妻"是个会意字。甲骨文从女,有长发形,从又(手),以妇女梳理长发会结发为妻之意。金文上改为结发插笄之形,下改为从母,意更明显。解放前农村姑娘出嫁都要"上头",即把辫子盘结起来打上网子,表示要出嫁。篆文整齐化。隶变后楷书写作"妻"。

起源和演变:"妻"的本义是男子的正式配偶。《诗经·小雅·常棣》中有这样的话:"妻子好合,如鼓琴瑟。"在中国人的传统观念中,夫妻之间幸福美满的生活就像琴瑟合鸣一样,和谐默契,相辅相成,能够避免灾祸,带来好运。

乾隆皇帝与孝贤皇后朝服像,左上为乾隆皇帝纯妃朝服像。

在中国古代,男人们可以在妻之外另娶女子,但妻的地位不容动摇,妻的地位和丈夫是并列的,礼教里所谓"妻者,齐也,与夫齐体"就是说的这个意思。

生活并不一帆风顺，一对同甘共苦、风雨同舟的夫妻也许做不到鸳鸯头白，历史上怀念亡妻的著名诗篇都感人至深，有苏东坡“纵使相逢应不识，尘满面，鬓如霜”的无限怅然，元稹“诚知此恨人人有，贫贱夫妻百事哀”的深深遗憾，贺铸“空床卧听南窗雨，谁复挑灯夜补衣”的不尽悲凉。

唐人元稹为亡妻所作《遣悲怀》：谢公最小偏怜女，自嫁黔娄百事乖。顾我无衣搜荩箧，泥他沽酒拔金钗。野蔬充膳甘长藿，落叶添薪仰古槐。今日俸钱过十万，与君营奠复营斋。

在古文中名词“妻”可以当作动词用，读qì，表示以女嫁人，如《三国志·魏书·荀彧传》：“太祖以女妻彧（yù）长子恽。”也就是说：太祖把女儿嫁给荀彧的长子恽为妻。

需要注意的是，古代的“妻子”在大多数情况下是妻子儿女的统称，比如杜甫《兵车行》中勾画的出征图：“车辚辚，马萧萧，行人弓箭各在腰。耶娘妻子走相送，尘埃不见咸阳桥。”其中的“耶娘妻子走相送”，是说父母、妻子、儿女一起来给出征的男儿送行。但本篇开头所引的“妻子好合”一句，则是偏重于妻子一义。

《清人嫁娶图》（局部）

细说故事：

贤良的妻子

中国历史上有很多著名的贤妻良母的故事，这里摘几则供读者阅览，以感受中国人观念中妻子的贤明。

黔娄是战国时候齐国的贤人，他出身于贫寒的平民家庭，夫人却是贵族出身。她知书达礼，秀外慧中。黔娄为人清高，虽然受到鲁君的重视，但他立志清守，不求仕进，他的妻子虽然是千金之身，但甘于和他共守贫寒，夫唱妇随，情好无间。黔娄死时，孔子的高足曾参前往吊祭，看到黔娄停尸在破窗之下，身着破旧的棉袍，垫着烂草席，身上盖的布被竟不能蔽体，不禁为之心酸，就对黔娄的妻子说："把布被斜过来盖就可以盖住黔娄先生的全身了。"黔娄的妻子回答说："斜着盖即使有富裕，也不如不能蔽体地正着盖。先生正是因为为人正直，所以才像今天这个样子。活着的时候作风正派，死了却改变风格，这不是先生的心愿啊。"

黔娄之妻

曾子无言以对，随后痛哭了起来，说："唉！先生走了，以什么为谥号？"黔娄的妻子回答说："以康为谥。"曾子说："先生在世时，食不果腹，衣不盖形。死了身上盖的布被还不能蔽体，旁无酒肉。生前不曾享受，死后未得荣耀，为什么还要以'康'作为谥号呢？"黔娄的妻子说："昔日国君想要拜先生为宰相，先生辞而不为，是有不尽之贵。国君曾经赐粟三十钟，先生辞而不受，是有不尽之富。先生者，甘天下之淡味，安天下之卑位。不戚戚于贫贱，不忻忻（喜悦）于富贵。求仁而得仁，求义而得义。以康为谥号，不是很合适吗！"曾子说："也只有这样的先生才有这样的妻子。"

君子说黔娄的妻子安贫乐道。《诗》说："彼美淑姬，可与寤言。"（美丽贤淑的女子，是可以和她谈话的）就是说的这样的人吧。

乐羊子妻

东汉时候，河南郡乐羊子的妻子，不知道是姓什么的人家的女儿，但其贤惠是远近闻名的。乐羊子曾在行路时捡到一块金饼，拿回家把金子给了妻子。妻子说："志士不饮盗泉之水，廉者不受嗟来之食，何况是捡拾别人的失物、谋求私利来玷污自己的品德呢！”羊子听后十分惭愧，就把金子扔弃到野外，然后出远门拜师求学去了。

一年后乐羊子回到家中，妻子问他回来的缘故。羊子说：“出行在外久了，心中想念家人，没有别的特殊的事情。”妻子听后，就拿起刀走到织机前说：“这些丝织品都是从蚕茧中生出，又在织机上织成。一根丝一根丝地积累，才达到一寸长，一寸一寸地积累，才成丈成匹。现在如果割断这些丝，那就会丢弃成功的机会，荒废时光。您要积累学问，就应当每天都学到自己不懂的东西，来成就自己的美德；如果中途就回来了，那同切断这丝织品又有什么不同呢？”羊子被他妻子的话感动了，又回去修完了自己的学业。

《红楼梦》第五回中有一段能够概括宝、黛、钗整个爱情婚姻主线的诗文，曹雪芹先生没能将红楼梦全稿完成，后人续写也是本着不违反这条主线的原则。

都道是金玉良缘，俺只念木石前盟。
空对着，山中高士晶莹雪（薛）；
终不忘，世外仙姝寂寞林。
叹人间，美中不足今方信。
纵然是齐眉举案，到底意难平。

清代任薰《举案齐眉图》

诗中提到的齐眉举案，就是引用东汉梁鸿与孟光的故事。

梁鸿，东汉扶风平陵人，字伯鸾，他的学识高节为人仰慕，知名四方。

同县有孟家女儿，体胖，丑而黑，力气很大可举石臼，年已三十还不愿出嫁，说：“欲得贤如梁伯鸾者。”梁鸿听到就托人说媒，女方立即答应了。后来孟光随梁鸿一起隐于霸陵山中，又为避祸前往吴地，甘苦与共，无怨无悔。在吴地，梁鸿为当地一家富户舂米谋生。完工归来，孟光已准备好晚餐，放在案上，举案齐眉以进，目不仰视。富户主人知道这件事情很是惊异，他说：“雇的这个人能使其妻敬之如此，非凡人也。”

友

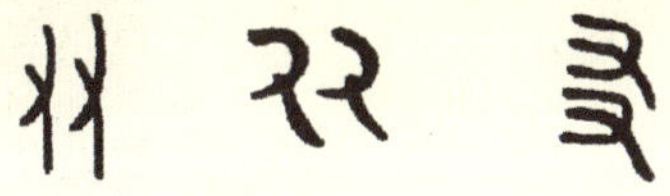

yǒu　　甲骨文　　金文　　小篆

《说文解字》:“友,同志为友。”译:友,志趣相同是友。

字形构造:“友”字是个会意字。甲骨文和金文当中的“友”字,都是方向相同的两只右手靠在一起,表示志同道合地做一件事情。到了楷书,上部的一只右手变成了一只左手,看起来就像两只手相交,这样便于书写,字形也很好看。

主要词义与词性: ❶朋友〈名〉:好~|战~。❷关系亲密的〈形〉:~好|~善。

起源和演变:“友”字的本义是朋友,“亲友”、“战友”、“友情”、“友谊”等词当中的“友”都是这个含义。人与人之间交往,讲求的是诚心,与朋友交更是如此。孔子的学生曾子说过这样一段著名的话:“吾日三省吾身:为人谋而不忠乎?与朋友交而不信乎?传不习乎?”意思是说,我每天再三反省自己:替人家办事是否尽心竭力了呢?同朋友往来是否讲求诚信呢?老师传授的学业是否复习了呢?

选择交什么样的朋友对一个人来说非常重要,孔子曾经对结交朋友发表过这样的观点:“益者三友,损者三友。友直,友谅,友多闻,益矣。友便(pián)辟,友善柔,友便佞,损矣。”——与正直、诚实、见闻广博这三种人交朋友是有益的,而同逢迎谄媚、当面恭维背后诽谤、夸夸其谈这三种人交朋友是有害的。在这段话中,“友”用作动词,是结交的意思。

儿时的朋友，快乐得简简单单。

从朋友相交亲密无间，“友”又表示相好的，非常亲密的，比如“友善”、“友爱”，《诗经》中那首描写爱情的名篇《关雎》中深情唱道：“参差荇菜，左右采之；窈窕淑女，琴瑟友之。”这里的“友”表示的便是亲密无间的意思。

红袖添香伴你读书，是你最亲密的朋友吧？

在古书中常见“友于”一词，出自《尚书·君陈》的“惟孝友于兄弟”，后割裂用典，以“友于”代“兄弟”。

字中知识：

岁寒三友

有一则佚名故事：“儿侍父，立庭前。见梅树着花，松竹并茂。儿问曰：‘霜雪之时，他树多枯落，何以三者独荣？’父曰：‘其性皆耐寒，与他树不同，古人称岁寒三友，即松、竹、梅也。’”

梅须逊雪三分白，雪却输梅一段香。（宋卢梅坡《雪梅》）

岁寒，然后知松柏之后凋也。（《论语·子罕》）

中国古代文人喜爱托物抒情，借自然物来表现自己的理想品格和对精神境界的追求。坚韧不拔的青松，挺拔多姿的翠竹，傲雪报春的冬梅，它们虽系不同属科，却都有不畏严霜的高洁风格。为人们所敬慕，故誉为“岁寒三友”。

此君节操独凌寒，冰雪丛中更耐看。（元贡性之《雪竹山房》）

细说故事：

荀巨伯探友

荀巨伯远道去探望生病的友人，却遇上胡人攻打这里。朋友对荀巨伯说："我今天可能没救了，你快点离开吧！"荀巨伯说："我远道来看望你，你却让我离开，这种弃义求生的事，哪里是我荀巨伯所能做得出的！"

胡人攻进城内，对荀巨伯说："大军来到，全城的人都跑光了，你是什么人？"荀巨伯答道："我朋友有病，我不忍丢下他一个人。我愿用我的生命换取他的生命。"胡人听罢互相说道："我们这些无义之人，攻进的是有道之国啊！"于是就撤兵离去了。这座城池因此得以保全。

陈太丘与友人期

陈太丘跟一个朋友约定一同出门，约好正午时碰头。正午已过，不见那朋友来，太丘不再等候就走了。太丘走后那人才来。太丘的长子陈元方那年七岁，当时正在门前玩。那人问元方："你爸爸在家吗？"元方答道："等你好久都不来，他已经走了。"那人便发起脾气来，骂道："真不像话！跟别人约好一块儿走，却把别人丢下，自个儿走了。"元方说："您跟我爸爸约好正午一同出发，您过了正午才到，就是不讲信用；对着人家儿子骂他的父亲，就是失礼。"那人感到惭愧，便从车里下来，想跟元方握手，元方连头也不回地走进了自家的大门。

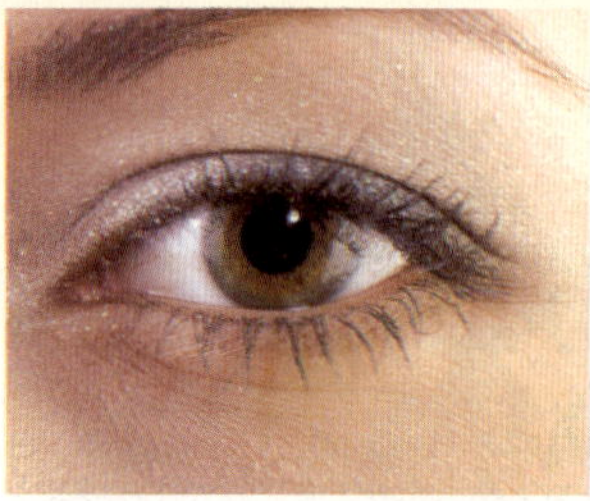

目

mù　　甲骨文　　金文　　小篆

《说文解字》:“目,人眼,象形。”译:目,人的眼睛。象形。

字形构造:“目”字是个象形字。甲骨文、金文都模拟一只眼睛的样子,看上去很是逼真。小篆变成了竖目,这样做主要是为了书写时字句整齐美观。

主要词义与词性:❶眼睛〈名〉:有~共睹|历历在~。❷网眼;孔〈名〉:一百~筛|纲举~张。❸大项之下的小项〈名〉:项~|细~。

起源和演变:《诗经·卫风·硕人》中形容卫庄公的夫人庄姜的美丽时说她“巧笑倩兮,美目盼兮”,这个“目”字就是眼睛的意思。眼睛是“目”的本义,成语“目中无人”、“历历在目”,都是使用的是“目”字的本义。

眼睛的作用就是观看这个世界,名词“目”引申作动词用,表示“观看”、“注视”。“一目了然”是说看一下就已经很清楚了,“目染”的意思是因经常看见而受到影响。

还可以表示“使眼色”。《史记》中讲述“鸿门宴”时这样写道:“范增数目项王……项王默然不应。”范增一再给项羽使眼色要他杀掉刘邦,但项羽却只当是没看见。刘邦脱身后,范增气愤地叹道:“夺取项王天下的,一定是刘邦,我们等着做俘虏就是了。”

中国少数民族少女,淳朴善良,但不失“巧笑倩兮,美目盼兮”的丰神。

江苏扬州高邮湖，人们拉开渔网围湖养鱼。渔网上方的粗线就是“纲”，“举一纲，而万目张。”

眼睛长在脸上，向内凹陷，“目”因此又引申为孔眼的意思，战国大哲学家韩非说过这样的名言：“善张网者引其纲，不一一摄万目而后得。”（善于张网的人是去牵引渔网的总绳，而不是一个一个地去牵曳每个网孔。）东汉学者郑玄也说过类似的话：“举一纲，而万目张。”这是说，把渔网的纲一提，所有的网眼就撑开了。看来能使我们事半功倍的办法是抓住问题的关键，主要问题解决了，次要的问题也会随之解决。

孔子讲学图

由纲与目之间的这种特殊关系，“目”字又引申指细目、条目，即大类下的小类。“颜渊问仁。子曰：‘克己复礼为仁。一日克己复礼，天下归仁焉。为仁由己，而由人乎哉？’颜渊曰：‘请问其目？’子曰：‘非礼勿视，非礼勿听，非礼勿言，非礼勿动。’颜渊曰：‘回虽不敏，请事斯语矣。’”（《论语·颜渊》）

在围棋中，“目”则专门用来指棋盘上纵线与横线之间的交叉点，围棋的棋盘恰如一张网，共有361个交叉点，对弈时，谁占有的这些交叉点多，谁就是赢家。

字义纵横谈

目，作为名词表示“眼睛”，用作动词时表示“看”。目的英文eye,作为名词时表示“眼睛”，如blue eyes（蓝眼睛），作为动词时表示“看”，如eye sb. narrowly（端详某人）。

唐代围棋棋盘

细说故事：

目无全牛

《庄子·养生主》讲了这样一个故事：厨师给梁惠王宰牛，动作极其熟练自如，好像舞蹈一般，解牛时产生的声音没有不合音律的。梁惠王称赞道："好啊！"继而又问："你的技术怎么如此高超呢？"

厨师放下刀回答说："我所爱好的是事物的规律。我刚开始宰牛时，眼里所看到的没有不是牛的，三年后，就不再看到整头的牛了。现在，我凭精神和牛接触，而不用眼睛去看，视觉停止了而精神在活动。依照牛的天然结构进刀，击入牛筋骨的间隙，游刃有余。用刀砍牛骨的厨师每月就得更换一把刀，我的刀用了十九年了，所宰的牛有几千头了，但刀刃锋利得就像刚从磨刀石上磨出来的一样。"后来人们以"目无全牛"来形容一个人技艺的精湛纯熟。

目不窥园

西汉董仲舒年轻的时候读书非常专心，《汉书·董仲舒传》记载他曾经三年"目不窥园"。美丽的后花园，三年之中连看都不看一眼。后世用"目不窥园"这个成语来形容人埋头读书。

"目的"和"目标"

"目的"和"目标"是同义词，但是有区别。

目的：想要达到的(地点或境界)，想要得到的(结果)。比如，我锻炼身体的目的是增强体质。

目标：指射击、攻击或寻求的对象，引申为想要达到的境地或标准。比如，写出传世优秀作品是他的奋斗目标。

识字规律："目"字，如今既可单用，也可作偏旁，凡从"目"取义的字皆与眼睛之义有关。

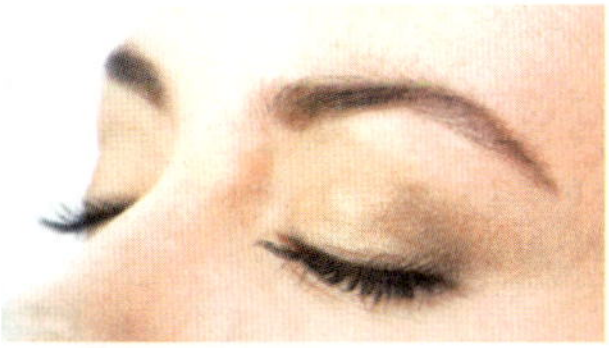

（象形）：甲骨文像眼睛上有眉毛之形。篆书文字化了。本义指眉毛。

《说文解字》："眉，目上毛也。从目，象眉之形。"

（会意）：甲骨文从目，从木，会用眼察视木材之意。本义为察视。

《说文解字》："相，省视也。从目，从木。"

（会意）：甲骨文从目，从丨（表示标杆），会用目正对标杆以测端直之意。金文另加一根矩尺ㄐ，以突出测量之意。本义为用眼正对标杆测端直。

《说文解字》："直，正见也。从乚，从十，从目。"

（会意）：上面是"手"字的变形，会以手加于目上遮光而远望之意。本义为远望。

《说文解字》："看，睎（望）也。从手下目。"

（会意兼形声）："眇"右边的"少"即小之义，少也兼表声。会一目小之意。本义为一只眼小。

《说文解字》："眇，一目小也。从目，从少，少亦声。"

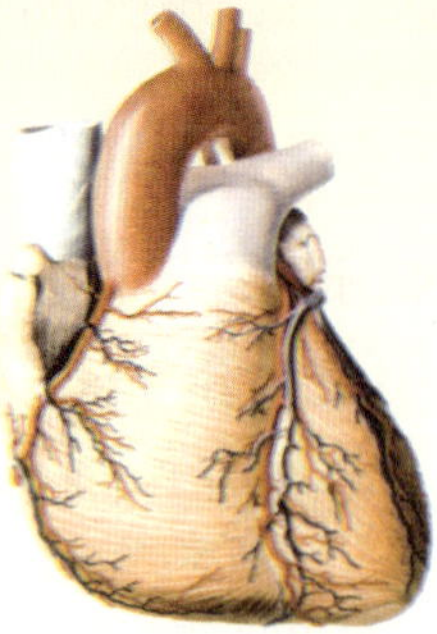

心

xīn 甲骨文 金文 小篆

《说文解字》:“心,人心,在身之中。象形。”译:心,人的心脏,在身躯的中部。象形。

字形构造:“心”是个象形字。从甲骨文的形体看来,就像人和动物的心脏的形状,上面的左右短斜线可以看作是心脏上的血管。金文和小篆书写更为规范,也更抽象了。楷书由小篆演变而来,这时候很难看出这个字原本是个象形字。

主要词义与词性: ❶人和高等动物身体内推动血液循环的器官〈名〉。❷指思想的器官和思想、感情等〈名〉:~思|~得|一~一意。❸中心,中央的部分〈名〉:江~|圆~。

反映禅宗二祖正在修炼的《二祖调心图》,这里的心,指的是思想意识。

起源和演变:“心”的本义就是“心脏”。心脏是负责运送全身血液的重要器官,《黄帝内经》中说:“心主身之血脉”,这与心脏主血液循环的认识相吻合。

人们每当思虑、谋划或者情绪上忧愁、兴奋时,都会造成心脏的或沉重、或轻松,或阻滞、或畅快的感觉,由这种直接的感觉,古人认

无论宣誓、惊讶、祈祷还是欣喜的时候,人们总会不由自主地用手按在自己的心头。

为心是人感情与思想的器官，因此“心”字引申泛指人的意识、思想、感情和志愿。比如我们常用到的词汇“心思”“心情”“心愿”，又比如形容一个人思想不集中会说他“心不在焉”，说一个人情绪激动用“心潮澎湃”。《三国演义》中关羽与刘备失散，在不得已的情况下投降了曹操，虽然曹操对他礼遇有加，但关羽不为所动，最后挂印封金，不辞而别，过五关斩六将，与刘备、张飞相聚。因而民间俗语称关羽“身在曹营心在汉”。看来人各有志，是强求不得的。

古人还认为“心”是在人的胸部的中间，所以“心”也被用来指事物的中央，比如“中心”“手心”“圆心”“湖心”。白居易著名的长诗《琵琶行》当中技艺精湛的琵琶女这样结束了她的一场演奏：“曲终收拨当心画，四弦一声如裂帛。”当曲子弹完了，女艺人收回拨子从弦索中心划过，四根弦发出同一个声音，好像撕裂绸帛。那清脆斩截的一划过后，听者悄然凝神，唯有一轮秋月在江心闪耀着银波。

细说故事：

平常心

越州大珠慧海禅师者建州人也，姓朱氏，依越州大云寺道智和尚受业。一天，一位师父问慧海：“和尚修道，还要用功吗？”慧海回答说：“用功。”师父又问：“如何用功呢？”禅师回答说：“饿了就吃饭，困了就睡觉。”师父不解，又问道：“天下所有的人都是一样的，是不是也都与您一样在用功修道？”禅师说：“不同。”师父问：“有何不同？”慧海答道：“有人吃饭时不肯吃饭，很多要求；睡觉时不肯睡觉，胡思乱想。”

世人总在利害得失中穿梭，无法达观地看待人生的得失输赢，因而为种种思虑妄念所困扰。吃饭睡觉，看起来是一件很简单的事情，然而只有保持一颗平常之心，才能让自己的生活充满祥和快乐之气，饭吃得更香，觉睡得更甜。这是生活的艺术，也是禅的意义。

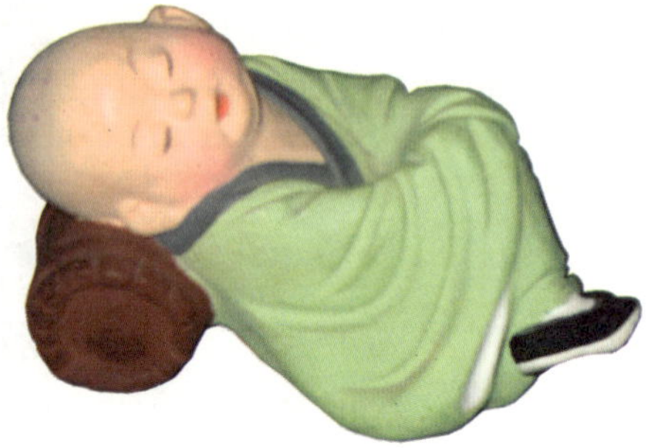

此心安处是吾乡

识字规律：“心”字，如今既可单用，也可作偏旁，凡从“心”取义的字皆与心脏等义有关。

北魏思维俑

 思

（会意兼形声）：从心，从囟（xìn，代表头脑），囟亦声。古人认为心脑合作产生思想。本义指思考，想，考虑。

《说文解字》：“思，睿也，从心，囟声。”

 息

（会意兼形声）：从心，从自，自亦声。自，鼻子。古人认为气是从心里通过鼻子呼吸的。本义为喘气，呼吸。

《说文解字》：“息，喘也。从心，从自，自亦声。”

 愁

（形声）：从心，秋声。本义为忧虑，发愁。

《说文解字》：“愁，忧也。从心，秋声。”

右图为清代费丹旭《纨扇倚秋图轴》

南宋吴文英《唐多令》云：“何处合成愁？离人心上秋。”

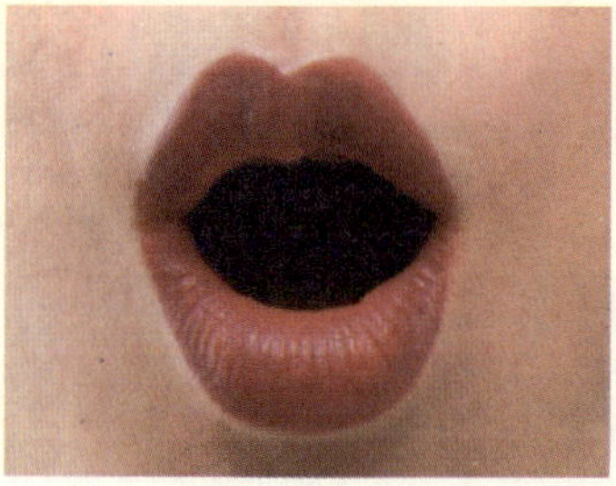

口

kǒu

甲骨文

小篆

《说文解字》:“口,人所以言食也。象形。”译:口,人用来说话饮食的器官。象形。

字形构造:“口”字是个象形字。甲骨文和小篆的形体都像人的嘴,到了楷书依然变化不大。

主要词义与词性: ❶人或动物进饮食的器官,有的也是发声器官的一部分〈名〉。❷指口味〈名〉:~轻|~重。❸指人口〈名〉:户~|拖家带~。❹容器通外面的地方〈名〉:瓶子~儿。❺出入通过的地方〈名〉:出~|入~。❻刀、剑、剪刀等的刃〈名〉:刀~。

起源和演变:“口”的本义就是嘴,无论对于人或者动物,口都是进食和发出声音的地方。每个人的口味不尽相同,但能吃到自己喜欢的东西是有口福的。每个人对于事物的看法都不尽相同,但一定不能口无遮拦,信口开河。

虽然一个人只有一张嘴,但把社会里的很多很多张嘴填饱是社会稳定发展的最基本的条件。人们习惯了以“口”作为统计人数的单位,“三口之家”“人口普查”,瑞典作家林西莉说:“在中国当有人问我家几口人时,我回答说四口,我看到孩子们饥肠辘辘地等着我带着食品袋回家做饭。”

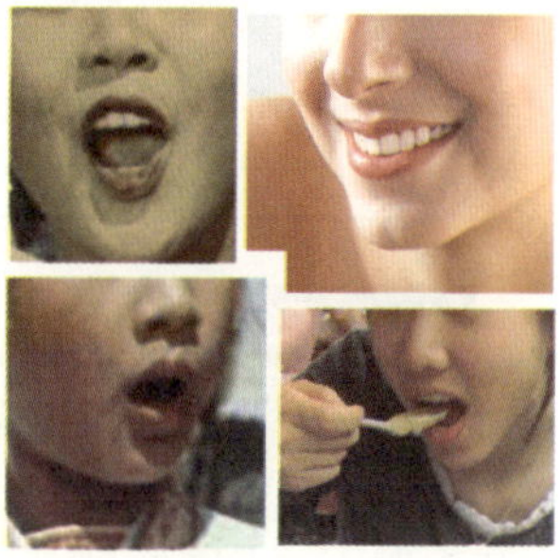

歌唱,微笑,吃惊,进餐。

嗷嗷待哺的小鸟

由口的形状和功能，人们自然而然地用它来表示出入通过的地方，比如“瓶口”“碗口”“井口”“入海口”“火山口”等等。《桃花源记》里的武陵渔人在桃花林的尽头看到了一座小山，“山有小口，仿佛若有光”，他弃船从这小洞口进去，景物豁然开朗，避世的理想田园正在眼前。

河流的入海口

山口

当人体或物体的表皮破裂的时候，我们也称之为“口”，鲁班不就是被锯齿形的草叶割了个小伤口而受到启发，发明了锯的吗？

“口”还有一个特殊的含义，就是指刀刃或者锋刃。锋刃为什么叫口呢？它的口在哪里呢？实际上，这里的口不是指刀上有口，而是指锋刃可以给别的东西带来口子。

字义纵横谈

“口”字的含义很多，我们只在它后面加上一个助词“子”，“口子”一词所能表示的意思让人吃惊：我家三口子（指人）；我们那口子出门了（对人说自己的爱人）；袖子撕了个口子（裂缝）；我手上拉了个口子（伤口）；洪水冲开的口子（豁口）；可不能开这个口子（先例）；到过两广，出过口子（长城的关口）；由一个口子统抓利用外资项目（部门；机构）。

古北口长城。长城关隘多称口，如古北口、喜峰口、张家口等等，因此长城以南被称为口里，长城以北则称为口外。古老的山西民歌《走西口》（西口指山西右玉县杀虎口）唱的就是少女与到口外谋生的情郎分别时悲伤的恋恋不舍的叮咛嘱托的一幕。

细说故事：

口蜜腹剑

唐玄宗朝中期的宰相李林甫，是李唐宗室子弟出身，凭借这点，他最初得以进入宫廷禁卫军中担任千牛直长（宫廷侍卫）。此人通音律，擅丹青，但学识不高，他奸诈狡黠，善于察言观色，见风使舵。通过不断钻营，李林甫于开元十四年(726)升迁为御史中丞，正式进入朝廷权力中心，随后又迁黄门侍郎、礼部尚书同中书门下三品，再进兵部尚书。通过运用权术，他排挤了当朝其他两位宰相张九龄和裴耀卿。罢张九龄而相李林甫，历来被认为是盛唐政局治乱的分界。李林甫工于心计，城府极深，他越是想整倒某人，就越是结交示好，极尽恭维讨好之能事，而在暗中阴谋陷害，很多人被他弄得焦头烂额，身家性命难保，却不知道是拜他所赐。《资治通鉴》中这样记述道："李林甫为相，尤忌文学之士，或阳与之善，啖以甘言而阴陷之。世谓李林甫'口有蜜，腹有剑'。""口蜜腹剑"后来用作成语，比喻嘴甜心毒，阴险狡诈。

李林甫像

河南嵩阳书院门前场坪上，有《大唐嵩阳观纪圣德感应之颂》石碑，李林甫撰，碑的背面和两侧则刻写着后人唾骂作者之词。

识字规律：

"口"字，如今既可单用，也可作偏旁，凡从"口"取义的字皆与人之口等义有关。

(会意)：从三口，会人多嘴杂之意，本义指众多。

《说文解字》："品，众庶也，从三口。"

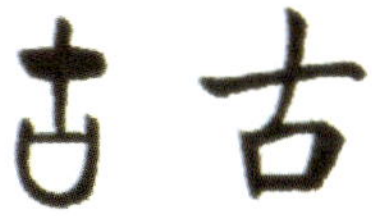

(会意)：从十，从口，以十口相传表示年代久远的事。本义指过去年代久远的事物。

《说文解字》："古，故也，从十口。识前言者也。"

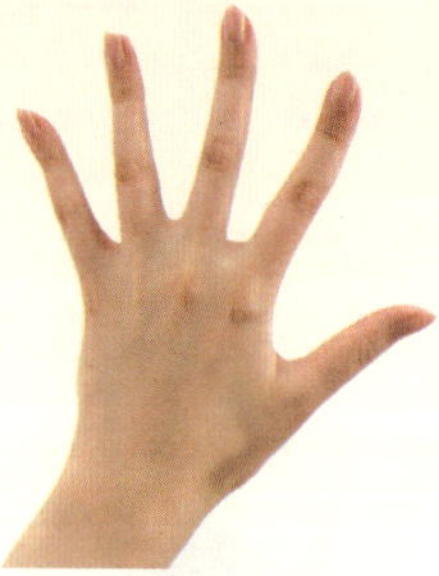

手

shǒu

金文

小篆

《说文解字》:“手,拳也。象形。” 译:手,握拳的部分。象形。

字形构造:“手”字是个象形字。从金文、篆文的形体来看，就像五个手指张开、有手掌与手臂的样子。瑞典作家林西莉这样说道:“为什么手指稀疏得像花茎上的叶子?为什么我们看不到起决定作用的拇指呢?它应该是最显著的啊!我坐在书桌前我自己的手和汉字的手都在面前,我思索着现实和汉字的关系。图形一下子消失了,而我看到的这个字并不像我开始所想的那样不完整。把中指看作手掌的中轴,就会发现所有的手指均匀的分在两边。”

主要词义与词性: ❶人体上肢能拿东西的部分〈名〉。❷拿着〈动〉:人~一册。❸小巧而便于拿的〈形〉:~册|~袋。❹手段;手法〈名〉:眼高~低|心狠~辣。❺擅长某种技能的人或者做某种事的人〈名〉:选~|能~|拖拉机~。

起源和演变:“手”的本义是指人体上肢腕以下能拿东西的部分,由指头及手掌组成。“手舞足蹈”“赤手空拳”“手足之情”当中的“手”，都是在其本义上使用的。《诗经·邶风·击鼓》中有一段非常感人的文字:“死生契阔,与子成说。执子之手,与子偕老。”这是思归不得的士兵们相互的承诺:无论死生离合,我们都说定了,我会紧握你的手,相存相救,和你一直到老。

人做事要用手，我们常将一个人亲自做某事称为“亲手”做，作者亲手写的稿子叫“手稿”，一个人亲手写的记录称为“手记”，亲手写的信称为“手函”。

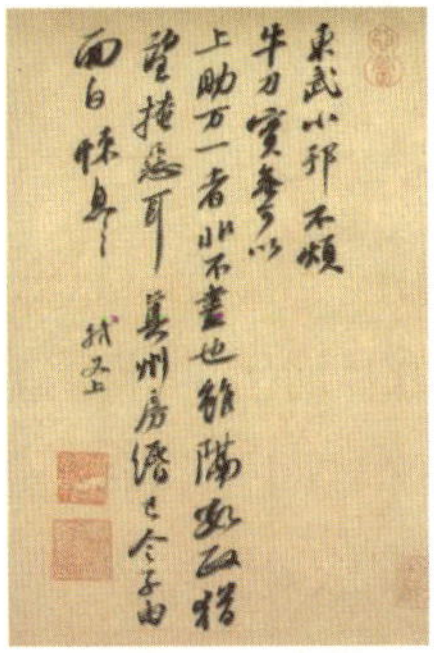

手札，就是亲笔信，上图为苏轼手札。

亲手写春联

人的技能通常也是在手上表现出来，“手”因此而引申指技艺、本领、手段。一个人心中目标很高，而实际的本领很小，我们将其称之为“眼高手低”；医术精良的医师使病人起死回生称之为“妙手回春”；一个人玩弄手段，串通作弊叫做“上下其手”。“手”顺理成章地引申指擅长某种技能或做某种事的人，比如“水手”“拖拉机手”“神枪手”“高手”“能手”。“手”还以量词的方式表示技能：他今天露了两手绝招。

肩背“妙手回春”布袋的江湖医生。

手炉，就是冷天烘手取暖用的小火炉。随身携带方便。这是清代铜烧瓷《太平有象》温手炉。

能拿在手里的东西，一般体形都比较小，所以“手”又指小巧的、便于携带的，比如“手枪”“手机”“手册”等等。

第三套面值为壹元的人民币图案是一位青年女拖拉机手正在耕作。

“手”字的本义就是指腕以下能拿东西能做事的部分，是名词。可是后来又引申为动词当“持”或“执”讲，如《公羊传·庄公十三年》：“曹子手剑而从之。”就是说：曹子拿着宝剑而跟着他。其实当“持”讲的“手”，我们今天还在沿用，如“人手一册”，就是每人各拿一本的意思。由“执”义，又可以引申为用手打击之义，如《汉书·司马相如传上》：“手熊罴。”也就是赤手空拳把熊罴打死的意思。

人手一册

细说故事：

鹿死谁手

东晋时代，十六国中后赵的开国皇帝名叫石勒。有一天，他设宴招待高丽的使臣，喝酒喝得快醉的时候，他问臣子徐光道：“我比得上自古以来的哪一个君王？”徐光想了一会儿说：“陛下神武筹略超过汉高祖，卓越的本领又赛过魏太祖，自尧、舜、禹以来，没有一个人能比得上您，您恐怕是黄帝第二吧！”石勒听后笑着说：“人怎么能不了解自己呢？你说的也太过分了。我如果遇见汉高祖刘邦，一定做他的部下，听从他的命令，只是和韩信、彭越争个高低；假使碰到光武帝刘秀，我就和他一起驱驰中原，未知‘鹿死谁手’！大丈夫行事当光明磊落，如日月照耀，终不能如曹孟德、司马仲达父子，欺负孤儿寡妇，靠媚惑人心以取天下也。朕当在二刘之间耳，岂能与黄帝相比！”（《晋书·石勒载记下》）

后来人们用“鹿死谁手”来比喻双方争夺的对象不知道会落在谁手里，引申指比赛双方还不知道谁胜谁负。

识字规律：

“手”字，如今既可单用，也可作偏旁，作左偏时写作“扌”。凡从“手”取义的字都与手臂、操作、技能等义有关。

（会意）：从手，从殳（shū，古兵器），会手拿兵器投掷之意。本义指投掷。

《说文解字》：“投，擿（掷）也。从手，从殳。”

（会意）：篆文为“拏”，形声字，从手，奴声。后皆改用“拿”，会手合起来握持之意。

毕加索《拿烟斗的男孩》　　《说文解字》：“拏，牵引也，从手，奴声。”

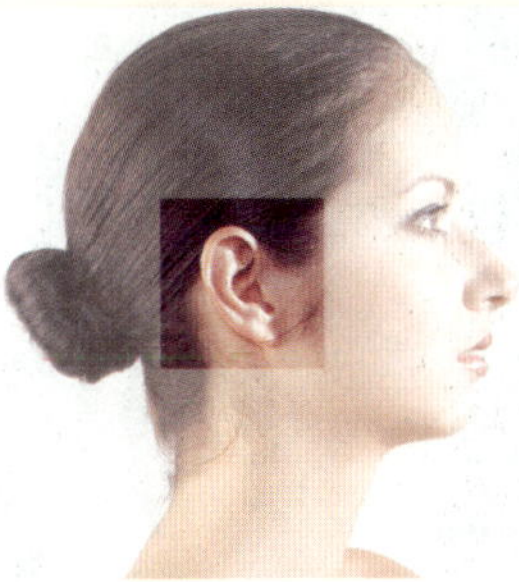

耳

ěr

甲骨文

金文

小篆

《说文解字》:“耳,主听也。象形。”译:耳,主管听觉(的器官)。象形。

字形构造:“耳”字是个象形字。甲骨文和金文中的“耳”字虽然有着多种不同的形式，但都像耳朵的形状。小篆变得不太像耳朵的形状了。楷书由小篆演变而来。

主要词义与词性:❶耳朵〈名〉:~聋|~闻目睹。❷形状像耳朵的东西〈名〉：木~|银~。

起源和演变:“耳”的本义是指耳朵。比如“耳闻目睹”“耳聪目明”“忠言逆耳利于行”等词语中的“耳”字,都指的是耳朵。清人沈复所写的《浮生六记》中满怀深情地追忆了与亡妻陈芸昔日的恩爱悲欢，在第一卷“闺房记乐”中他写道：“自此耳鬓厮磨，亲同形影，爱恋之情有不可以言语形容者。”“耳鬓厮磨”是两人的耳部与鬓角相磨，形容经常相处在一起,关系密切。

“原来那宝玉自幼生成有一种下流痴病,况从幼时和黛玉耳鬓厮磨,心情相对;及如今稍明时事，又看了那些邪书僻传,凡远亲近友之家所见的那些闺英闱秀,皆未有稍及林黛玉者,所以早存了一段心事,只不好说出来,故每每或喜或怒,变尽法子暗中试探。”(《红楼梦》第二十九回)上图是清代孙温为《红楼梦》绘图。

他和她“咬耳朵”呢(凑近耳朵小声说话)。

古代建筑的正门和两旁的耳门

耳朵是听觉器官，名词“耳”当作动词用的时候表示“听”“闻”之义，比如我们说“耳生”，这是说听着生疏，在古典作品中，我们常会见到“耳顺”一词，这个词的意思是不管听到什么话，都能辨别真伪、分清是非。

生长在树干上的木耳。

耳朵扁薄，略呈花形，由耳朵的这种形状，“耳”也引申指形状像耳朵的东西，比如我们常见的“木耳”“银耳”。又因为耳朵是长在头部的左右两侧，所以“耳”字又指位置在两旁的，比如“耳房”，指正房两边的小房间；“耳门”，指大门两侧的小门。

耳杯，古代饮器，又称羽觞。图为唐代蔓草鸳鸯纹银羽觞。

在古文当中，“耳”又借作语气助词，相当于“罢了”“而已”的意思，唐人柳宗元所写的《黔之驴》一则寓言中，从没见过驴的老虎被驴的叫声吓了一大跳，不过靠近驴后发现它也只会用蹄子踢踹，老虎很高兴，“计之曰：技止此耳！”（心中盘算着：本领也不过如此罢了）“耳”作为语气助词有时则表示肯定或语句的停顿与结束，相当于“了”“啊”。比如“是诚良梓人耳”（这才是个真正的好木匠啊）（柳宗元《梓人传》），又比如“他日继吾志事，惟此生耳”。（日后继承我的志向和事业，只有这个年轻人了。）（方苞《左忠毅公逸事》）

细说故事：

掩耳盗铃

《吕氏春秋·自知》中讲了这样一个故事：晋国的大夫范氏灭亡的时候，

有人趁机跑到范氏家里想偷点东西，看见院子里吊着一口大钟。这个人想要把它背走，只是钟太大，没法背。他于是想用大锤把钟打碎带走。可钟被锤子敲击，就轰轰地响起来。那个老百姓怕别人听到响声也来抢这口钟，赶忙把自己的耳朵堵起来。这就是成语“掩耳盗铃”的出典。

掩耳盗铃无疑是荒唐的，《吕氏春秋》讲这个故事的目的在于阐明“为人主而恶闻其过，非犹此也”的论点。做人主的不愿意听到自己的过错，不是就和“掩耳盗铃”一样吗？

识字规律：“耳”字，如今既可单用，也可作偏旁，凡从“耳”取义的字皆与耳朵和听觉等义有关。

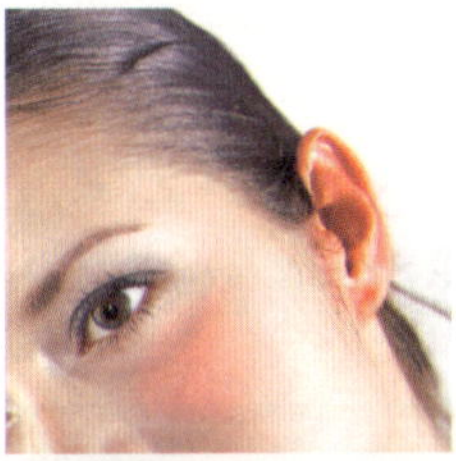

耿（会意）：金文从耳，从火，会面红耳赤之意。

《说文解字》：“耳箸（贴在）颊也，从耳，烓省声。”（所释为引申义）

取（会意）：甲骨文从又，从耳，会（抓到野兽或俘虏）割下左耳之意。

《说文解字》：“取，捕取也。从又，从耳。《周礼》：‘获者取左耳。’”

耽（会意兼形声）：篆文从耳，从冘（yín，像担子一样下垂），冘亦声。

《说文解字》：“耽，耳大垂也，从耳，冘声。”

闻（会意）：“闻”本是个会意字。甲骨文右边是只耳朵，左边是一个附耳谛听的人。篆文改为从耳、门声的形声字。

《说文解字》：“闻，知声也。从耳，门声。”

商代人面镂空青铜钺，钺上龇着稀疏的方牙的嘴像极了甲骨文里的“齿”字。

齿

chǐ

甲骨文　　金文　　小篆　　楷书

《说文解字》：“齿，口断骨也。象口齿之形。”译：齿，口中的牙齿。像口中牙齿的形状。

主要词义与词性：❶人类和高等动物咀嚼食物的器官，由坚固的骨组织和釉质构成<名>。❷物体上齿形的部分<名>：锯~儿 | 梳~儿。

字形构造：“齿”本是象形字，甲骨文像人的口，上下各露出了两颗牙齿。金文又另外加上了“止”声，成为了形声字。小篆承接金文并整齐化。繁体楷书的写法与小篆基本一致，后简化为“齿”。

起源和演变：“齿”的本义是“门牙”，泛指牙齿。“明眸皓齿”形容女子的容貌美丽，“唇亡齿寒”比喻双方休戚相关、荣辱与共。在古书常常见到“齿冷”一词，开始是“牙齿受凉”的意思，可是后来就变为“耻笑”的意思了。因为要笑就必须张嘴，时间久了牙齿就有冷的感觉。后人所说的“令人齿冷”，也就是“令人耻笑”的意思。

由牙齿的排列形状，“齿”又引申指像牙齿一样整齐排列的东西，如“齿轮”“锯齿”“梳齿”等。

明眸映皓齿，莹洁无瑕疵。

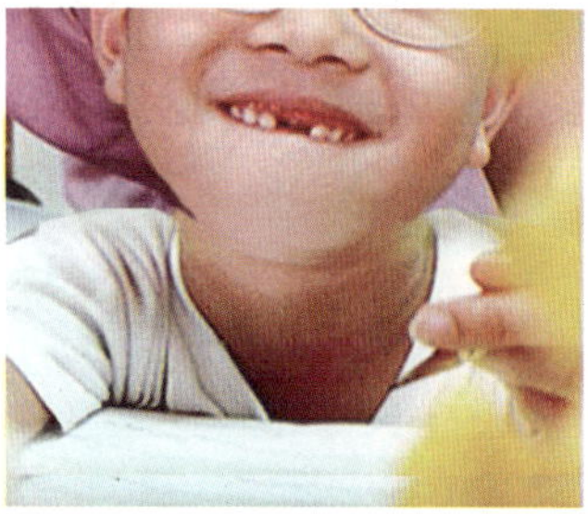

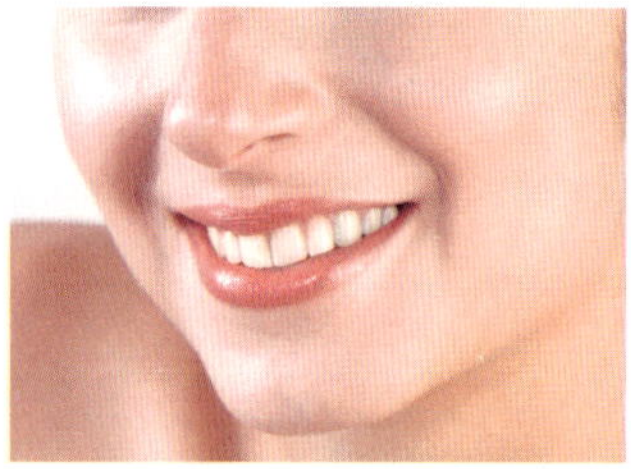

没有到有，有到没有。

齿是人类和高等动物用来咀嚼、撕咬的器官，由坚固的骨组织和釉质构成。每个齿分为三个部分，上部叫齿冠，中部叫齿颈，下部呈锥形的叫齿根。根据齿在嘴里的生长部位及形状的不同，齿又分为"门齿""犬齿""前臼齿"和"臼齿"。就人类来说，婴儿出生后6个月到9个月开始长牙齿，称为"乳齿"，两岁时出齐，共为20颗。到6岁左右，小孩儿开始换牙，"乳齿"逐步脱落，长出的新牙就要伴随你一直到老年，它们叫做"恒齿"。人老了以后，"恒齿"也会逐渐脱落一直到没有。从牙齿的角度来看，一个人的一辈子就是从无齿到有齿再到无齿的过程。人们在形容极为难忘的事情的时候总会用"没齿不忘"，就是说老到没有牙齿了都不会忘记。

因为牙齿的数量多少与年龄有关，所以"齿"又可以当"年龄"讲。柳宗元《捕蛇者说》中的捕蛇者从事命在旦夕的危险职业，但上缴了毒蛇以充税赋之后，按他的话说，便能"退而甘食其土之有，以尽吾齿"。(回家后有滋有味地吃着田地里长出的东西，来过完我的岁月。)比起天天被横征暴敛逼得走投无路的乡邻，他还算是幸运的。柳宗元由此体会了"苛政猛于虎"的深刻含义，发出了沉重的慨叹。

吕洞宾说到什么了这么高兴？

"牙齿"不仅用以咀嚼食物，它还是吐字发音的重要器官。因此"齿"又引申表示说起、提及。比如我们说为……所"不齿"，"不齿"就是不愿意提到的意思，表示极端鄙视。又比如"齿及""不足齿数"(数不上，不值得一提)，其中的"齿"都用作"提及"之义。

字义纵横谈

“齿”与“牙”两个字的本义不同。牙的本义是指口腔里面后部的槽牙。“齿”的本义是指门牙。“齿”表示排列，表示年龄，表示谈及等义，牙都没有。

牙的金文和小篆的写法

细说故事：

齿亡舌存

汉代刘向的《说苑》记述了一个故事：有一个叫常摐的人病了，老子前去看望他，并且向他请教养生保命的经验。常摐不直接回答，却张开嘴让老子看，说：“我的舌头在吗？”老子说：“在。”常摐又问：“我的牙齿还在吗？”老子说：“没了。”常摐说：“你明白了吗？”老子说：“舌头还在，是因为它柔和吧？牙齿没了，难道不是因为它太刚硬了吗？”

识字规律：

“齿”字，如今既可单用，也可作偏旁，凡从“齿”取义的字皆与牙齿等义有关。

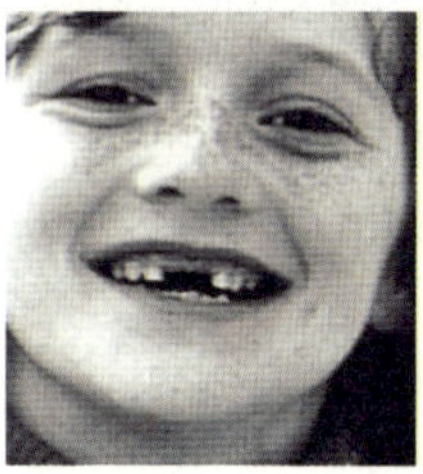

（chèn，会意）：古代指儿童换牙。《愚公移山》中说邻家寡妇小孩儿“始龀”，就是刚换牙。

《说文解字》：“龀，毁齿也。男八月生齿，八岁而龀；女七月生齿，七岁而龀。”

（形声）：从齿，令声。本义指年龄。

《说文解字》：“龄，年也。从齿，令声。”

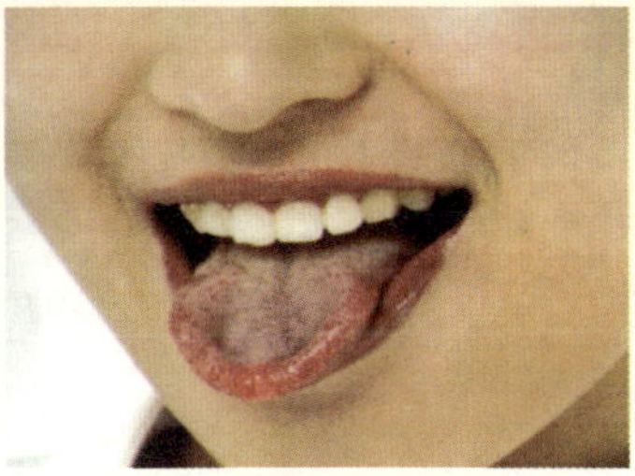

舌

shé

甲骨文　　金文　　小篆

《说文解字》:“舌,在口所以言也,别味也。”译:舌头,在口中用于说话、辨味的器官。

字形构造:“舌”是个象形字。甲骨文整体像舌形。金文中多出的几个点表示人的唾液。小篆更为简整,将代表唾液的点去掉了。楷书由小篆演变而来,但很难看出舌头的样子了。

主要词义与词性:❶舌头〈名〉。❷像舌头一样的东西〈名〉:帽~|火~。

起源和演变:“舌”的本义指舌头。“口干舌燥”“巧舌如簧”“瞠目结舌”中的“舌”,都是指舌头。又如《庄子·盗跖》:“不耕而食,不织而衣,摇唇鼓舌,擅是生非。”所谓“鼓舌”,就是卖弄口舌,多指花言巧语,含有贬义。

“舌”是发音说话的器官,所以又引申指言语之义。比如《论语·颜渊》中有“驷不及舌”一语,意思是话说出后,四匹马拉的车也追不回来;又比如“舌辩”“舌战”“唇枪舌剑”“白费口舌”等词中的“舌”,使用的都是“言语”之义。

在三国演义中,面对曹操的大兵压境,东吴官员分为主战、主降两大阵营。武官主战,文官主降。诸葛亮只身前往东吴游说,同东吴群儒展开舌战,以其滔滔辩才说得对手一个个哑口无言。最终说服了孙权,使吴蜀联盟共抗曹操的局面得以形成。

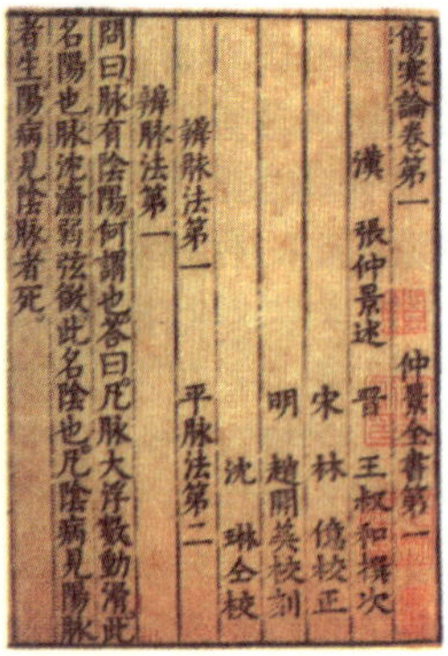

傷寒論卷第一　仲景全書第一
漢　張仲景述　晉　王叔和撰次
宋　林　億校正
明　趙開美校刻
沈　琳仝校
辨脈法第一　平脈法第二
辨脈法第一
問曰脈有陰陽何謂也荅曰凡脈大浮數動滑此名陽也脈沈濇弱弦微此名陰也凡陰病見陽脈者生陽病見陰脈者死

汉代大医学家张仲景在他的名著《伤寒论》中第一次系统论述了根据人的舌苔的薄厚、滑涩及颜色以辨症状的方法。1700多年来,《伤寒论》一直是中国临床医学中影响最大的著作,传播于国内外。

由舌头的形状,“舌”也被用来指形状像舌头的东西,火苗蹿动的样子像一伸一缩的舌头,人们将之称为“火舌”,又比如“帽舌”“鞋舌”“锁舌”等等。

《国语·周语》中有“舌人”一词,“舌人”,是指古代的翻译官,正如韦昭注《国语》所说:“舌人,能达异方之志。”

细说故事:

舐犊

汉代杨彪的儿子杨修被曹操所忌,曹操借故杀害了杨修。后来,曹操在朝堂上见到了杨彪,问:“您怎么瘦得这么厉害?”杨彪回答说:“我没有先见之明,没有保护好儿子。可是我还像老牛舔犊一样深深地爱着我死去的儿子杨修啊!”

宋代《牧牛图》(佚名)

识字规律:

“舌”字,如今既可单用,也可作偏旁,凡从“舌”取义的字皆与舌头、言辞等义有关。

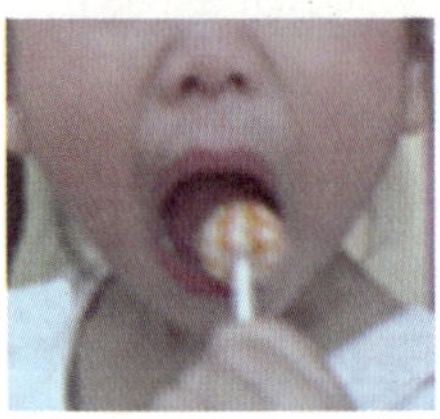

《说文解字》:“甜,美也。从甘,从舌。”

(会意):古代的甘字,从口,从一,是指事符号,表示口含食物甘美。后来又加义符“舌”为甜,与甘字本义相同。

(会意):金文有多种写法,其中一种是义符“舌”与“辛”会意,“辛”表示刑罪,本义是辨析刑狱。

《说文》:“辞,讼也。”

止

zhǐ

甲骨文　金文　小篆

《说文解字》：“止，下基也。象艸木出有址，故以止为足。”译：止，底下的基础。像草木长出来有根基，所以用止表示足。（此解不确）

字形构造：“止”字是个象形字。甲骨文多像一只脚丫儿！脚趾朝左，脚后跟朝右。金文的形体更加规整美观，小篆与金文大体相同。楷书的写法由小篆直接变来，方方正正，很难看出脚丫子的样子了。

主要词义与词性： ❶停止〈动〉：~步 | ~境。❷阻拦，使停止〈动〉：~血 | ~痛。❸仅；只〈副〉：~此一家。

这是河北藁城出土的一块陶片的照片，陶片距今已有3400多年了，上方的脚就是较早的“止”字吧。

起源和演变：“止”的本义就是脚。如《汉书·刑法志》：“斩左止。”将一个人的左脚砍掉，是多么残酷的一种刑罚。

古井止水无波

“止”是站立的器官，由此引申为停止、停息的意思。如《韩非子·难势》：“令则行，禁者止。”又如《诗经·秦风·黄鸟》：“交交黄鸟，止于桑。”“交交”是鸟叫的声音。这句诗的意思是：交交而鸣的黄鸟，飞来落在桑树之上。一个人在形势与愿望相违背的时候他也许会说：“树欲静而风不止。”而当经历了太多的世态炎凉，也许就会变得“心如止水”，心情就像停滞不流的水一样，平静毫无杂念。

由息止的意思，“止”又引申当“定居”讲。《诗经·商颂·玄鸟》中说：“邦畿千里，维民所止。”意思是说：“京都及周边方圆千里，那里都为许多百姓所居住。”

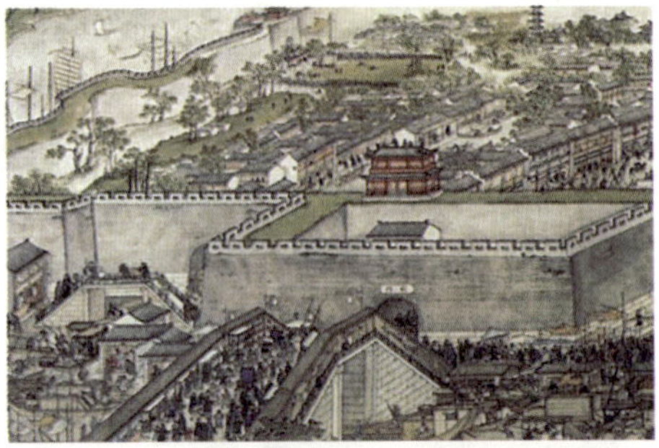

清代徐扬的《姑苏繁华图》（局部），又名《盛世滋生图》。

“止”字还可以用作使动，表示阻止、使停止，在《列子·汤问》记述的愚公移山的故事里，愚公想要挖掉门前的阻断道路的大山，智叟则“笑而止之”，断言年迈的愚公不能成功。又如“止血”、“止痛”、“止痒”等词中的“止”字，都是阻止、使停止的意思。

“不塞不流，不止不行”，这句话出自唐代韩愈的论文《原道》。字面的意思是不把某一种东西堵塞住，另一种东西就不能流行、发展。图为清代《通惠河漕运图卷》(局部)。

“止”用作副词的时候，它表示“仅仅、只是”的意思。《聊斋志异·狼》这则故事中有一句意味颇深的话：“狼亦黠矣，而顷刻两毙，禽兽之变诈几何哉？止增笑耳。”——狼也太狡猾了，可是一会儿两只狼都被杀死了，禽兽的欺骗手段能有多少呢？只给人们增加笑料罢了。

“止”后来为引申义所专用，“脚”的本义便另加义符“足”写作“趾”来表示。比如“趾高气扬”一词，就是说脚抬得高高的，得意扬扬，以此来形容骄傲自大、自命不凡的样子。而今天我们说到“趾”，它在大多情况下表示的是“脚指头”。

《左传·僖公二十六年》：“齐侯未入竟，展喜从之，曰：‘寡君闻君亲举玉趾，将辱于敝邑，使下臣犒执事。’”

字中知识：

《止酒》诗

陶渊明像

东晋诗人陶渊明嗜酒，后来也深感酒毒危害，决心戒酒。戒酒最终没有能够成功，却留下了一篇妙趣横生的《止酒》诗：

居止次城邑（居住在成邑边上），逍遥自闲止（止为语气助词）。坐止（至）高荫下，步止荜（bì，荆竹编的篱笆）门里。好味止（仅限于）园葵，大懽（同“欢”）止稚子。平生不止（停止）酒，止酒情无喜。暮止不安寝，晨止不能起。日日欲止之，营卫（精气）止不理。徒知止不乐，未知止利己。始觉止为善，今朝真止矣。从此一止去，将止扶桑涘（sì，水边。扶桑涘指神仙居处）。清颜止宿容（止为停留意，宿容指平时的容颜），奚止千万祀（最后两句的意思是清朗的脸容停止在年轻的模样，何止一千年，一万年 ）。

细说故事：

止谈风月

南朝时梁的徐勉公私分明，头脑清醒。他经常和门人们夜晚雅集谈诗论文。一次，一位叫做虞皓的来客乘兴向徐勉请求举荐自己做詹事五官。徐勉义正词严地答复说：“今晚止谈风月，不便谈公事！”那客人语塞。

鲁迅先生曾经反用此意给自己的杂文集取名为《准风月谈》。

识字规律：“止”字，如今既可单用，也可作偏旁，凡从“止”取义的字皆与脚及其动作行为有关。

《说文解字》：“步，行也。从止、少相背。”（析形不确）

（会意）：甲骨文像一前一后两只脚之形，会行走之意。本义指行走。又是长度单位，古代一举足为跬（kuǐ），两举足为一步。

《说文解字》：“此，止也。从止，从匕。匕，相比次也。”（析形不确）

（会意）：甲古文从止，从人，会停步之意。本义指人站立的地方。引申为“这”。

《说文解字》：“之，出也。象艸过屮，枝茎益大有所之，一者，地也。”（解说不确）

（会意）：甲骨文上面是“止”，下面一横代表出发的地方。本义为往，至。后假借为虚词。

《说文解字》：“企，举踵也。从人，止声。”

（会意兼形声）：甲骨文字形，上面是一个人，下面是“止”（脚），表示这个人在踮起后脚跟，止亦声。本义指踮起脚跟。

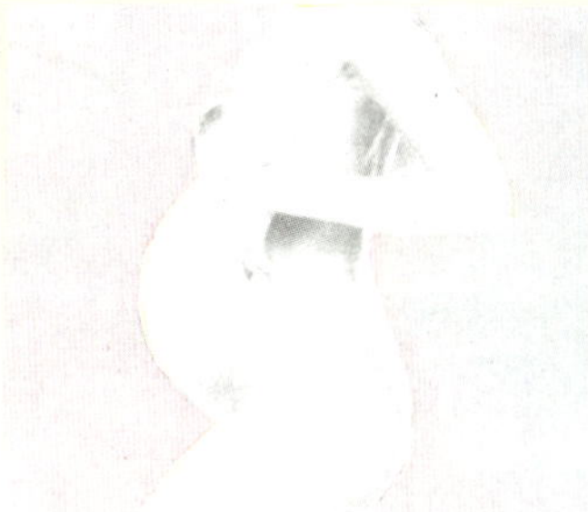

身

shēn

甲骨文

金文

小篆

《说文解字》:"身,躳也。象人之形。"译:身,全身躯。像人的身躯。(此说不确)

字形构造:"身"是个象形字。甲骨文、金文、小篆都像一个大肚子的侧面人形,普遍的解释认为,这是一个怀孕的女子的样了。

主要词义与词性:❶身体<名>:~上|转~。❷指生命<名>:奋不顾~。❸自己;本身<名>:以~作则|~先士卒。❹人的品格和修养<名>:修~|立~处世。❺物体的中部或主要部分<名>:车~|船~。

起源和演变:"身"字的本义是指身孕。《史记·吕不韦列传》:"知有身。"(吕不韦知道赵姬怀孕了。)

"身"引申指人的躯干,即人体除头、颈和四肢外的躯体部分。后来范围扩大,在不同词语所指不同,整个人体称之为"身",比如身高、身体;脖子以下的人体部分称之为"身",比如身材、身段,又比如《楚辞·九歌·国殇》中的"带长剑兮挟秦弓,首身离兮心不惩"。有时候人体的某一部位也称"身",比如"腰身",它所指的是人的腰部。

西汉拂袖舞女俑

新石器时代红山文化陶孕妇像。

"身"由躯体之义进一步引申指物体的主体或主干部分,如

“船身”、“车身”、“河身”中的“身”，都作此解。

由于“身”表示人的身体，所以这个字顺理成章地被用来表示“自己”、“自身”之义，曾子说：“吾日三省吾身。为人谋而不忠乎？与朋友交而不信乎？传不习乎？”意思是说，我每天再三反省自己：替人家办事没有尽心竭力吗？与朋友交往不讲信用吗？老师传授的学业没有用心复习吗？以自身的实际行动给人做出榜样叫做“以身作则”，自身和全家的性命称为“身家性命”。杜甫的绝句中云：“莫思身外无穷事，且尽生前有限杯。”“身外”当然是指“自身之外”。

昨夜星辰昨夜风，画楼西畔桂堂东。
身无彩凤双飞翼，心有灵犀一点通。
（摘自李商隐《无题》诗）

在“身临其境”、“身经百战”等词语中，“身”都当作“亲自”讲。在为事业、志向身体力行的过程中，有很多人会贡献出一切，甚至是自己的生命，我们称之为“献身”。“奋不顾身”、“舍身取义”中的“身”字，都作“生命”解，还有孔子谈论“仁”的著名的话：“志士仁人，无求生以害人，有杀身以成仁。”

“身”有时候用于抽象意义，指人的品行、名节。比如“修身养性”、“洁身自好”中的“身”，又比如孔子所说的“其身

《蜀相》　杜甫
丞相祠堂何处寻，锦官城外柏森森。
映阶碧草自春色，隔叶黄鹂空好音。
三顾频烦天下计，两朝开济老臣心。
出师未捷身先死，长使英雄泪满襟。

心与身为雠（仇）

正,不令而行;其身不正,虽令不从”。意思是说,统治者的品行端正,即使不发命令事情也行得通;如果他的品行不端正,那么即使三令五申,百姓也不会信从。

作为抽象意义的身还可指人的社会地位,如“身份”、“出身”、“身败名裂”(地位丧失,名誉扫地)。

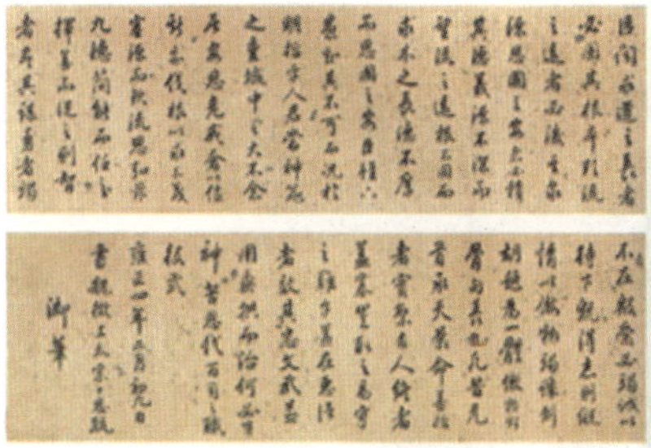

虑壅蔽,则思虚心以纳下;惧谗邪,则思正身以黜恶。(唐魏徵《上太宗十思疏》,图为清雍正御笔)

字中知识:

不腐肉身

在中国佛教中,有很多“肉身不腐”的现象。唐代禅宗六祖慧能法师,说法三十七年,在故乡新州的国恩寺坐化,留下金刚不坏的肉身。广东气候炎热,环境潮湿,至今已历1200余年,不腐变,不枯槁,依然神态安详,栩栩如生,散发芳香之气。佛教名山九华山的肉身佛更为数众多,有据可查的已有14尊。最早的是唐代佛家弟子金乔觉,圆寂后三年,肉身依然,颜状如生,撼其骨节,有金锁般的鸣响。

广东韶关南华寺内禅宗六祖慧能大师肉身。

字义纵横谈

这里讲一下“躯”的含义。躯,指身体,从身,区声。《段注》:“体者,十二属(人体的十二个部位:顶,面,颐,肩,脊,尻,肱,臂,手,胫,股,足)之总名也。可以区而别之,故曰躯。”

至于肉身不腐之谜,科学上尚不能圆满解释。死者生前将体内污物尽皆排出,稍加注意便会发现,几乎所有达到“肉身不腐”境界的人都是修炼之人。在他们的信仰中,大都包涵着珍惜生命、慈悲容忍、真诚自戒等内涵。

只缘身在此山中

“横看成岭侧成峰,远近高低各不同。不识庐山真面目,只缘身在此山

中。”这是宋朝大诗人苏轼的名诗《题西林壁》。作者游历了庐山各处的风景，这美丽雄奇的庐山，正面看是横长的山岭，侧面看是高耸的山峰，再从不同距离、不同高度去看，眼前的庐山，呈现出各种互不相同的形象。但为什么总是不能知道庐山的真容全貌？只因为自己始终在庐山之中。

宇宙间事事物物，观看的视角不同，观察的结果也各不相同。我们认识事物，也不单单只要做到亲近它，深入地了解它，想要看到真相，还须脱出自身的处境，从高远处观照。而如果陷在其中不能跳出来，就会被各种假象所迷惑。所谓爱之虽要“纠缠如毒蛇，执著如冤鬼”，也要记得“当局者迷，旁观者清”的道理。

细说故事：

冯婕妤舍身挡熊

史料记载，汉元帝曾于虎圈观看斗兽，后宫人等都在旁侍坐。忽而有黑熊逃出笼圈，又跨过栅栏要攀爬上殿，左右皆惊走。唯有冯婕妤挺身(婕妤是古时宫中女官名，妃嫔称号)直前，当熊而立。殿下卫士上前将熊杀死。元帝问道：“刚刚那种情况下感到惊惧是人之常情，你怎么就能舍身上前挡熊呢？”冯婕妤回答说：“猛兽捕获了人就会停止，妾恐熊至御坐，故以身挡之。”元帝嗟叹，从此以后对冯婕妤倍加敬重。

清代金廷标《婕妤挡熊图》

识字规律：

“身”字，如今既可单用，也可作偏旁，凡从“身”取义的字都与身体等义有关。如躯(形声字，从身，区声。本义指身体)、躲(形声字，从身，朵声。本义指隐藏起来)、躺(形声字，从身，尚声。本义指平卧)、躬(形声字，从身，弓声。本义指身体)。

文

wén

甲骨文　　金文　　小篆

《说文解字》:“文,错画也。象交文。”译:文,交错刻画(以成花纹)。像交错的花纹的样子。

主要词义与词性: ❶文字〈名〉:甲骨~|汉~|英~。❷文章〈名〉:散~|记叙~。❸指社会发展到较高阶段表现出来的状态〈名〉:~化|~明。❹非军事的〈形〉:~官|~职。❺柔和,不猛烈的〈形〉:~雅|~弱。❻古时候称在身上、脸上刺花纹或字〈动〉:~身|~了肩背。

字形构造: 这个“文”字是个象形字。甲骨文像一个正立的人形。最上端是头,向左右伸展的是两臂,下部是两腿,胸前刻有美观的花纹。金文的形体基本上同于甲骨文,小篆则把胸前的花纹省略了。

起源和演变: “文”字本义就是指在胸前刻的花纹。纹身的习俗历史悠久,我国的上古人有这样的习惯。他们在自己身上刺下各种花纹图案,作为身体的装饰,更多的时候,那是本部落的图腾。

“文”由纹身引申泛指花纹、纹路。叶公好龙的故事家喻户晓,它出自西汉刘向所作的《新序·杂事》:“叶公子高好龙,钩(衣服上的带钩)以写龙,凿(酒器)以写龙,屋

新石器时代良渚文化雕刻着精美花纹的山形玉饰。

室雕文以写龙……”这里的“文”字就是花纹的意思。真龙知道飞来叶公家里，却把他吓得转身就跑。

汉字最初是照事物的形象画下来的，也是种“花纹”，“文”因此又引申指汉字。如甲骨文、金文、篆文等。《孟子·万章上》：“故说《诗》者，不以文害辞，不以辞害志。”意思是说：所以解读《诗经》的人不要拘于文字而误解词句，也不要受词句的影响而误解原意。

早在远古时期，人们开始用图画来表达某种意思。方法很简单，如果要表示一只牛，就在山洞的岩壁上画上一只牛。上左图为新石器时代黑山岩画。右图为大汶口文化遗址出土的陶器上的符号，是简练抽象的图画，也是最早期的文字。很可能表示“旦”。

商代的甲骨文，已经是比较成熟的文字。写满字的甲骨，也是商代的重要文献。

文章是由文字组成的，“文”由此引申指文章、文献。司马迁无辜受刑后悲愤至极，他在《报任安书》中倾诉了自己忍辱苟活的原因：“恨私心有所不尽，鄙陋没世，而文采不表于后也。”——“我怨恨心中想做的事尚未完成，如果在耻辱中离开人世，我的文章著述便不能表明于后世。”《论语·学而》：“行有余力，则以学文。”其意思是：亲身实践，有剩余的精力，就去学习文献。

北斗由左至右数第四颗星，就是文曲星。中国神话中主管文运的星宿。

棂星门即孔庙正门。棂星为古代传说中天上的文曲星，以此名门，寓意自明。

对传统文献研读的精疏，文章写作水平的优劣，常常是朝廷选取文官的重要标准。

北宋欧阳修，被世人尊为“文圣”。孔子被尊为“至圣”。

社会发展到了较高阶段，制度和规范更加完善，物质丰富了，人们对精神层面的东西的要求就高了起来。春秋时杰出的政治家、军事家管仲说："仓廪实则知礼节，衣食足则知荣辱。"在古代，人们为不同的礼节仪式设计了不同纹饰的服装，"文"从这里引申指礼仪，过多的礼仪便成了"繁文缛节"，让人感到十分麻烦。

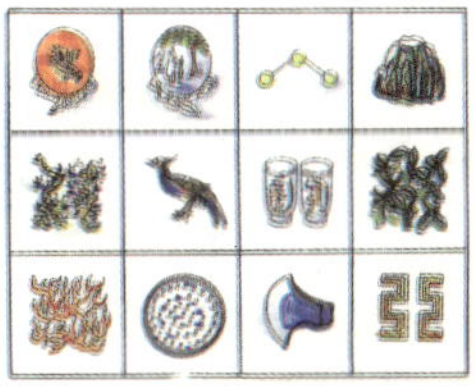

古代帝王的衣服上，绣有日、月、星辰、山、龙、华虫、宗彝、藻、火、粉米、黼、黻12种纹样。根据参加仪式的不同，衣服上的纹样数量不等。

而"文"也逐渐成为偏重于精神层面的一个意义广泛的字，现代汉语词典中这样解释"文化"：人类所创造的财富的总和，特指精神财富，如文学、艺术、教育、科学等，如中国文化。对"文明"的解释与文化相同，我们怎样介绍自己的国家？中国是个文明古国。

谥号中将如下品质归为"文"：经纬天地；道德博闻；学勤好问；慈惠爱民；愍民惠礼；赐民爵位。隋朝开国皇帝杨坚因轻徭薄赋，勤于政事，节俭爱民而谥为"文"帝。他曾对朝臣讲："吾生为民之父母，岂以一衣带水而不拯之乎？"后发兵渡江灭陈，结束了二百多年南北朝分裂战乱局面，可谓文治武功。

在古代，想要为国效力，大致有两条路可以走，或从文，或习武。习武报国讲求的是勇力，是建立战功。"文"是相对"武"而言的，是指非军事的。俗话说："文能安邦，武能定国"，又如"文武双全"，这些词语中的"文"都是指非军事的（才能）。

"文"是治世的，是宽柔的，它由此引申表示柔和、不猛烈的意思。做"气锅鸡"的时候，你须要用"文火"慢慢炖焖，不可急于求成。当我们想形容一位温柔娴静的好姑娘，用"文"字是非常合适的，比如"文雅"、"文静"、"文秀"等等。

字义纵横谈

文化与文明，两者之间是存在着差异的。文化强调的是“化”，是一种动态的过程，富有生机与活力，尤其强调存在于人内心之中的精神内涵，社会的意识形态；文明，强调的是“明”，强调具体的物象的程度、水平和状态。英语中也有类似的区分。文化是culture，词根“cult-”的原义是耕作与培养，强调生态的过程；文明是civilization，词根“civ-”的原始意义是“市民”，强调城邦的建立和城市的概念。文化与文明两者都是人所拥有的，但文明倾向于达到的结果，文化倾向于创造过程中主体拥有的心灵状态。

柏林大学，第一所完整意义上的现代大学。大学不应只是教授职业技能的一种机构，更应该是一个自由探索、自由交流、自由思想、自由表达的空间，它的目的应促进人内心的自由发展。

高度发达的现代人类文明

字中知识：

文房四宝

毛笔：最早的毛笔，大约可追溯到两千多年之前。西周以上迄今尚未见有毛笔的实物，到了东周，竹木简、缣帛上已广泛使用毛笔来书写。湖北省随州市擂鼓墩曾侯乙墓发现了春秋时期的毛笔，是目前发现最早的笔。根据不同的性能需要，笔毫选用不同的动物毛发制成硬毫、软毫、兼毫。笔杆的制作原料广及竹、木、象牙、犀角、牛角、玳瑁、玉、水晶、琉璃、金、银、瓷等。

清代提笔

墨：墨给人的印象稍嫌单一，但却是古代书写必不可缺的用品。借助于这种独创的材料，中国书画奇幻美妙的艺术意境才能得以实现。在人工制墨发明之前，一般利用天然墨或半天然墨来作为书写材料。史前的彩陶纹饰、商周的甲骨文、竹木简牍、缣

明代胡星聚竹节墨。

帛书画等到处留下了原始用墨的遗痕。至汉代,终于开始出现了人工墨品。这种墨原料取自松烟,最初是用手捏合而成,后来用模制,墨质坚实。从制成烟料到最后完成出品,其中还要经过入胶、和剂、蒸杵等多道工序,并有一个模压成型的过程。墨模的雕刻就是一项重要的工序,也是一个艺术性的创造过程。

清·乾隆文溯阁墨

纸:纸是中国古代四大发明之一,为知识文化的传播立下了卓著功勋。没有发明纸以前,人们使用过很多记录文字的材质,如龟甲、青铜、竹、木片、珍贵的丝织制品,但都不理想,直到东汉蔡伦造纸。蔡伦采用树皮、麻头、破布、废渔网为原料,经过泡、煮、晒、打、捞、榨、焙等工艺,成功地制造出了既轻便又经济的纸张。即使在机制纸盛行的今天,某些传统手工纸仍有着不可替代的作用,焕发着独有的光彩。

清·各色笺纸

砚:也称“砚台”,供写字绘画时注水研墨、铺笔舔墨之用。制砚材料中有陶、泥、金属、瓷、石等,以石为主。广东端砚、安徽歙砚、甘肃洮河砚和山西澄泥砚被并称为“四大名砚”。选砚讲究质地细腻、润泽平滑、易发墨而不吸水。

宋·端石抄手砚

识字规律:“文”字,如今既可单用,也可作偏旁,凡从“文”取义的字皆与文饰、文化等义有关。

唐代彩绘文官俑、武官俑

斌 (会意):会文武兼备之意,本义指文武兼备。

后起字,《说文解字》无。

雯 (会意):会成花纹的云彩之意。

后起字,《说文解字》无。

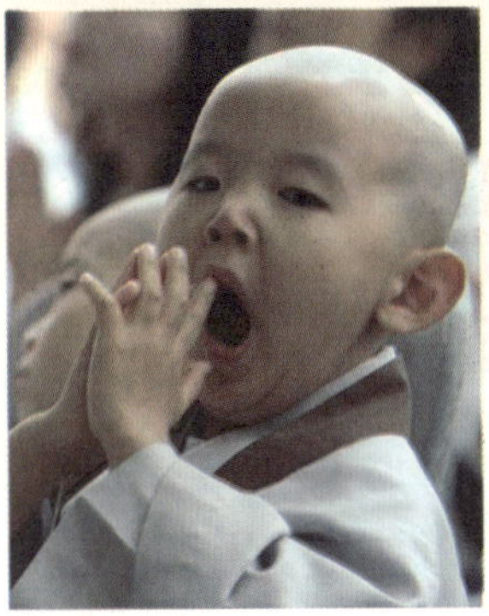

欠

qiàn

甲骨文　　小篆

《说文解字》:"欠，张口气悟也。象气从人上出之形。" 译：欠，张口将壅滞的气舒散出去。像气从人上部出去的样子。

主要词义与词性：❶困倦时张口出气〈动〉：~伸。❷借别人的财物等没有还或应当给别人的事物还没有给〈动〉：~账|~人情。❸不够；缺乏〈动〉：~佳|~妥。

字形构造："欠"是个象形字，甲骨文描摹的是面朝右跪坐着的一个人欠着身，张着大嘴巴打呵气的样子，小篆将口讹为三缕气，表现张口呵出的气体。楷书简化后，就看不出人打呵欠的形象了。

两个不拘小节的僧人，一个在打呵欠，一个在挖耳朵。(泥人张作品)

起源和演变："欠" 的本义就是张口打呵欠。所谓"志倦则欠，体倦则伸"，疲倦了，精神头儿不足了，就会打呵欠，伸懒腰。打呵欠是一种特殊的深呼吸动作，实际上是在身体在疲劳缺氧的情况下发生的保护性的反应，大量吸入氧气，排除体内滞留的二氧化碳。

打呵欠的时候总会展臂伸腰（这样肺部就扩张到超过平常时的容量），"欠"由此引申为身体的一部

京剧《群英会》中蒋干盗得伪造密信，惊讶得欠身观看的情形。

分稍微上移。在商务礼仪中有一个“欠身礼”，你坐在办公桌前工作的时候，有领导、来宾经过你的工作岗位，你微笑问候，欠身致意，然后继续工作。

古人显然并不知道打呵欠的真实原因，他们的认识是感性的，打呵欠要张口出气，气出则不足，“欠”从这里引申表示不足、缺乏，比如“欠佳”、“欠火候”、“欠考虑”等等，又引申指短别人的钱物没有归还或应当给别人的东西没有给，欠的东西可能是钱可能是物，也可能是一个拥抱，一个吻。

有时候责怪一个人“嘴欠”或者“手欠”，这是说他多嘴多舌，乱摸乱动，是反用词义。

细说故事：

万事俱备，只欠东风

《三国演义》中，曹操平定北方后亲领大军南下，迫降刘琮，占领荆州，随后操练水军，积极准备，企图就势攻下东吴。周瑜定计火攻曹操，一切齐备，却忽然想起时值隆冬，只有西北风。如果用火攻，不但烧不着曹操，反而会烧到自己，急得口吐鲜血，病倒在床，但没有人知道他的真正病因。诸葛亮前去探望，谈笑间索来纸笔，屏退左右，密书十六字曰：“欲破曹公，宜用火攻，万事俱备，只欠东风。”“万事俱备，只欠东风”如今用作成语，比喻一切都已俱备，只差最后一个重要条件 。

识字规律：

“欠”字，如今既可单用，也可作偏旁，凡从“欠”取义的字皆与张口出气的行为等义有关。

（会意）：甲骨文从口，从欠（人张嘴呵欠形），会人撮口出气之意。金文将口移到左边。

《说文解字》：“吹，嘘也。从口，从欠。”

爱

ài

小篆

《说文解字》:“爱,行皃(貌)。” 译:爱,行走的样子。

字形构造:“爱”是形声兼会意字。篆文从夂(脚),从㤅(心爱),会心有所系而行走徘徊之意。㤅也兼表声。

主要词义与词性:❶ 对人或事物有很深的感情〈动〉:~祖国|~上了一个姑娘。❷喜欢〈动〉:~游泳|~看戏剧。❸爱惜,爱护〈动〉:~公物|~集体荣誉。❹常常发生某种行为;容易发生某种变化〈动〉:~哭|~笑。

清代华嵒《桃花鸳鸯图轴》

起源和演变:使人类生生不息的就是这个爱!使一个人有生命力、幸福感的也是这个爱!爱,是人发自内心的真挚的感情。一个身心健康的人有生以来就会存在两种愿望,爱与被爱。心得圆满就是两者兼得。

可是,到秦代小篆才见到这个爱字。在秦以前的文字中找不到它。《诗经·国风·周南》:“关关雎鸠,在河之洲。窈窕淑女,君子好逑。参差荇菜,左右流之。窈窕淑女,寤寐求之。求之不得,寤寐思服。悠哉悠哉,辗转反侧。”讲的是爱上一个采荇菜的女子,时时刻刻忘不了,翻来覆去睡不着。爱的深挚一点也不逊于现代人。可是我们从《诗经》

往下读，读《古诗十九首》、《唐诗三百首》、《宋词》的“之死矢靡它”、“誓死不变心”、“一日不见，如三秋兮”、“春蚕到死丝方尽”、“长相思，摧心肝”，这样刻骨的相思，就是不见一个“爱”字，或是爱的表达古今不同，或许古人总不肯当众表达这个爱字吧！

上邪（天啊）！我欲与君相知，长命无绝衰。山无陵（山头），江水为竭，冬雷震震，夏雨雪，天地合，乃敢与君绝。（《汉乐府》）

爱必须是发自内心的，心心要相印，息息要相通。只要生存，此爱不息。无论爱什么“只有二六时中，没有已时者有望”（鲁迅语），这就是爱而不息之意。脚又徘徊什么？爱心所系，眷恋之深，怎能离去？屈原离开祖国，反顾掩涕，一步一回头。放逐之后，他是“惟郢路之辽远兮，魂一夕而九逝”梦魂一晚回去故都九次！最后他叹道“鸟飞返故乡兮，狐死必首丘（朝向出生的小山头）”，这就是爱的徘徊，至死不渝的眷恋。

吴山青，越山青。两岸青山相送迎，谁知离别情？君泪盈，妾泪盈。罗带同心结未成，江头潮已平。（宋林逋《长相思》）

字义纵横谈

“爱”，在英文里称为“love”，有人将它解释为四个单词开头字母的组合：listen（倾听），overlook（宽恕，宽恕对方的缺点与错误），voice（声音，就是要经常表达感激、鼓励与赞美），effort（努力，就是要付出努力、时间去灌溉爱的良田）。

佛

fó

小篆

《说文解字》:“佛,见不审也。”译:佛,看不清楚。

字形构造:“佛”是个形声字,篆文从人,弗声。最初就用作“仿佛”的“佛”。后作为梵文“觉者”音译的略称。

主要词义与词性:❶佛陀的简称＜名＞。❷佛教徒称修行圆满的人＜名＞:立地成~。❸佛教＜名＞:~寺|~家。❹佛像＜名＞:铜~|~殿。

起源和演变:《说文·人部》:“佛,见不审也。”佛(音fú)的本义为看不清楚,用于联绵词“仿佛”,如陶渊明《桃花源记》中讲桃花源:“林尽水源,便得一山。山有小口,仿佛若有光。”就是说找到桃花源入口是一个山崖中的小洞,隐隐约约好像有光。

佛,又读fó,是梵语buddha(佛陀)音译的略称,意思是“觉”、“觉者”,也译作“浮图”、“浮屠”等。觉有三种义:自觉(自己觉悟)、觉他(使众生觉悟)、觉行圆满。

据称,凡夫三项都不具有,声闻(听闻佛陀声教而悟解出家的弟子)和缘觉(独自悟道的修行者)缺后两项,菩萨少最后一项,三项俱全的只有佛。

明代释迦塑像

佛,在小乘佛教中是专对释迦牟尼的尊称。在大乘佛教中的“佛”除了释迦牟尼外,还泛指一切觉行圆满者,大乘佛教认为“众生皆可以成佛”。

字中知识：

如来佛

唐代释迦塑像。佛经上说，释迦牟尼刚生下来就能说话，无人扶持即能行走。他身上发出光明。目光注视四方。举足行了七步，每步地上都出现一朵莲花。然后他右手指天，左手指地，说：“天上天下，惟我独尊。”

释迦牟尼是世奉的佛祖，民间俗称为如来佛，意思是：从如实之道而来，开启真理的人。在历史上释迦牟尼实有其人，是古印度一个小国国王的儿子，他与中国的孔子生活在同一个年代。释迦，是古印度一个部落的名称；牟尼的意思是“仁者”，合起来是“释迦族的圣人”，这是尊称。

他原来叫悉达多。母亲生下他七天后就去世了。成年后，他深感自己的国家有被欺之苦，社会也残酷无情，人生有生老病死和欲望纠缠的苦难，便毅然抛弃王子的享乐生活，出家修行，寻求解脱人间苦难的方法。几年后，三十五岁时，他在一棵菩提树下盘腿打坐，经过七天七夜的冥思苦想，终于豁然开朗，悟出了宇宙、人生的真谛，得到了解脱，悟道成佛。从此他广播佛法传教，于八十高龄之时，在拘尸那加城郊的一片娑罗林中涅槃（佛教中讲的正觉的境界。在此境界，贪、嗔、痴与以经验为根据的我亦已灭尽，达到寂静、安稳和常在）。

释迦牟尼入灭后，遗体火化，佛舍利（遗骨）分给各国使者，建塔供养。他创立的佛教不断传播，发展成为世界三大宗教之一。释迦牟尼也由最初的“觉悟者”，而逐渐被信徒们神化为法力无边、尊贵无比的佛门第一神。

佛教传说佛祖讲经的时候，感动天神，天上纷纷落下花来。这就是“天花乱坠”的由来。佛祖在菩提树下开悟，因此佛教一直都视菩提树为圣树。上图是寺庙旁边的菩提树。

欢喜佛

佛教各派均有佛像，但欢喜佛唯密宗所有，只有藏传佛教寺庙中才有供奉。欢喜佛梵文中称为“无碍”，关于它有一种说法是：降服邪魔，如大威德金刚，形象十分狰狞可怕，象征佛用威猛的力量，以大愤怒、大无畏的气概震慑邪魔。

欢喜佛塑像

大威德金刚塑像

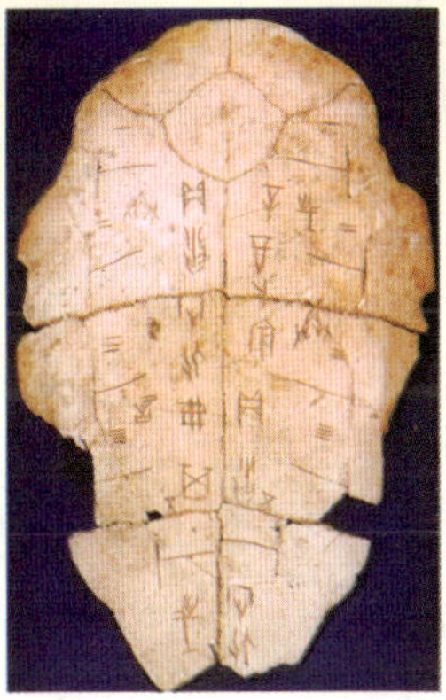

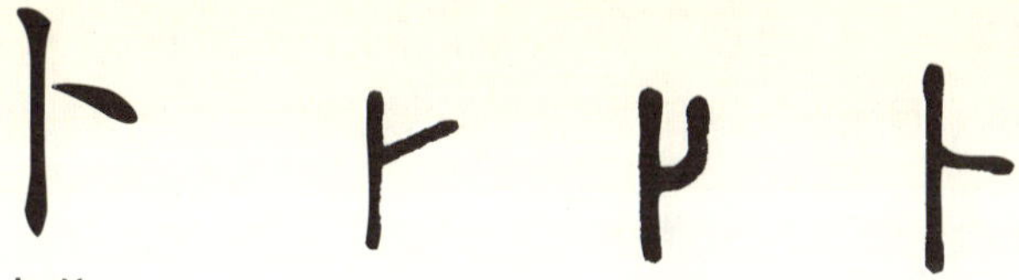

bǔ

甲骨文　金文　小篆

《说文解字》:"卜,灼剥龟也,象炙龟之形。一曰:象龟兆之纵横也。"译:卜,火灼裂龟甲,像火灼龟甲的样子。一说象龟甲灼烧后的裂纹纵横之形。

主要词义与词性: ❶ 占卜〈动〉:~卦|~辞。❷预料〈动〉:预~|存亡未~。

字形构造:"卜"是象形字,像用火烧龟甲或兽骨所形成的横斜交错的裂纹。特别在殷商之时,凡是年成的丰歉、战事的胜负、天气的阴晴等必先占卜。烧甲骨是要根据那上面呈现出来的裂纹来预测吉凶福祸。

起源和演变:人总是想着能预测未来。中国商代最风行的方法是用甲骨占卜,所以"卜"的本义是烧灼龟甲以占卜吉凶祸福。《诗经》里面说的"尔卜尔筮(shì),体无咎言"。("筮":用蓍草占卜。体:卦兆。咎:凶。这里是说占卜的婚姻没有凶兆。)

占卜是预测,"卜"字又引申为预料。唐代李商隐《马嵬》诗"海外徒闻更九州,他生未卜此生休"。诗讽唐明皇一代杰出帝王有生之日不能保住爱

楚辞里有《卜居》一篇,记述了屈原遭谗被逐后,向太卜询问自己应当怎样做人、处事的事。

人贵妃一命，还预卜什么来世的生生世世为夫妻呢！“生死未卜”就是生死都难以预测。“未卜先知”则是称赞一个人有预见。“卜”字又引申出了选择的意义，“卜居”就是选择定居，“卜邻”就是选择邻居。

卜　辞

古人在占卜后，在甲骨上把占卜的时间、事情、结果等情况记载下来的文字就是“卜辞”。卜辞文字简洁古奥，也就是甲骨文。卜辞最早出土于商代都城安阳，是清光绪二十五年(1899)北京的王懿荣到药店买“龙骨”(中药名，就是古代大型哺乳动物，如象类、犀牛类、三趾马等的骨骼化石)时无意中发现的，孙诒让最早解释卜辞，著了《契文举例》，后来的刘鹗、罗振玉、王国维等人相继研究。安阳出土的卜辞记录了从盘庚迁殷到纣亡的二百七十三年历史，四千六百多片甲骨，可识的已有一千七百多字。这是一个研究古代文化和文字的宝藏。

卜算子

唐代骆宾王做诗喜欢用数字，人称他为“卜算子”，后来就用为词牌名了。南宋大诗人陆游的《卜算子·咏梅》颇为有名，兹录如下：

驿外断桥边，寂寞开无主。
已是黄昏独自愁，更著风和雨。
无意苦争春，一任群芳妒。
零落成泥碾作尘，只有香如故。

识字规律：“卜”，如今既可单用，也可作偏旁。凡从“卜”取义的字皆与占卜活动等义有关。

占

(会意)：从卜，从口。以口问卜就是占。本义指察看甲骨的裂纹或蓍草排列的情况推测吉凶。

《说文解字》：“占，视兆问也。从卜，从口。”

示

shì

甲骨文　　金文　　小篆

《说文解字》:“示,天垂象,见吉凶,所以示人也。从二;三垂,日月星也。观乎天文,以察时变。示,神事也。”译:示,上天垂下天文图象,体现(人事的)吉凶,是用来显示给人们看的东西。从二(代表天上),三竖笔,分别代表日月星。(人们)观看天文图象,用来考察时世的变化。示,就是神事。(析形不确)

字形构造:“示”是个象形字。甲骨文像用两块石头搭起的简单祭台形。金文把甲骨文的底座变为“小”,表示供桌的支架。小篆、楷书的形体与金文基本一致。

主要词义与词性:把事物摆出来或指出来让人知道〈动〉:告~|指~|显~。

起源和演变:“示”的本义是上古人祭祀祖先与鬼神时所使用的祭台,就是供桌或香台子。祭祀在古人来讲是头等大事,他们以此表示崇敬,祈求指引和保佑。“示”被看作祖先或鬼神的依附之物,人们将它放在宽大的庙宇当中,最终成为神灵的象征。

由于缺乏科学知识,各种自然天象被认为是神灵对于人事的所表现出的态度,“示”于是引申表示“垂示”的意思。神明显灵,向人们垂示吉凶。《三国演义》第八十回曹丕篡汉时便授意一班文武前去劝汉献帝禅位,作为魏取代汉的有力依据之一

龙、凤、麒、白鹿,都是历代君主喜爱的“符瑞”,只有承天景命,国泰民安的时候才出现。

的便是"上天示瑞"——上天显示出祥瑞之兆，凤凰麒麟出现了，甘露下降，嘉禾丰茂……

唐太宗像

由"垂示"的意思，"示"进一步引申泛指把事物拿出来或指出来让人知道，比如"表示"、"展示"、"暗示"、"示范"等，在《史记·廉颇蔺相如列传》一篇中，蔺相如将何氏璧呈献给秦王，秦王非常高兴，却没有把城邑酬报给赵国的意思，蔺相如于是上前说："璧有瑕，请指示王。"这里的"指示"是指出来让人知道的意思。至于我们常常向上级请求"指示"，那是上级对下级的指导和命令。

贞观年间，有白鹊在唐太宗寝殿前的槐树上筑了两个巢，两巢相连，形若合欢。朝臣们认为这是有凤来仪，都向唐太宗拜舞称贺。唐太宗说："我常笑隋炀帝喜欢祥瑞之兆，天下都要亡了，还不断有人向他报告祥瑞。如果说有祥瑞，国家得贤任能才叫祥瑞，几只鸟儿，两个巢穴，算什么祥瑞？"命人毁其巢，鹊放于野外。

孔子曰："依我磬声，天地祥瑞。"唐太宗每日"击磬问政"，寒暑不辍。

字中知识：

说"福"

翻开《说文》，示字下面可见"祈"、"祝"等一系列字，都是为求"福"的字。千百年来，人人求福，但说解不一。

韩非子认为"全寿富贵谓之福"。古书中所说五福是：一为寿，二为富，三为康宁，四为修好德，五为考终命。

再看看明代张潮在《幽梦影》里如何说："有工夫读书，谓之福；有力量济人，谓之福；有学问著述，谓之福；无是非到耳，谓之福；有多闻直谅之友，谓之福。"（多闻、直、谅之友，出于《论语·季氏》，原文是"友直，友谅，友多闻，益矣"。意思是说，使人受益的朋友有三种。同正直的人交朋友，同诚实的人交朋友，同博学多识的人交朋友，可以受益。）

阿　福

识字规律：“示”，如今既可单用，也可作偏旁。用作偏旁时写作“礻”。从“示”的字有三种情况：与神有关，与祭祀有关，与福祸之事有关。

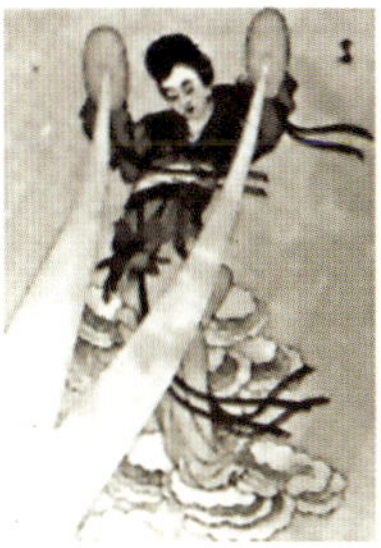

电母(闪电娘娘)

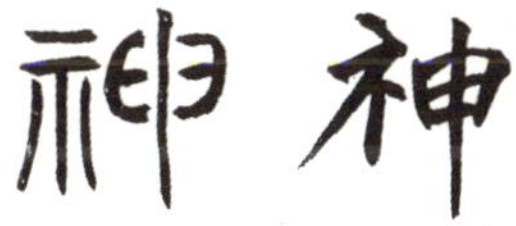

《说文解字》：“神，天神，引出万物者也。从示申。”

(会意)：从示，从申。“申”是“神”的本字，在甲骨文中像天空中的闪电形。古人以为闪电变幻莫测，威力无穷，是神灵的表象。后另加义符“示”表示神灵。(古代“神”指天神，祇qí指地神。)

土 地 神

(会意)：从示，从土。本义指土地之神。

《说文解字》：“社，地主也。从示土。”

(形声)：从示，斤声。本义指向上天或神明求福。

《说文解字》：“祈，求福也。从示，斤声。”

一位蒙古大叔拿来牲肉正准备祭祀。

(会意)：甲骨文字形，左边是牲肉，右边是“又”(手)；中间像祭桌。表示以手持肉祭祀神灵。本义指祭祀。

《说文解字》：“祭，祀也。从示，以手持肉。”

(形声)：从示，羊声。本义指凶吉的预兆，后多指吉兆。(其实古人把羊就当作吉祥的象征，《说文》中说：“羊，祥也。”)

《说文解字》：“祥，福也。从示，羊声。”

五 动物

春秋青铜龙

龙

龍

lóng　　甲骨文　金文　小篆　繁体楷书

《说文解字》:“龙,鳞虫之长。能幽,能明,能细,能巨,能短,能长;春分而登天,秋分而潜渊。”译:龙,有鳞甲的动物的首领。能使天地幽暗,能使天地光明,能变细,能变大,能变短,能变长。春分登上天空,秋分潜入深渊。

字形构造:“龙”字是个象形字。甲骨文已经形象地表现出了龙的形体。金文的龙有角,角下头张巨口,露出了锋利的牙齿,龙身有回旋飞动之态。小篆是由金文演变而来,线条化了。繁体楷书的写法和小篆基本相同。

主要词义与词性: ❶我国古代传说中的神异动物,身体长,有鳞,有角,能走,能飞,能游泳,能兴云降雨〈名〉。❷古代帝王的象征,也把龙字用在帝王使用的东西上〈名〉:~颜|~袍|~床。❸形状像龙的或装饰有龙的图案的〈形〉:~舟|~灯。

起源和演变:“龙”字的本义,是指古代传说中一种能兴风作雨的神奇动物,它是中华民族共同崇拜的图腾,象征着慈善、力量、丰收和变化。龙是人们想象出来的动物,是由许多不同的动物图腾糅合而成的一种综合体。根据一般的观点,龙的角像鹿的,头像骆驼的,眼睛像野兔的,颈像蛇的,肚子像蚕的,鳞甲像鲤

北海九龙壁(局部)

这只玉龙是新石器时代红山文化的作品。玉龙用墨绿色玉制成,琢磨精细,具有相当高的艺术价值,是我国发现的最早的龙的形象之一。

鱼的，爪子像鹰的，手掌像老虎的，耳朵像牛的。它能随心所欲地变化，变小的时候如同蚕，变大的时候充塞天地，或明或暗，或隐或现。它冬天的时候蜷缩在水底休眠，春天来临便飞上天空，为久渴的大地洒下甘霖。它被奉为万物生灵之首，传说中华民族的祖先黄帝就是龙的化身，我们于是也名正言顺地成为了龙的传人。

1986年国庆天安门广场上用金黄色的菊花组成的十多米长的龙。象征着中华民族正如巨龙一样昂首腾飞。

清朝皇帝的龙袍

龙象征着中国和皇权，历朝历代的帝王都称自己是“应天承运”的“真龙天子”，以使自己的地位合法化。于是皇帝周围的一切总是以龙冠名，带有龙的标记，龙床、龙袍、龙辇、龙舆，北京故宫的最大的建筑太和殿建在八米高的汉白玉台基上，台基分上、中、下三层，汉白玉围栏的望柱上雕刻着云龙纹图案。一条双龙戏珠纹御路直上大殿，大殿正中是一个约两米高的朱漆方台，上面安放着金漆雕龙宝座，背后是雕龙屏。方台两旁的六根高大殿柱被贴上黄金，每根柱子上都有一条巨龙，从六根金柱当中向上望去，藻井上有一条蟠龙，蟠龙口衔一球（球为铜胎中空，外涂水银）。此球叫轩辕镜，传说是远古时代轩辕黄帝制造的，将它悬于宝座上象征着江山正统。

双龙戏珠纹御路

太和殿宝座上方的金漆蟠龙衔珠藻井

太和殿中的金漆雕龙宝座，是至高无上的皇权的象征。

“画工须画云中龙，为人须为人中雄。”这是辛亥革命先烈秋瑾女士所写的诗。龙常与虎搭配，用来比拟不凡之人、豪杰之士，比如成语“龙虎风云”比喻英雄豪杰际遇得时，“卧虎藏龙”则比喻潜藏的人才。

在实际生活中，人们经常用一种事物来描述与其形貌相似的事物，龙也不例外。一种由我国流传到世界的方形板叶链式抽水车称为“龙骨车”，自来液体管道上的活门儿称为“龙头”，排得很长的队伍称为“长龙”，还有飞沙走石、足以把汽车和房屋卷上天空的空气大漩涡，因为看上去像一条摇摆飞腾的巨龙，人们称它作“龙卷风”。至于中生代最为繁盛的神秘的爬行动物恐龙，也是因为它的形貌与“龙”有很多相似的地方，所以当地质学和古生物学从西方传入的时候，译者将这类爬行动物译为恐龙，然而它的英文名字dinosaur，实际的含义是“可怕的蜥蜴”。当然，也有学者提出蛇、鳄鱼、蜥蜴等爬行动物就是人们想象中的“龙”的原型。

繁华的都市街道排着长长的车龙。

龙 卷 风

恐龙这庞然大物曾经主宰了地球1.5亿年，大约在6500万年前灭绝。灭绝原因迄今无定论。

字义纵横谈

“龙”在中译英时被翻译为dragon。但是在英文中，“dragon”是邪恶的有翼怪物，还有“凶暴的人，悍妇”等含义。在西方绘画中，dragon的身躯庞大笨拙，颜色黑灰，长着巨大的翅膀，口中吐火，吞噬人和动物，丑陋而恐怖，和中国的龙完全两样。中国人在西方人面前自称 “Descendants of the Dragon”(龙的传人)，实际上是有损于形象的。近来一些学者专家建议将“龙”译作Loong。英文中对“龙”字的音译是“Loong”，中国人姓名中的“龙”字都翻译为“Loong”，例

被称为“Loong”，是有比较广泛的使用基础 Loong”。在很多涉及龙的文字中，“龙”也的确被称为“loong”，是有比较广泛的使用基础的，也符合海外华人的习惯。

意大利文艺复兴时期著名画家拉斐尔作品《圣乔治与龙》，画中的龙肆虐庄园，是邪恶的象征。

字中知识：

龙形象中的中国古代社会脉络

龙的图腾形象自原始社会后期形成后，随着岁月的流转，形象也在变化和发展，政治的兴衰、朝代的更替、人世的沧桑，历史的沿革都在龙的形象塑造上留下了或深或浅的痕迹。

商代玉龙

在商代，龙还是人们幻想中的形态怪异的神兽，它神秘、深沉、雄健、威慑四方，甚至带有一种犷悍的美。折射出人们对于神秘大自然界的崇拜敬畏和对宗教的虔诚与祈愿。

周代青铜器上的龙纹

周取代商以后，吸取了商灭亡的教训，提倡以仁义礼教治理天下，周代龙的形态减少了张扬和狞厉，变得比较平和，更趋于艺术化与图案化。

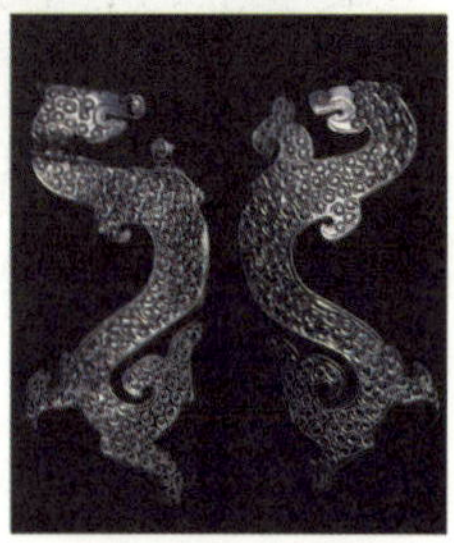

战国双龙玉佩

春秋以降，礼崩乐坏，政治上群雄割据，学术上百家争鸣，龙的形象也呈现多样性，不单出现在礼器物上，成为了日常很容易见到的吉祥图案，生动、活泼、质朴粗犷，体现出旺盛的生命力。

汉代青龙瓦当

自秦汉始，龙包含着两种寓意：祥瑞和皇权。皇帝被说成是真龙天子，《史记》中称秦始皇为“祖龙”，说刘邦“隆准而龙颜”。龙常被绘成行走状，呈现出兽形，线条雄健优美、简洁夸张，气魄豪迈，给人似欲腾飞，翱翔天际的飞动之感。

秦汉之后，龙的形象和风格更加艺术化与世俗化，如南北朝时期的南朝，龙的形象往往是傲骨嶙峋、恣肆随意；而北朝则雄伟刚健，简练传神，与当时的社会生活背景相吻合。

龙的形象到唐宋已基本成型。唐代的龙体态丰满、纹饰华丽、生机勃勃，宋代的龙体态灵健、穿花嬉水，气质雅俊却玩世不恭，少了唐代的气魄。

唐代青瓷蟠龙罂

元代继宋代的流风余韵，龙的艺术形象更为完善，也更为世俗化和规范化。与宋龙相比，元代的龙形象更趋一种协调和审美情趣的追求，这与龙图案在民间的普及分不开。

元代石雕龙

明、清两代帝王加强了对龙的垄断，帝王在衣食住行各方面都尽力以龙为饰，龙的形象张牙舞爪，须发皆张，威严可怖，以突出帝王的权威。然而龙的神情日益呆板，渐觉苍老。

明代青花龙纹盖罐

字中知识：

龙生九子

在中国传统文化中，有龙生九子的说法。龙的九个儿子都没有成龙，它们各有名姓，虽然是亲兄弟，但是各有各的模样，各有各的性格和爱好。请看：

赑屃

赑屃（bìxì），长得很像乌龟，最喜欢背负重物。相传上古时它常背起三山五岳兴风作浪。后被大禹收服，为大禹治水立下汗马功劳。治水成功后，大禹就把它的功绩让它自己背起，故中国的石碑多由它背起的。

鸱吻（chīwěn），最喜欢四处眺望，常饰于屋檐上，同时也有祈求降雨和消防的功能。

鸱吻

饕餮

饕餮（tāotiè），最贪吃，样子似狼，多见于青铜食器上。又因它能喝水，所以古代也将它刻在桥梁外侧正中，防止大水将桥淹没。据民间传说，这种怪兽贪吃无厌，把能吃的都吃光了以后，最后竟然吃了自己的身体，到最后吃得只剩一个头部，所以落下个“有首无身”的名声。

睚眦

睚眦（yázì），龙身豺首，性刚烈，怒目而视，双角向后紧贴背部，嗜杀喜斗，刻镂于刀环、剑柄等兵器或仪仗上起威慑之用。

狴 犴

狴犴(bì'àn),平生好讼,憎恶犯罪,能明辨是非,秉公断案,它的形象威风凛凛,常装饰在牢狱的门楣上。

狻 猊

狻猊(suānní),是狮子的别名,传说中龙生九子之一。性好烟火,好坐,形象一般出现在香炉上,随之吞烟吐雾。

趴蝮(bāxià),最喜欢水,伴水而居,常饰于桥上。

趴 蝮

椒 图

椒图(jiāotú),样子像螺蚌,生来孤僻自闭,最反感别人进入它的巢穴。因为这样的性情,它就成了古代宫廷、官府大门上的装饰物。你看它口衔门环,虎视眈眈,什么妖魔鬼怪都不敢破门而入了。

蒲牢(púláo),最喜欢音乐和吼叫,常饰于大钟的钟钮上,助其鸣声远扬。

蒲 牢

细说故事：

画龙点睛

张僧繇是南北朝时期的著名画家，擅长画人物肖像画和宗教画。张僧繇绘画的一个特点，就是讲究逼真。

以“画龙点睛”为题材的瓷器画。

在《宣和画谱》中，就记述了一个张僧繇画出的龙成为真龙的故事。据说，张僧繇曾经给金陵的安乐寺作壁画。他在墙上画了四条龙，一条条张牙舞爪，鳞甲俱全，只是每条龙上都没有眼睛。旁观的人感到很奇怪，便问他为什么不给龙画眼睛。张僧繇回答说，我不是不想画眼睛，而是不敢画，如果画上了眼睛，它们就要飞走了。

旁观的人都表示不相信，于是，张僧繇只好给其中的两条龙画上眼睛。张僧繇刚给第二条龙画好眼睛，只听霹雳一声，这两条龙都破壁飞上了天。

成语“画龙点睛”现在比喻绘画、作文在紧要之处加上一笔，使其灵活有神。

识字规律：

“龙”字，如今既可单用，也可作偏旁。凡从“龙”取义的字皆与龙或长龙形之物等义有关。

石　龛

龛（形声）：本义是龙的样子。引申指供奉佛像或神位的石室或小阁。

《说文解字》：“龛，龙貌也。从龙，合声。”

庞（会意兼形声）：本义指高大的房屋。从广（敞屋）从龙会意，龙也兼表声。

《说文解字》：“庞，高屋也。从广，龙声。”

凤

fèng

  鳳

甲骨文　金文　繁体楷书

字形构造：“凤”是个形声字。甲骨文左边描绘了一只凤的样子。我们看到了面朝左的有冠羽的凤头，看到了长而美丽的尾巴，看到了爪子。右边是表读音的“凡”。小篆把“凡”字上移，并括住了下面的“凤鸟”。楷书由小篆演变而来，简化文字后变成了仅有四画的“凤”。

《说文解字》：“凤，神鸟也。天老曰：凤之象也，鸿前麟后，蛇颈鱼尾，鹳颡鸳腮，龙文虎背，燕颔鸡喙，五色备举。出于东方君子之国，翱翔四海之外。过昆仑，饮砥柱，濯羽弱水，莫宿风穴。见则天下大安宁。” 译：凤，神鸟。黄帝的臣子天老说：凤鸟的样子，前面像鸿雁，后面像麒麟；蛇一样的颈项，鱼一样的尾巴；鹳鹊一样的额头，鸳鸯一样的腮帮；龙一样的花纹，虎一样的背；燕一样的下颏，鸡一样的嘴；五色全都具备。出产于东方君子的国度，翱翔在四海之外。飞过昆仑山，到黄河的砥柱饮水，在弱水洗濯羽毛，日暮宿止在风的洞口。一出现，天下就大安宁。

主要词义与词性：凤凰<名>：龙～｜鸾～。

起源和演变：凤，是中国古代传说中的神鸟，被认为是百鸟之王。

凤，又叫凤凰，严格说来，凤与凰是有区别的，《诗·大雅·卷阿》中云：“凤皇（凰的古字）于飞，翙翙（huì，众多的样子）其羽。”传注说：“凤皇，灵鸟仁瑞也。雄曰凤，雌曰皇。” 雄性的称为凤，雌性的称为凰。

至于凤的原型是什么，有学者说是孔雀，有的认为是锦鸡，众说纷纭，实则凤是中国人理想化的集禽鸟众美之大成的图腾。

商代玉凤

《尚书·益稷》中，可见关于凤的较早的记录。其中叙述大禹治水成功后，舜帝举行庆祝盛典，由夔主持音乐，群鸟群兽在仪式上载歌载舞。最后，一对凤凰也来了，随着变化多折的音乐双双起舞，所谓“《箫韶》（乐舞名）九成（奏乐时要变更九次才结束），凤皇来仪”。看来早在远古的朝代，凤凰就作为象征吉庆的神鸟了。

因此，以“凤”为修饰的词，大都与吉祥、美好等义有关，如“凤德”即指美好的品德，“凤藻”则指美丽的文辞。

唐代鎏金双鸾戏珠菱形纹盘。鸾，是传说中凤凰的一种。

凤既作为祥瑞的象征，古人认为时逢太平盛世，便有凤凰飞来。凤凰的出现也象征着“圣王”将要出世。孔子为了恢复礼制而辛苦奔波了一生。到了晚年，看到周礼的恢复似乎已经成为泡影，故而哀叹道：“凤鸟不至，河不出图（传说上古伏羲氏时代，黄河中有龙马背负八卦图而出），吾已矣夫！”（凤鸟不来了，黄河中也不出现八卦图了。我这一生也就完了吧！）

元代《织成仪凤图》（局部），表现的是百鸟朝凤的景象。这幅名贵的巨制，经历代递藏，保存完好，入清后为宫廷所宝。

“凤”字因此又引申指代有圣德的帝王或人。中国历史上第一个被尊称为“凤”的贤人，就是大教育家、哲学家、思想家孔子。又相传凤凰非梧桐不栖，后来就以凤凰的这种习性来比喻贤才择主而侍；这样的君子风范在姜子牙、诸葛亮等贤臣身上都能找到影子，他们在没有遇到“梧桐树”前宁愿做一个平凡的钓者耕者。

凤这种瑞鸟身为百禽之首，雍容华贵，美丽大方，它与龙一起构成了中国传统的龙凤文化，在与龙的搭配中，凤更多的时候用来表示雌性。龙作为帝王的象征，凤则作为后妃的象征。如“凤冠”是指后妃的帽子，“凤舆”则指后妃乘坐的车轿。

明神宗孝靖皇后嵌珠宝凤冠

字中知识：

颠龙倒凤

封建社会等级制度极为森严，龙象征至高无上的帝王，凤依附于龙，象征后妃。如果一同用于装饰，通常都是龙在上，凤在下，不然就是大逆不道的重罪。

然而这样的规矩在清朝慈禧太后大权独揽时却发生了改变，清末一些宫廷瓷器、衣装、屏风等物品的花纹竟然出现了“凤在上，龙在下”的图案，虽然没有大规模生产，但也充分显示了这位“无冕女皇”的内心世界。

隆恩殿前的丹陛石

最著名的莫过于清东陵慈禧太后陵隆恩殿前的丹陛石了。上雕凌空的丹凤，下雕腾水的蛟龙，这种凤上龙下的图案，在现存清代的丹陛石中是绝无仅有的。它让人联想到慈禧太后视权如命、飞扬跋扈的人格特点，以及在她统治之下中国长达四十八年的悲惨而黑暗的社会状况，可谓触目惊心，令人感慨良多。

慈禧像

细说故事：

凤求凰

卓文君

司马相如，字长卿，四川成都人，是西汉时大辞赋家。据《史记·司马相如列传》记载，司马相如少时好读书、学击剑，曾被汉景帝封为“武骑常侍”，后来借病辞官，客游于梁孝王门下，居数岁。后梁孝王去世，他便回到家中。因为家贫无以自存，投奔临邛县令王吉。

临邛县有富豪卓王孙，设宴邀相如，相如本不想去，但盛情难却，便前往赴宴，满座倾慕。

卓王孙有个女儿叫文君，刚守寡不久，很喜欢音乐，司马相如佯装与县令相互敬重，而用琴声暗自诱发文君的爱慕之情。（据《史记索隐》载，司马相如所配曲辞曰：“凤兮凤兮归故乡，游遨四海求其皇，有一艳女在此堂，室迩人遐毒我肠，何由交接为鸳鸯……”）卓文君从门缝里偷偷看他，心中高兴，特别喜欢他，又怕他不了解自己的心情。宴会完毕，相如托人以重金赏赐文君的侍者，向她转达倾慕之情。卓文君随后乘夜逃出家门与相如私奔。

吹箫引凤

明代仇英《吹箫引凤图》

西汉刘向《列仙传》载：萧史者，秦穆公时人也。善吹箫，能致孔雀白鹤于庭。穆公有女，字弄玉，好之（喜欢箫史和他的箫声），公遂以女妻焉（把弄玉嫁给他）。日教弄玉作凤鸣，居数年，（弄玉）吹似凤声，凤凰来止其屋。公为作凤台，夫妇止其上，不下数年（夫妇在上面几年没有下来）。一旦（一天），皆随凤凰飞去。故秦人为作凤女祠于雍宫中，时有箫声而已。

虎

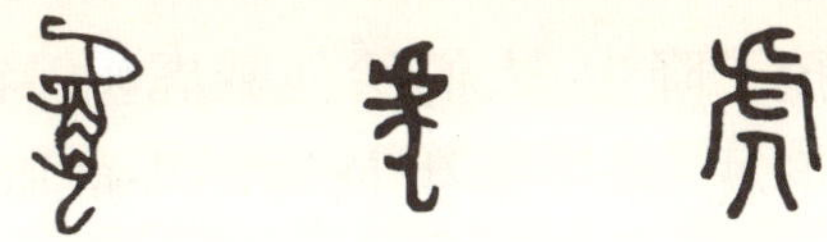

hǔ　　甲骨文　　金文　　小篆

《说文解字》:“虎,山兽之君。象形。”译:虎,山中野兽的君长。象形。

主要词义与词性: ❶亚洲产的大型食肉类哺乳动物,毛色黄,有黑色斑纹,性凶猛,听觉嗅觉都很敏锐,四肢强大有力,夜间出来捕食〈名〉。❷比喻勇猛威武〈形〉:~将|~~有生气。

字形构造:“虎”字是个象形字。甲骨文是头朝上、尾朝下、腿朝左的一只虎(将老虎的形象竖置主要是为了书写时字句整齐美观),身上有花纹。金文的形体更为简约,但还能看出虎的形象。小篆整齐化,就不太像虎了。

战国时期的双翼虎,让我们想起了成语“如虎添翼”。

起源和演变:“虎”的本义就是指老虎,它的额头上的几条黑纹,看来颇像汉字中的“王”字,其实也是名副其实的丛林之王。这种动物行走时从容自信,行动时凶猛果敢,小的时候憨态可掬,成熟以后谨慎多疑,它善于游泳,但是不会爬树。

中国人深爱老虎的勇猛和力量,欣赏它的矫捷与俊美。《易经》中说:“云从龙,风从虎。”虎与中华民族的图腾“龙”相对应、相结合,龙腾虎跃,无论天上地下，永远象征着生机、雄伟与强盛。每当男孩子降生，人们给他戴虎帽，穿虎头鞋，睡虎形枕，希望他生长得虎头虎脑，长大以后为人做事生龙活虎。中国人还习惯把虎画贴在自家的大门上，期望虎的阳刚威猛能帮助驱走恶魔鬼魅。

戴虎帽，穿虎鞋的"阿福"煞是惹人喜爱。

虎还一直被用于象征军人的勇敢和坚强，虎将、虎臣、虎士、虎师、虎威、虎步等等词语，读上去就有一种不凡的气势。古代调兵遣将的兵符被做成虎形，称为虎符。

民间布艺"老虎的一家"

秦代虎符

然而人们并不能与虎亲密无间，老虎伤及人畜的事件屡见不鲜，这又让人对老虎感到恐惧和不安。虎口逃生的人讲述着老虎的可怕，老虎的凶狠和不近人情被不时地强调，用心险恶的人被形容为包藏虎狼之心，给坏人做帮凶称为虎作伥，因为纵容敌人而给自己留下后患叫做养虎遗患。

商代虎食人卣(yǒu，酒器)

京剧《武松打虎》剧照

于是历史和故事传说中出了很多打虎英雄。其中最有名的是"武松打虎"，他在酩酊大醉的时候遇到一只老虎，这只老虎长期在一个很广大的地区危害百姓，武松赤手空拳地打死了它，受到当地官员百姓的隆重嘉奖。

人们对于虎的感情曾经是复杂的，然而今天更多的是珍惜、欣赏和关爱，在中国文化众多的灵兽中(诸如龙、凤、麒麟、龟等)，虎是真实存在并且融会中国精神和中国文化最深的。

字义纵横谈

虎虽然只存在于亚洲，但欧美人也用它来比喻凶猛强悍的事物。英文行文中出现“the tiger”，不一定是实指老虎，有些情况下是指凶悍的人。“飞虎队”在中国家喻户晓，它的正式名称是“中国空军美国志愿援华航空队”，成立于1941年8月，创始人是美国飞行教官陈纳德。因为飞机头部绘有鲨鱼头而被中国百姓称为“插着翅膀的老虎”，陈纳德欣然接受了这一称谓，将部队命名为“飞虎队”(Flying Tigers)，以“插翅飞虎”为部队队徽。“飞虎队”在中国作战期间，击落、击毁日机2600架，击沉或重创223万吨敌商船、44艘军舰、1.3万艘100吨以下的内河船只，击毙日军官兵6.67万名。数百名美国飞行员在战斗中壮烈牺牲，长眠在中国的土地上。

著名画家张善子被飞虎队的勇猛感动，画下《飞虎图》，赠与陈纳德将军。该画现藏于美国国家博物馆。

“飞虎队”队徽

中国士兵守卫着“飞虎战机”

字中知识：

虎的生存发展史

虎的故乡在中国，曾经广泛生存于中国中南部的华南虎，被认为是所有老虎共同的祖先。后来老虎的种群逐渐扩散迁移，北到西伯利亚，西到伊朗北部和高加索南部，向南则由华南进入中南半岛，之后分成两股。一股继续向南，沿马来半岛南下，渡过狭窄的海峡，分别登上苏门答腊、爪哇、巴厘等岛。另一股

华南虎，又称“中国虎”，仅存于中国，是中华儿女勇猛、威武、高雅、祥瑞的象征。

向西，通过缅甸、孟加拉而进入印度，直抵印度半岛南端。

根据地区的不同和发展史的差异，老虎被分为8个亚种，即东北虎(西伯利亚虎)、华南虎、孟加拉虎、印支虎、苏门答腊虎、巴厘虎、里海虎、爪哇虎。后三种分别于上世纪相继灭绝。

2004年8月23日，为配合联合国“世界最濒危动物保护大会”在北京召开，国家邮政局特发行《华南虎》特种邮票。

中国曾经是世界上产虎最多的国家，东北山区以及华南、华东和华中的广大山林地带，都遍及着老虎的踪迹。因为人类的滥伐森林和大规模的捕猎，虎的生存空间越来越小，生存条件日益恶劣，分布范围及数量急剧衰减。野生东北虎和野生华南虎在我国濒临绝迹，为数不多的幸存者被人工饲养在动物园中。

东北虎，又称“西伯利亚虎”，野生东北虎如今只存于俄罗斯境内。

这种美丽华贵的动物即将从我们的视野中消失，而且一旦灭绝，永远都不可能重新出现。如今，越来越多的人投入到拯救老虎的活动中，相信在人们的重视与帮助下，老虎终会有傲啸丛林、重振雄风的一天。

细说故事：

狐假虎威

《战国策·楚策一》中讲了这样一个故事：当楚国最强盛的时候，楚宣王曾为了当时北方各国都惧怕他的手下大将昭奚恤而感到奇怪。因此他便问朝中大臣，这究竟是为什么。一位名叫江乙的大臣对楚王说：“老虎以百兽为食，有一天，它逮到了一只狐狸。狐狸对老虎说：‘你不敢吃我！天帝派遣我来掌管各种野兽，现在你吃掉我，是违背天帝的命令。如果你认为我说的话不属实，我在你前面行走，你跟随在我后面，观看各种野兽看见我有敢不逃跑的吗？'老虎认为狐狸说的也有道理，于是就和它一起走。野兽看见它们都逃跑了。老虎不知道野兽是害怕自己而逃跑的，认为它们是害怕狐狸。"

江乙给楚王讲这个故事是为了告诉楚王，北方的国家畏惧昭奚恤实际上是畏惧楚国的强大，就像百兽畏惧老虎一样。如今我们用"狐假虎威"来比喻依仗别人的势力来恐吓人。

识字规律："虎"字，如今既可单用，也可作偏旁。凡从"虎"取义的字皆与虎类动物等义有关。

唬（会意兼形声）：从虎，从口，会虎开口吼叫意，虎亦声。本义为虎吼。

后起字，《说文解字》无。

彪（会意）：从虎，从彡（shān），会虎身上的花纹之意。

《说文解字》："彪，虎文也。彡象其文也。"

龟

guī

甲骨文　金文　小篆　繁体楷书

字形构造：“龟”是个象形字。甲骨文像侧视的一只乌龟的样子，有头有壳有腿有爪，惟妙惟肖。金文是龟的俯视图。小篆由甲骨文演变而来，也是龟的侧视图。繁体楷书与小篆很相似，笔画繁多，书写不便，简化文字后写作“龟”。

《说文解字》：“龟，旧也，外骨内肉者也。从它(它就是蛇)，龟头与它头同。天地之性，广肩无雄；龟鳖之类，以它为雄。像足、甲、尾之形。”译：龟，年岁长久。外面是骨头，里面是肉的动物。从它，龟的头与蛇的头相同。龟的天性是，宽肩的动物，没有雄性；乌龟与甲鱼之类的动物，用蛇作为雄性。像脚、背甲、尾巴的形状。

主要词义与词性：爬行动物的一科，身体长圆而扁，内部隆起，有坚硬的壳，四肢短，趾有蹼，头和尾、四肢能缩入壳中<名>。

起源和演变：龟类的寿命很长，有的可达三百多年，在古代，人们非常崇拜和羡慕龟的长寿，任昉《述异记》中说：“龟一千年生毛；寿五千岁，谓之神龟；寿万年，谓灵龟。”龟被视为灵物，人们认为它身上具备着某种神秘的禀赋，在神话传说中它曾献出自己的腿给补天的女娲作为擎天之柱，也曾帮助大禹驮运“息壤”制服洪水。它列为四灵(龙、凤、麟、龟)之一，是这四种灵物中唯一在自然界真实存在的。

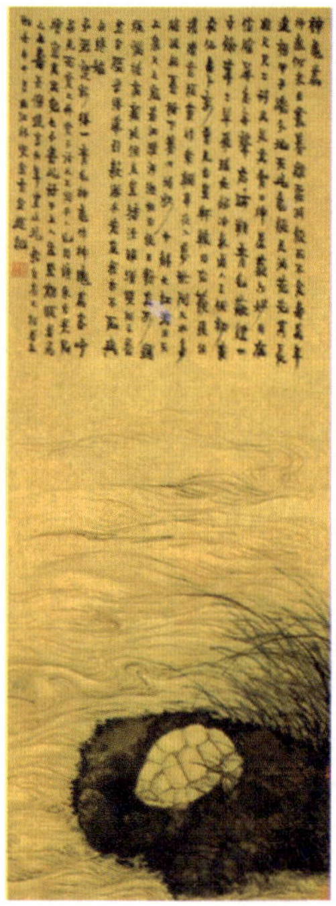

清代蔡嘉的《神龟图》，从龟厚厚的龟甲来看，它一定活了不少岁数了。

汉代玄武瓦当，李贤注：“玄武，北方之神，龟蛇合体。”

至少在唐朝以前，龟是受到人们尊敬的，“龟”与“贵”谐音，是富贵的象征。在汉代，公侯的印章以龟为纽，所以有了成语“传龟袭紫”（紫指紫色的印绶），唐代武则天朝诏令内外官员将原来的鱼符、鱼袋（鱼饰佩袋）改佩龟符、龟袋，并规定三品以上龟袋用金饰。后世以“金龟婿”代指身份高贵的女婿，唐诗名句“无端嫁得金龟婿，辜负香衾事早朝”，主人公虽然嫁与富贵之人，但没有自由共享青春。

乌龟像盖子一样的甲壳非常坚硬，由外裹住它的身体，一旦发生危险，它就把头、尾和四肢缩进龟甲中保护自己，“龟”由此而引申出了胆小怕事的意思。人们常称胆小怕事的人为“缩头乌龟”。

东汉的“朔宁王太后玺”金印。

“龟”字是个多音多义字：作“乌龟”讲时读作 guī，用来表示裂纹、裂口时则读为 jūn，如范成大《次韵李子永雪中长句》诗：“手龟笔退不可捉。”是说手的皮肤冻裂，连笔都拿不住了。

另外，汉代西域的国名叫“龟兹”，应当读作 qiūcí。

龟裂的土地，的确很像龟背的花纹。

字中知识：

龟怎么成了骂人的字了？

正如许慎在《说文解字》中说的，古人认为龟只有雌性没有雄性（实际上分雌雄，繁殖需要交配），为了传宗接代，它通过与蛇交合来生后代，即所谓“龟蛇同穴，越类淫乱”。这样一来，所有的龟就都是没有合法的父亲的了，因此“龟”就成了一个骂人的字。

古时规定乐户（从事音乐歌舞活动的人户）家中男子戴绿头巾，而龟的头亦暗绿色，乐户妻女皆歌妓，故俗称开妓院及纵妻行淫者为龟 。这也便是“绿帽子”的由来。

鹿

lù

甲骨文　　金文　　小篆

《说文解字》:“鹿,兽也。象头角四足之形。鸟鹿足相似。”译:鹿,兽名。像头、角和四只脚的样子。鸟、鹿的脚相像。

字形构造:“鹿”字是一个象形字。甲骨文像头朝左尾朝右的一只鹿。鹿的头上长着很美观的鹿角。金文大同。小篆的形体变化较大,不太像鹿的形象了。楷书由小篆演变而来,已看不出鹿的样子了。

主要词义与词性:哺乳动物反刍类的一科,种类很多,四肢细长,尾巴短,一般雄兽头上有角,个别种类雌的也有角,毛多为褐色,有的有花斑或条纹,听觉和嗅觉都很灵敏〈名〉。

起源和演变:鹿,现在在中国的野外并不常见,但是在远古的时候,中国人生存的环境里有很多的鹿,平原、丛林、山区随处可见。现代考古证实,蓝田人、北京人以及此后五十万年当中在中国生存的人类都过着“与木石居,与鹿豕游”的生活,鹿是他们重要的食物来源。

梅花鹿原产于中国,过去广布中国各地,现在仅残存于吉林、安徽、江西等几个有限区域内。

鹿肉味道鲜美,是营养价值极高的保健食品,鹿茸(雄鹿的幼角)是珍贵的补药,具有生精补髓、养血益阳、强筋健骨之功效。雄鹿每年都会脱一次角,每一

西汉鹿形铜镇

年又长出新的。这样的新旧交替，与冬去春来的时序相吻合，冬去春来，万物复苏，鹿角对于古人来说，象征着新生，人们不但对鹿角有所崇拜，鹿角还普遍作为避邪、吉祥之物。

民间剪纸"回头鹿"

今天，在中国的很多乡村，心灵手巧的老乡们依然喜欢做鹿纹样的剪纸贴在窗户上，以此来迎接春天，因为鹿所象征的吉祥，因为"鹿"与"禄"同音吧。

鹿性情温顺，形象秀丽，尤其梅花鹿棕红配以状似梅花的白色斑点的皮毛，备受人们的喜爱。养鹿、赏鹿在古代都曾是社会上层独享的特权，鹿苑兴建之频繁令人惊叹。北宋徽宗鹿苑养鹿数千头，清代设木兰围场，广置鹿类，木兰在满语中为"哨鹿"之义。打猎时八旗兵头戴雄鹿角，在树林里吹起木哨，模仿公鹿啼叫，引诱母鹿，进而合围射杀。

木兰围场

《史记·淮阴侯列传》："秦失其鹿，天下共逐之，于是高材疾足者先得焉。""鹿"常用来比喻政权，"群雄逐鹿"、"鹿死谁手"中的"鹿"，原本都是喻指政权的。

字中知识：

麋　鹿

麋鹿，今天人们对它已经并不是太熟悉了，但是提起"四不像"，相信很多人都不会陌生。麋鹿属于鹿科，但是它角似鹿非鹿，头似马非马，身似驴非驴，蹄似牛非牛，因而得名"四不像"。"四不像"，现在的人常常用它来比喻不伦不类的事物。

麋鹿邮票

"侣鱼虾而友麋鹿"，苏东坡在《前赤壁赋》里这样说自己谪居黄州的乡野生活。麋鹿，它的故乡在中国，现代生物考古学证实，距今三千多年的商周时代，中国的麋鹿数量还非常丰富，到清朝初年野生麋鹿绝迹。多数麋鹿专家认为，麋鹿

绝迹的重要原因是历史上各个朝代的大量猎捕，造成了麋鹿种群灾难性的减少。而沼泽或近海低洼荒地被开垦成为农田也使适于在沼泽地带栖息的麋鹿没有了容身之所，成为平原地区最早的生态灾难的牺牲者。清朝初年，中国已只有一群二三百只的麋鹿圈养在皇家猎苑里。

1865年秋季，法国博物学家兼传教士大卫在北京南郊进行动植物考察，无意中发现了皇家猎苑中的麋鹿。他立即意识到，这是一群陌生的、可能是动物分类学上尚无记录的鹿。他买通猎苑守卒弄到了两只麋鹿，制作成标本寄到巴黎自然历史博物馆，被确认为从未发现的新种，而且是鹿科动物中独立的一个属。从此，麋鹿学名被称为"大卫鹿"。1866年之后，英、法、德、比等国的驻清公使及教会人士通过各种手段，从北京猎苑获得了几十头麋鹿，饲养在各国动物园中。

1894年，北京永定河泛滥，洪水冲垮了猎苑的围墙，许多麋鹿逃散出去，成了饥民的果腹之物。1900年，八国联军攻入北京，抢走了剩下的麋鹿，麋鹿在中国本土灭绝。到1983年底，全世界麋鹿繁殖达1300余头。

1985年，在世界野生动物基金会的努力下，英国政府决定向中国无偿提供麋鹿。同年8月，22头麋鹿从英国运抵北京。目前全国已繁殖麋鹿2000多头。

细说故事：

九 色 鹿

《佛说九色鹿经》讲，在印度的恒河边上，居住着美丽的九色鹿，它与一只乌鸦结为好友。一日，九色鹿在恒河边散步，救起一溺水之人。溺水之人为表感激乞为奴仆供养侍候九色鹿。九色鹿说：不用，且各自去。你想报恩就不要和别人说我在此。人贪我皮角必来杀我。

恰逢王后梦到美丽的九色鹿，想用鹿皮做坐褥，用鹿角做拂柄。她要求国王满足她的心愿，不惜以死相逼。国王于是悬赏招募可以捕获九色鹿的人，奖赏十分丰厚。溺水之人心起贪念，忘恩负义地向国王告密。国王大喜，承诺如真能捕得鹿便分与溺水之人半个国家，随即命溺水之人带路捕鹿。溺水之人告密后面上即生癞疮。

九色鹿正在林中睡觉，好友乌鸦看到国王人马，唤九色鹿不醒，便啄它的耳朵呼唤。九色鹿惊觉，发现已被国王大军团团围住。它请求国王一干人等且莫放箭射杀，言有大恩于王国。王问其详，鹿言，我曾救过王国中人性命。反问国王：是谁把你们引到此处的？国王指指溺水之人。鹿闻王言，眼中泪出不能自止，于是向国王讲述了搭救溺水之人却换来恩将仇报的遭遇。国王非常惭愧，斥责溺水之人，放鹿归山，还下令全国禁止捕杀九色鹿。他的王国得到福佑，年年风调雨顺，国泰民安。

九色鹿的故事在印度流传很广。敦煌莫高窟257窟北魏《九色鹿本生》壁画，采用中国传统的长卷式连环画的形式，但顺序按两头到中央，把结局画在中央，突出了正直善良的九色鹿形象。是莫高窟最完美的连环画式本生故事画。（本生是三藏经典中的通俗读物，它不是不厌其烦地陈述佛理戒律，而是以几百个生动有趣的故事，说明轮回和业报的规律，劝导人们止恶扬善，广积福德。）

首

上面是“首”甲骨文、金文的字形。最后是一件周代青铜器上的鹿首的形态。一直以来对于“首”的解释是，像一个人的头和头发的形象。但“首”字的形象似乎更像一个动物头。

识字规律：“鹿”字，如今既可单用，也可作偏旁。凡从“鹿”取义的字大都与鹿科动物等义有关。如：麂（jǐ，一种小型的鹿）、麀（yōu，母鹿）、麇（jūn，獐子）、麈（zhǔ，鹿一类的动物）等。

牛

niú

甲骨文　　金文　　小篆

《说文解字》:"牛,大牲也。象角头三,封、尾之形。"译:牛,大的牲畜。像两角和头三样东西,像肩胛隆起的地方和尾巴的形状。(析形不确)

字形构造:"牛"字是个象形字。甲骨文是正面看的牛头的形象,它的面部只有一根竖线来表示,一双硕大的牛角弯向天空,牛角之下两只牛耳也十分突出。金文的形体基本上与甲骨文相同,只是将牛耳拉平,成为一条横线。小篆与金文的形体大致相同。楷书加以简化,已经看不出牛头之形了。

主要词义与词性:❶哺乳动物,体型粗壮,角中空,由头骨向两侧呈大弧度伸出。力大,能耕田、拉车〈名〉:黄~|水~|牦~。❷比喻固执或骄傲〈形〉:~气|~脾气。

起源和演变:"朝耕旷野千家地,倦卧墙根借暖风。懒向斜阳回一眼,一生滋味反刍中。"这首现在已经无法确知出处的古诗所描写的,就是我们熟悉的温顺和蔼、任劳任怨的牛了。

早在石器时代,中国人就开始驯养家牛,人们从此不必再用人力拖犁。即便是在农业已经实现机械化的今天,在很多偏远的山区或者高原,人们依

然喜爱驾牛犁田，耕牛一天能耕三亩地，虽然这比拖拉机要少很多，但不需要城市的燃油和机械配件，只需消费廉价的当地产的玉米、秸秆或者其他粗纤维饲料就行了。另外，耕牛的粪便还是上等的粪肥。

这件唐代青白釉陶牛车（局部）中的牛憨态可掬而执拗可爱。

古时候立春的这一天，民间有“鞭打土牛（也叫春牛，泥塑的牛）”的习俗，地方官或者乡村的长者要鞭打土牛三下，以示迎春和劝耕，他们边打边说：“一打风调雨顺，二打土肥地暄；三打三阳开泰……”

牛的性情虽然温顺，但当它犯起性子来会变得非常的执拗，任你诱导、施威都无济于事，因此人们用牛的执拗脾性来比喻一个人性格固执、倔强，比如我们常常能听到这样的评论：“那个人是牛脾气。”“他正在那儿犯牛劲儿呢！”（牛劲还指很大的力气，如办成这事可不易，费牛劲了）后来“牛”进一步引申指骄傲、目中无人，比如“他说话牛气十足”。

生肖剪纸“丑牛”

苏东坡《前赤壁赋》中写道：“少焉，月出于东山之上，徘徊于斗牛之间。”“斗牛”是指二十八宿（古人为了观测日月五星运行而划分的二十八个星区）中的斗宿和牛宿。斗宿和牛宿是相邻的。又比如王勃《滕王阁序》：“物华天宝，龙光射斗牛之墟。”需要注意的是，“牛”字有时指的是牛郎星，它并不属于牛宿，比如古诗中有“牛女年年渡，何曾风浪生”。牛郎星是夏秋夜空中最亮的星，它的两侧有两颗光线较暗的星，人们说那就是他的两个儿子，他正用扁担挑着两个儿子在追赶织女呢。

清代吴友如木刻《织女图》

字中知识：

《水牛赞》

牛的身上积聚着很多历来为中国人所推崇的美德：坚毅、宽厚、吃苦耐劳、不求回报……从古到今不少的学者名人、诗人画家将牛作为歌颂的对象，也以牛自比，从而寄托了自己的志趣与追求。近代国画大师李可染先生因爱牛、画牛、师牛而享有盛名。1985年他所作《水牛赞》一画，可谓是李先生画牛的巅峰之作，画的上半部分，题的是郭沫若先生那首脍炙人口的新诗《水牛赞》："水牛，水牛，你最可爱。你有中国作风，中国气派。坚毅、雄浑、无私、拓大、悠闲、和蔼。任是怎样的辛劳，你都能够忍耐。你可头也不抬，气也不喘。你角大如虹，腹大如海，脚踏实地而神游天外。你于人有功，于物无害，耕载终生，还要受人宰。筋肉肺肝供人炙脍，皮骨蹄牙供人穿戴。活也牺牲，死也牺牲，死活为了人，你毫无怨艾。你这和平劳动的象征，你这献身精神的大块。水牛，水牛，你最可爱。"

生肖牛票

牛市

字义纵横谈

股票市场有"牛市"(bull market)和"熊市"(bear market)，行情普遍看涨，延续时间较长的大升市称为"牛市"，行情普遍看淡，延续时间相对较长的大跌市称为"熊市"，关于这两种叫法，据说因为公牛善于攻击，总是扬着牛角健步向前，所以代表股价上扬；熊通常低头行走，行动缓慢而且性情倔强好纠缠，所以表示股价下跌结束的遥遥无期。现在我们也常用"牛"来形容兴旺、出众。

细说故事：

孺子牛

“孺子牛”一词初见于《左传·哀公六年》鲍子所言：“女(汝)忘君之为孺子牛而折其齿乎？而背之也。”这里所说的孺子，是春秋时期齐景公的幼子荼。年迈的齐景公宠爱荼，有一次，为了让荼高兴，齐景公趴到地上，嘴衔绳子，让荼把他当牛骑。不料荼正玩得高兴时，突然从“牛”背上跌下来，绳子把齐景公的牙齿都折断了。从此有了“孺子牛”的说法，本义是表示父母对子女的过分疼爱。后来鲁迅先生《自嘲》诗中的“横眉冷对千夫指，俯首甘为孺子牛”中引用了这个词语，使“孺子牛”的精神得到了拓展和升华，现在人们用“孺子牛”来比喻心甘情愿为人民大众服务、无私奉献的人。

“孺子牛”剪纸

识字规律：

“牛”字，如今既可单用，也可作偏旁。作偏旁时写作“牜”，在上写作“⺧”。凡从“牛”取义的字大都与牛或牲畜等义有关。

《说文解字》：“牧，养牛人也。从攴，从牛。”

(会意)：从牛，从攴，会手拿棍棒牧牛(羊)之意。(“攴”表示以手持棍。现代汉字“攴”大多写成“攵”)本义指放牧牲畜。

《杀牛祭祖图》

(会意)：从口，从牛，会用牛羊祭祀祷告神灵意。本义指祷告神灵。

《说文解字》：“牛触人，角着横木，所以告人也。”(牛角会碰到人，在牛角上施加横木，以此作为告诉人们的标志。此解不确)

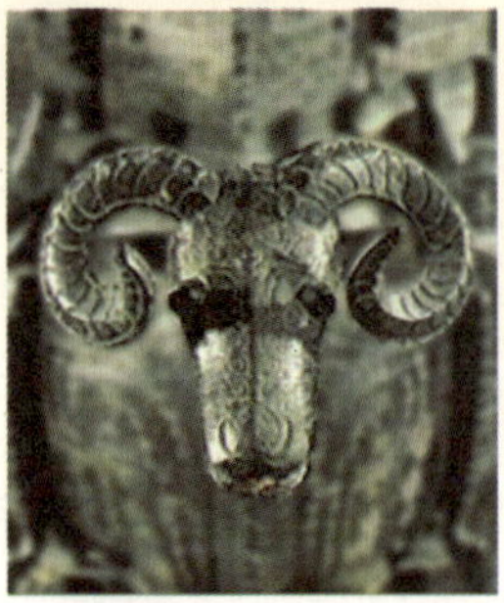

商代四羊方尊局部

羊

yáng

甲骨文

金文

小篆

《说文解字》:“羊,祥也。象头角足尾之形。孔子曰:‘牛羊之字以形举也。’”译:羊,吉祥。像羊的头、角、足、尾的形状。孔子说:“牛”字、“羊”字是根据它们的形体描绘出来的。(析形不确)

字形构造:“羊”是个象形字。甲骨文描绘的是正面的羊头形,上部是一对左右下弯的羊角,下部微微上斜的两画是羊的眼睛。金文将羊的眼睛简化为一个直道。小篆整齐化,所有的笔划都改为直笔。楷书再次简化。

主要词义与词性: 哺乳动物,反刍类,以食草为生。一般头上有一对角,有许多品种〈名〉:~毛|~羔。

起源和演变:“羊” 是最早被中国先民们驯化的动物之一,社会从渔猎生产过渡到农牧业生产,人们逐渐定居下来,羊成为人们饲养最多的家畜。羊肉是人们喜爱的美餐,但用羊毛纺织的衣服并不普遍,中国人更喜欢穿棉、麻和丝绸衣服。

东晋青瓷羊形烛台

山羊

羊的种类很多,家养的有绵羊、山羊,野生的有羚羊、岩羊等。大多数羊的秉性温顺,有集体爱群的精神,饲养所需要的条件并不复杂,且长成后全身对人类都有用。在先民们的眼中,一个人、一个部族获得的羊越多,就越富有,而且越吉祥。在上古许多器物上,常常可以见到“吉羊”一词,“吉羊”就是“好

绵羊

羊”、“善羊”的意思，即羊长得又肥又壮。“吉羊”后作“吉祥”，“祥”是“羊”的后起字。羊作为吉祥物后，古人就以羊作为祭祀时的珍贵祭品。古人祭祀时所用的“太牢”、“少牢”之中均有羊。

羊妈妈和小羊羔

羊羔似乎懂得母亲的艰辛与不易，所以吃奶的时候是跪着的。《春秋繁露》中说：“羔饮其母必跪，类知礼者。”意思是说：小羊在母羊身边吃奶时必定是跪着的，好像懂得礼义一样。人们于是把羊作为子女孝顺父母的象征，并纳入到十二生肖之中。

“三羊开泰”剪纸

字义纵横谈

“三羊开泰”是中国羊年春节人们互致问候使用频率最高的词汇之一，它的正解出自于《易经》。《易经》以正月为泰卦，古人认为是阴气渐去阳气始生。农历十一月冬至那天白昼最短，往后白昼渐长，故认为冬至是“一阳生”，十二月是“二阳生”，正月则是“三阳开泰”。因为在古字中“羊”和“阳”是相通的，又因为“羊”有吉祥的意思，所以在羊年到来的时候，很多人抱着美好的心愿把“三阳开泰”写作了“三羊开泰”。

字中知识：

羊 车

羊车是一种古时用于宫廷或供小孩乘坐的用羊拉的小车。说到羊车，最著名的莫过于晋武帝司马炎的了。这位皇帝喜好美色，故嫔妃众多，相互争宠不休。他也常常因为不知该临幸哪一位而犯愁，于是想出了一个办法：自己坐在羊车上，任羊拉着车在后宫行走，羊车把他拉到哪位嫔妃的住所门口，他便临幸哪位嫔妃。皇帝如此择宿，嫔妃也想出了相应的办法，羊喜欢啃食带咸味的东西和竹叶，那就在自己的门前插竹叶、洒盐水，以此让拉车的羊停留在自己的门口。

细说故事：

亡羊补牢

《战国策·楚策四》记载了这样一段事：楚国大臣庄辛对楚襄王说："您左边是州侯，右边是夏侯，外出时，车驾旁又跟从着鄢陵君和寿陵君。您和这几个人一起专门讲究奢侈淫乐，不管国事，郢都（楚国都城）必定是危险啦！"襄王听了很不高兴地说："先生老糊涂了吗？说这些险恶的话是要惑乱人心吗？"庄辛回答说："我真是感到事情必然要到这个地步，并非妖言惑众。如果您一直宠信这些人，楚国一定是要灭亡的了。我请求到赵国躲一躲，看事情究竟会怎样。"庄辛到赵国才住了五个月，秦国果然派兵侵楚，襄王被迫流亡到城阳，随即便派人召庄辛回来，对他说："我没能听先生的话，如今事已至此，如何是好呢？"庄辛说："我听说过，看见兔子想起猎犬，这还不晚；羊跑掉了才补羊圈，也还不迟。……"

亡羊补牢

"亡羊补牢"的成语，便是根据上面的故事中来的，表示发生问题后及时设法补救，以免酿成大错。

识字规律：

"羊"字，如今既可单用，也可作偏旁。凡从"羊"取义的字大都与羊或吉祥美好义有关。

（会意兼形声）：甲骨文会手持羊进献美味之意。篆文从羊，从丑（本义指手），丑亦声。本义指进献美味。

《说文解字》："羞，进献也。从羊，羊所进也。从丑，丑亦声。"

（会意）：从羊，从大，会肥壮的羊吃起来味美之意。本义指味美。

《说文解字》："美，甘也。从羊，从大。"

豕

shǐ　　甲骨文　　金文　　小篆

《说文解字》："豕，彘也。竭其尾，故谓之豕。象头、四足而后有尾。" 译：豕，猪。（猪）发怒时，竖起它的尾巴，所以叫做豕。像头、四只脚、身后有尾巴的样子。

字形构造："豕"是个象形字。甲骨文像竖立的大肚子的猪（将猪的形象竖置主要是为了书写时字句整齐美观）。金文已经线条化，但猪的长口吻和大耳朵非常突出，不过腿稍嫌长了些。小篆整齐化，很难看出这是猪了。楷书的写法承接小篆而来。

主要词义与词性：猪〈名〉。

起源和演变："豕"的本义是猪。

中国人饲养猪的历史可以上溯到距今八千到一万年的新石器时代前期。在中国各地新石器时代遗址出土的家畜骨骼和模型中，以猪的数量最多。家猪是由野猪驯化而来的。野猪身披硬毛，长得"青面獠牙"，性格十分凶猛。它跑起来很快，发怒时无所顾忌。而被驯化的家猪，传承了野猪繁殖能力强、不挑食等优点，而在长相、性格上发生了很大的变化。我们现在提起猪，总会想到它肥胖憨厚、贪吃贪睡的样子。

新石器时代的陶猪，它的形态很像野猪。

商代豕尊，尊背上立有一只小鸟。

除了为人类提供肉食，猪的鬃可以做刷子，皮可以制成革，内脏可以用来制药，血可以用作涂料，一头猪每年能提供一吨猪粪，那是天然的优质的农肥。说它"浑身是宝"，是一点也不过分的。

也许是因为猪的动作显得笨拙，也许是因为它除了吃就是睡吧，人们总是认为它是一种没有灵性的动物，称它是蠢猪。根据科学家的测试，猪其实是有很强的认知学习能力的，它的嗅觉比狗还要灵敏。在世界上的一些地方，人们训练猪来帮助缉毒，甚至还让它来引导狩猎。看来我们是应该改变一下对猪的看法了。

西周青玉猪

西汉石猪。汉代已普遍圈养猪，一些地方官吏“劝民农桑”，要求每户要养一到两头母猪。

中国古典文学名著《西游记》中猪八戒的形象总让人忍俊不禁。他憨厚，诙谐，爱发牢骚但不失忠诚；贪吃，喜欢美丽姑娘，甚至还有点狡猾，但危急时刻大师兄“孙悟空”总会与他搭档降妖除魔。

字义纵横谈

在汉字中，与“豕”的意义相同的还有“猪”、“彘”两个字，现在这三个字都当猪讲，然而最初“豕”是指大猪，“猪”是指小猪，“彘”是指野猪的。

十二生肖“亥猪”剪纸

识字规律：“豕”字，如今既可单用，也可作偏旁。凡从“豕”取义的字大都与猪有关。

东汉陶猪圈

《说文解字》：“家，居也。从宀，豭省声。”

(会意)：上面是“宀”，表示住所，下面是“豕”，即猪，会住处养猪之意。住的地方养猪说明人置产于此，要在这里长期居住，繁衍生息。本义指住所，人家。

《说文》：“豩，二豕也。豳从此。”

(会意)：甲骨文是众豕撒欢之状。

马

mǎ

馬

甲骨文　金文　小篆　繁体楷书

《说文解字》:“马,怒也。武也。象马头髦尾四足之形。”译:马,昂首怒目,是勇武的动物。像马的头、鬃毛、尾巴、四只脚的样子。

字形构造:“马”是个象形字。甲骨文是一匹竖立的马的侧面形。金文的形体也与甲骨文大致相似,突出了马的眼睛和鬃毛。小篆的写法更为规范,看起来也还有马的样子,到了繁体楷书就完全看不出了。简体楷书仅有三画,为了书写方便。

主要词义与词性: ❶单蹄食草大型哺乳动物〈名〉:～鞍|～车。❷大〈形〉:～蜂|～勺。

成语易错字:兵慌(荒)马乱。

起源和演变:中国是世界上养马历史最悠久的国家之一,马很早就被称为六畜(马、牛、羊、猪、鸡、狗)之首,它四肢强健,善于奔跑。一般来说,人们养马既不是为了食肉或作祭品,也没有将它广泛地用于农耕和运输。在古代,马是重要的交通工具,是建功立业的战具。传递信息文书的快马在驿站间马不停蹄地往来奔驰,威武的战将在沙场上横戈跃马,一马当先。

这尊东汉时的铜奔马,马蹄所踏是一只飞翔的燕子,以此来表现骏马奔腾的威武迅捷,被称为“马踏飞燕”。据说它的原型便是著名的“汗血宝马”。1983年被国家旅游局确定为中国旅游标志。

汉代驿亭(兰亭)遗迹

众多关于“马”的成语、诗文、故事传说一直流传至今。富于经验不迷方向称为“老马识途”，到处征战无不取胜称为“马到成功”。传说中周穆王因为驾着八匹超凡的骏马而能拜访远在昆仑的西王母，昭陵（唐太宗陵墓）旁赫然屹立着曾与主人出生入死的战马的刻石。北宋王安石以简洁动人的诗句歌颂骏马：“怒行追疾风，忽忽跨九州。”光阴荏苒，纵使千年也是转瞬即逝，大哲学家庄子慨叹说：“人生天地之间，若白驹之过隙，忽然而已！”——人生活在世界上，就像白色的骏马在很小的缝隙前一闪而过，不过很短的时间罢了。

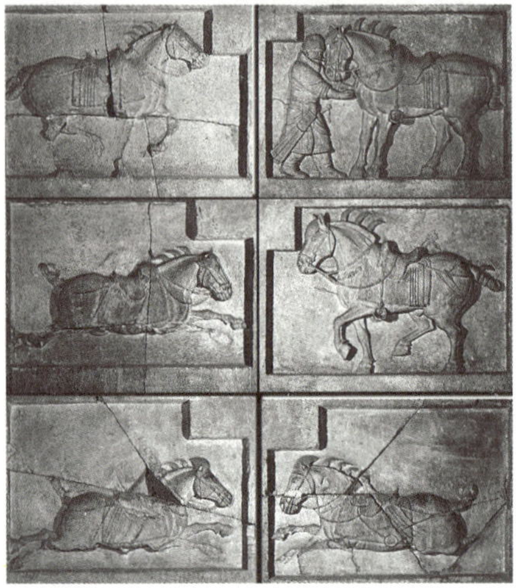

昭陵六骏，原列于唐太宗昭陵北阙。六骏是李世民在打江山时驰骋疆场时所乘过的六匹骏马。浮雕造型生动，写意传神，被鲁迅先生称为“前无古人”的杰作。

秦兵马俑陶马

在很长一段时间里，中国的马匹质量并不是很高，像汉、唐这样强盛的朝代，都曾通过通商甚至战争手段从西域获得优良马种，以实现马匹质量的改良，提高军队战力。唐人尤其爱马，无论男女都善于骑马，他们出行不用车轿，百官入朝是朝服乘马，即使宫女出宫也多乘马。马上表演、马上体育风靡一时，人们热衷于马球的

汉代骑马陶俑

隋代女子骑马俑

唐代甲马武士俑

唐代狩猎骑俑

唐代女骑俑

唐代打马球俑

程度不亚于今人之于足球。一代风流天子唐玄宗的球技堪称一流，年已六旬时还与军士角逐赛场。

唐代韩干《明皇试马图》

然而对于大部分中国汉人而言，与马打交道的时间远远不及生活在西部或北部的少数民族。他们喝马奶长大,从小就生活在马背上,逐水草而居,世代以放牧狩猎为生,擅长骑射和格斗。随着少数民族政权的建立,他们的服饰被普遍推行,比如满清政权入主中原后，满族人为便于骑马而设计的马褂逐渐成为男人们通穿的服装,社会上层和正式的官服都沿袭满族习俗采用马蹄袖，这种袖子本来是满人射箭时挡在手部的防护衣物，比较窄的袖口前边又接了一个半圆形的袖口，因形似马蹄而得名。官员入朝谒见皇上或其他王公大臣，都得先将马蹄袖掸下，然后再两手伏地跪拜行礼。

元代马鞍

元代刘贯道《元世祖出猎图》

清代马褂

清代郎世宁《乾隆皇帝大阅图轴》

马在动物中算是体形比较大的，因此在一些方言中，马有大的意思，比如山东一带的人称大枣为“马枣”，广东人称大豆为“马豆”，又比如有的地方称大黄蜂为“马蜂”，大蚂蚁为“马蚁”等。

字中知识：

马　戏

汉代马戏画像砖

马戏又称戏马。古代马戏专指驯马和马上技艺的表演，因此得名。中国马戏有着悠久的历史，最早关于马戏的记录见于汉代，随着社会文化的发展，马戏技艺日益成熟精湛，且名目繁多，如在宋代孟元老的《东京梦华录》中，就记载了“引马”、“立马”、“跳马”、“飞仙膊马”等多种名目。后来的马戏所指内容较为宽泛，一般把马术和驯兽表演都称为马戏，有时也包括杂技、魔术和滑稽等综合演出。

黑　马

“黑马”一词原本是从赛马比赛中来的。1831年英国政治家本杰明·狄斯雷利的小说《年轻的公爵》中描述了一匹素不引人注意的黑色赛马，在一次赛马中出人意料地夺魁。这被认为是“黑马”一词最早的出处。“黑马”后来用来比喻竞赛或竞选中的意外获胜者，比如1844年第十一届美国总统大选，非候选人的詹姆斯·诺克斯·波尔克得到提名，并最终在大选中获胜，被称为美国历史上第一个“黑马”总统。

细说故事：

伯乐相马

伯乐的本名叫孙阳，他是春秋秦穆公时的人，很会辨别马匹的好坏，所以人们叫他伯乐（天上星宿名称，传闻专管天马）。《列子·说符》中有这样一段关于伯乐事迹的记述。秦穆公对伯乐说：“您的年龄大了，您的家族有能相马的人吗?”伯乐回答说:“良马可以从它的体貌筋骨看出来。天下最好的马,若隐若现,似有似无,甚至无法看见它的扬尘和足迹。我的后辈才能低下,他们可以告知良马,却没能力告诉您哪匹是天下最好的马。九方皋这个人在相马方面不比我差。您召见他吧。”

穆公于是召见九方皋,让他出去找马,三个月后他回来说:“已经找到了,在沙丘那个地方。”穆公问:“什么样的马?”九方皋说:“黄色的母马。”秦穆公派人去取,却发现是一匹深黑色的公马。穆公很不高兴,召来伯乐并对他说:“扫兴,您推荐的人连马的毛色与公母都分辨不出来!”

徐悲鸿画作《九方皋》(局部)

伯乐长叹一声道:“已经到了如此的境界啊!这就是千万个我也无法比的啊。像九方皋所见的是天机啊,他看到的是马的精髓而不管其他,关注马的内在而忘记了它的外表;他只关注该关注的,看见应该重视的方面。像九方皋这样的相马人,比再好的马还要宝贵啊。”马被带到后,果然是天下最好的马。

识字规律:“马”字,如今既可单用,也可作偏旁。凡从“马”取义的字大都与马有关。

馭 驭

(会意):从又(手),从马。会用手驾御马匹之意。本义指驾御车马。

《说文解字》:“驭,古文御。从又(手),从马。”

驫 骉

(biāo,会意):从三马,会众马奔腾意。本义指许多马跑的样子。

《说文解字》:“骉,众马也。从三马。”

犬

quǎn

甲骨文

金文

小篆

《说文解字》:“犬,狗之有县(悬)蹏者也。象形。孔子曰:‘视犬之字如画狗也。’” 译:犬,狗中蹄趾悬空不着地的一类。孔子说:“看犬字好像看到画狗的样子。”(徐灏《段注笺》:“悬蹏,盖指猎犬言,惟猎犬足上有一趾不履地。”)

字形构造:“犬”是象形字,甲骨文和金文都是一条竖立的狗的形状(形象竖置主要是为了书写时字句整齐美观)。小篆则不像狗的样子了。楷书的写法更为简整,已经完全失去了狗的形象。

主要词义与词性: 狗〈名〉:警~|猎~|丧家之~。

狼通常被认为是狗的祖先

起源和演变:“犬”的本义是狗。从已知的考古材料来看,犬是人类最早驯化的动物之一,主要是由狼和豺演变而来的。我国发现的最早的家犬化石,距今已有七千多年的历史了。

新石器时代河姆渡陶狗(史前)

狗的嗅觉异常灵敏,几乎到了人类不可以想象的程度。在农业社会里,它是猎人的好帮手,帮助猎人寻找野兽的踪迹,更多的时候它的任务是看家把门,不让小偷进入。一只狗越富有警惕性和攻击性,越被视为能完成自己的任务。而今狗的卓越的嗅觉被人们深层次地挖掘,凭借着嗅觉,它们成为了缉毒战线上最敏锐的战士、检疫部门最灵敏的探测器。

狗是人类最亲密的朋友，在长期驯化的过程中，人类对狗倾注了大量的精力与时间，使得人们对于狗有着特殊的感情，作为回报，狗始终是人们身边一位最忠实的跟随者，总能出现在人最需要它的地方。

砍柴老人和狗

电影《白毛女》中"狗腿子"穆仁智正拿着衣物劝说喜儿屈从黄世仁。

狗是地地道道的"忠臣"，绝不背叛主子，在民间广泛流传着义犬救主、义犬伸冤、义犬报恩等诸多故事和传说。对自己忠诚的狗，谁都会欣赏和喜爱。但如果这个忠诚对象换做了别人甚至是自己的敌人，狗在人们心目中的形象就改变了。于是"狗奴才"、"狗腿子"、"走狗"等等，就成了送给某些人的"贬号"。这时，狗的忠诚亦变成了奴才相，为人们所鄙视。

坐狗拉冰橇的孩子们

中国民间有给孩子起贱名儿的风俗，什么"狗剩"、"狗蛋"，据说名字起得越贱，叫得越顺口，这孩子就越福大命大。一代才子司马相如小的时候，他的父亲给他取了个小名叫"犬子"，这是表示爱称。而"犬子"后来变成了古人对自家孩子的一种谦卑的称呼，相当于现在说："我那个不成器的孩子。"

细说故事：

黄犬悲

李斯是战国时楚国上蔡（今河南上蔡）人。年轻时曾为郡小吏，后与韩非一同从荀卿学"帝王之术"。公元前 247 年去楚入秦，受到秦王重用，官至

李 斯 像

丞相，在秦始皇统一六国的过程中，起过十分重要的作用。秦统一六国后，李斯积极主张废诸侯、行郡县、统一文字和度量衡。

李斯才干出众，但贪慕荣华，视权位如命，因此丧失了气节道德。他因为妒忌而诬陷并害死了自己的老同学韩非。秦始皇死后，他在赵高的威逼利诱下与其合谋，伪造遗诏，迫令始皇长子扶苏自杀，立少子胡亥为二世皇帝。秦二世即位以后，大兴徭役，穷奢极欲，以酷烈刑法统治百姓，李斯曲意逢迎，甚至上书秦二世以更为严酷的刑罚督责民众。但他这时已被权臣赵高视为攫取更大权力的障碍，终于为赵高所害，以谋反罪族灭于咸阳。临行前，他懊悔地对儿子说："吾欲与汝复牵黄犬，臂苍鹰，出上蔡东门逐狡兔，其可得乎！"

兔死狗烹

成语"兔死狗烹"出自于《史记·越王勾践世家》。公元前 494 年，吴王夫差率军在夫椒（今江苏太湖洞庭山）大败越军，越王勾践被迫请和，臣服于吴。之后，越王勾践卧薪尝胆，在文种和范蠡的辅佐之下励精图治，使得越国转弱为强，最终灭掉了日趋衰败的吴国。越王灭吴之后，范蠡决定功成身退，他写信给好友文种说："飞鸟尽，良弓藏；狡兔死，走狗烹。越王为人长颈鸟喙，可与共患难，不可与共安乐，子何不去？"文种看过信后，声称有病不再上朝。有人中伤文种将要作乱，越王就赐给文种一把剑说："你教给我攻伐吴国的七条计策，我只采用三条就打败了吴国，那四条还在你那里，你替我去到先王面前尝试一下那四条吧！"文种无奈自杀。成语"兔死狗烹"后来比喻成就事业后就把有功之臣杀了，只能共苦，不能同甘。

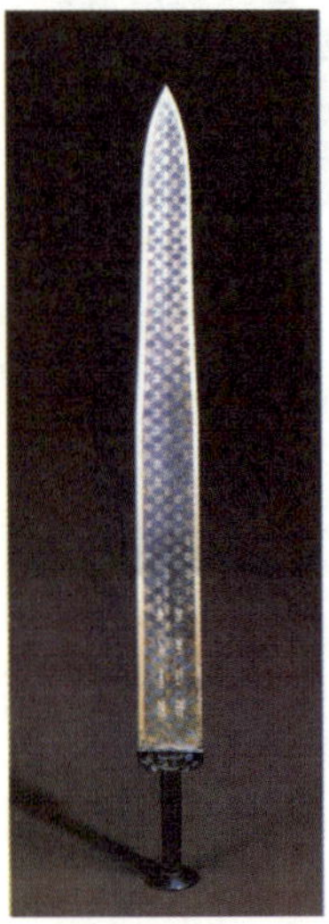
越王勾践剑

识字规律："犬"字，如今既可单用，也可作偏旁。作左旁时写作"犭"。凡从"犬"取义的字大都与狗、动物等义有关。

东汉陶釉吠犬

（会意）：从犬，从口，会狗叫之意。本义指狗叫。

《说文解字》："吠，狗鸣也。从犬、口。"

（会意）：从穴，从犬，会犬从洞穴中突然窜出之意。本义指犬突然窜出。

《说文解字》："突，犬从穴中暂（猝然）出也。从犬在穴中。"

（会意）：从三犬，会众犬狂奔之意。本义指众犬狂奔。同"飙"。

《说文解字》："猋，犬走貌，从三犬。"

（会意）：由二"犬"和"言"会意，表示二犬相争吠。本义指争讼不下。

《说文解字》："狱，确也。从犬犬，从言。"

鸟

niǎo

甲骨文　金文　小篆　繁体楷书

《说文解字》:“鸟,长尾禽总名也。象形。”译:鸟,长尾飞禽的总名。象形。

主要词义与词性:鸟,脊椎动物的一纲,体温恒定,卵生,嘴内无齿,全身有羽毛。前肢变成翼,后肢能行走。一般的鸟都会飞,也有的两翼退化,不能飞行〈名〉。

字形构造:“鸟”是个象形字。甲骨文像一只侧立的鸟的形状,鸟头朝左,还有尾巴和爪子。金文的刻画得更精致,如见一只羽毛丰满的鸟正在向天高歌。小篆与金文相似,线条更加整齐均匀。繁体楷书由金文演变而来,下面的四个点就是鸟的爪子。简化文字以后,我们很难从“鸟”字看出它的原型了。

起源和演变:“鸟”在《说文解字》中被称为“长尾禽总名”,即长尾巴的禽类的总名。在古代描述禽类的大致有两个字,一个是“鸟”,一个是“隹”,“隹”在《说文解字》中被称为“短尾禽总名”,就是短尾巴的禽类的总名。实际上,短尾鸟也有从“鸟”的,如“鹤”;而长尾鸟也不一定从“鸟”,如“雉”。如今我们提到“鸟”,它就是飞禽的总称,不再有按尾巴长短的划分。

甲骨文　金文　小篆　楷书

小云雀

小篆

雀字从小,从隹,会小鸟之意。

李白《蜀道难》："西当太白有鸟道，可以横绝峨眉巅。"意思是说：西边太白山有鸟儿才能飞越的小道，从那小道可以横渡峨眉山的顶端。

鸟可以在高高的天空中自由地飞翔，俯视地面上的一切，我们将从高处俯视地面的景物称为"鸟瞰"。那些只有飞鸟才能飞越的道路称为"鸟道"，这个词常常用来形容狭窄陡峻的山间小道。

还有一点要谈的是，"鸟"字与"乌"字的形体非常接近，这两个字的区别就是"鸟"字的上部有一点儿，"乌"字的上部没有点儿。这是因为鸟类的眼睛是黑的，身上羽毛的颜色则往往不是黑的，所以眼睛很明显是一个小黑点儿。但是乌鸦就不同了，它的眼睛和全身一样黑，就好像乌鸦没有眼睛一样，因此"乌"字的上部就没有一点儿。

识字规律："鸟"字，如今既可单用，也可作偏旁。凡从"鸟"取义的字大都与鸟类动物有关。"隹"字，如今既可单用，也可作偏旁。凡从"隹"取义的字大都与鸟类动物有关。

 鳴 鸣

（会意）：从口，从鸟，会鸟叫之意。本义指鸟叫。

《说文解字》："鸣，鸟声也，从鸟，从口。"

梟 枭

（会意）：从鸟在木上。枭指一种凶猛的鸟，其实就是我们今天说的猫头鹰。以前人认为枭食母亲，所以又叫它"不孝鸟"。

《说文解字》："枭，不孝鸟也，日至，捕鸟磔之。从鸟头在木上。"

（会意）：隻上面是隹（鸟），下面是又（手）。会手上落一只鸟之意。所以隻的本义是指小鸟一只。后假借为量词“只”。

《说文解字》：“隻，鸟一枚也，从又持隹。”

（会意）：树上有三只隹，“三”表示多，不是确数。很多鸟群集于树，所以称为“集”，会集合之意。本义指群鸟栖止在树上。

《说文解字》：“集，群鸟在木上也。从雥，从木。”

（会意）：“难”本为形声字，从隹，堇声，本来指一种鸟。隶变后楷书写作難，简化后写作“难”，可理解为手抓鸟困难之意（实则“堇”简化为符号“又”）。

《说文解字》：“難，鸟也。从隹，堇声。”

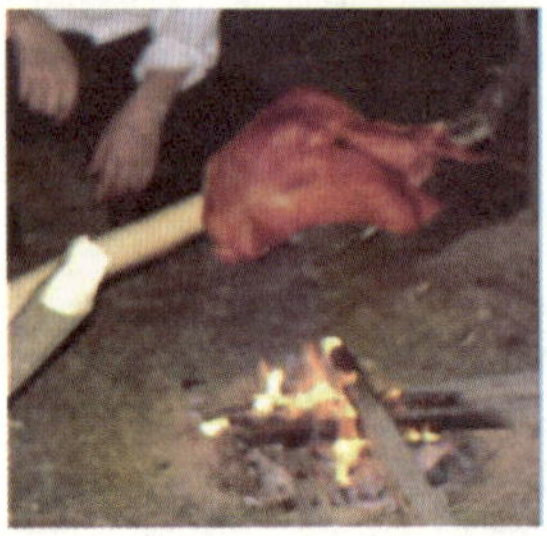

（会意）：从火，从隹，用火烧烤鸟会烧焦之意。本义为烧焦。

《说文解字》：“𤒅，火所伤也。从火，雥声。”

鱼 yú

甲骨文　金文　小篆　繁体楷书

《说文解字》:“鱼,水虫也。象形。鱼尾与燕尾相似。” 译:鱼,水中的动物。像鱼的形状。篆文“鱼”字的尾形与“燕”字的相似。

字形构造:“鱼” 字是个象形字。甲骨文、金文的鱼,都像一条竖立的鱼的样子,上面是鱼头,中间是鱼身,下面是鱼尾。鱼身上的交叉纹表示鳞,鱼身的两侧是鱼鳍。小篆简化,但还能看出鱼的样子。繁体楷书更为简整,鱼尾变成了四个“点”。简体楷书,把四点变成了一横。

主要词义与词性:完全水生并在水中用鳃呼吸的有头冷血脊椎动物,一般身体侧扁,有鳞和鳍〈名〉: ~鳞 | ~钩。

成语易错字:竭泽而鱼(渔)。

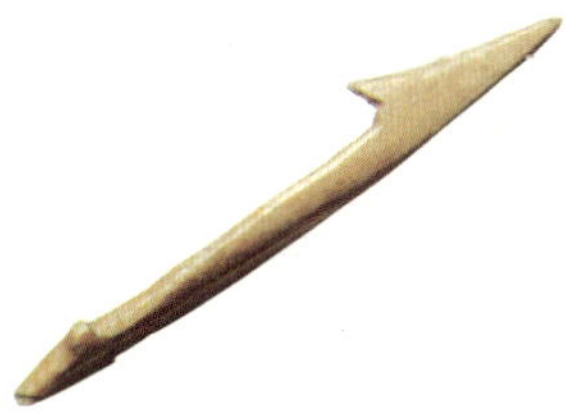

新石器时代的骨鱼镖。使用者将鱼镖接上长木柄,然后向水中刺鱼。

起源和演变:出于对水的需要,早期人类一般都定居在河岸湖畔或有天然泉水的地带,当然陆地上必须得有充足的猎物,水中则要有充足的鱼群,农业生产尚处于原始阶段,渔猎对于早期人类来说是至关重要的食物来源。我们民族文明的发祥地源于黄河中下游流域,那里曾经森林覆盖、水草丰茂,生活着众多的野生动物。在仰韶文化(中国新石器时代的一种文化,主要分布于黄河中下游一带)遗存中,出土了大量骨制的鱼钩、鱼叉、箭头,“鱼”常常是彩陶花纹最常见的绘画题材。有的器物上描绘的是鱼儿游在水中,有

新石器时代仰韶文化鱼纹彩陶盆

的器物上描绘的是人们驾船撒网捕鱼。有一件器物非常著名，那就是作为半坡遗址的标志的“人面鱼纹盆”，人的嘴巴笑哈哈地大张着，嘴两边噙着两条鱼。这个图案的真正含义至今还是一个谜，是原始人类的图腾符号？是巫师在作法时戴的面具？还是人们借此来乞求鱼的丰产或能像鱼一样有很强的繁衍能力？

新石器时期仰韶文化的人面鱼纹彩陶盆。

西周青铜鱼尊

岁月流逝，不变的是鱼作为富余和财富的象征，在春节贴的年画、剪纸中，我们经常会看到鱼的形象。“鱼”与“余”、“裕”谐音，当一个中国人看到一条红鱼，他大概马上就会联想到那个幸福的词语“年年有余”吧。

实际上，在以鱼为题材的吉祥图案中，人们刻绘的常常是鲤鱼。不但因为民间流传着关于鲤鱼的美好传说，也因为“鲤”与“利”同音，图的便是“吉利有余”寓意吧。

现在说“鱼水”之情，一般是指军民关系，可是在古代还有其他意义，李白《读诸葛武侯传》诗云：“鱼水三顾合，风云四海生。”这个“鱼水”比喻刘备与诸葛亮的君臣之恩。又如《聊斋志异·罗刹海市》：“妾亦不忍以鱼水之爱，夺膝下之欢。”这里的“鱼水之爱”则喻指男欢女爱。

字中知识：

鱼雁传书

面对着山长水阔的分离，古人们曾经认为，天上的鸿雁和水中的鱼能够帮助传递书信。“鱼书”代表书信，“鱼鸿”代表送信人。当我们翻起引用了“鱼雁传书”的诗篇，读出的往往是不尽的怅然：“鱼在深泉鸟在云，从来只得影相亲。”（唐项斯《赠别》）“鸿雁在云鱼在水，惆怅此情难寄。”（宋晏殊《清平乐》）

古人画的《鱼藻图》。游在水中的鱼儿，真的能带到写给远人的书信么？

细说故事：

鲤鱼跳龙门

中国民间流传着一个古老的传说：每年春末，鲤鱼会沿黄河逆流而上，要通过平原与山脉交会的龙门。水流湍急，当有鱼跃上龙门时，不仅云雨相随，而且还有天火自后烧其尾，极少数跳过龙门的鲤鱼就可以变成龙。

红鲤鱼上的男孩子手里拿着原子能的标志，象征着中国的现代化，“鲤鱼跳龙门”绘画内容，代表着中国人将克服种种困难，发展自己的国家。

识字规律：

“鱼”字，如今既可单用，也可作偏旁。凡从“鱼”取义的字大都与鱼类动物有关。

鲁

（会意）：甲骨文的上部是“鱼”，下部是个器皿之形。会鱼在器皿意。后假借为“迟钝”义，引申为“鲁莽”义。

《说文解字》：“鲁，钝词也。从白，羲省声。”

虫

 蟲

chóng

甲骨文　金文　小篆　繁体楷书

《说文解字》:“有足谓之虫,无足谓之豸(zhì)。从三虫。”译:有脚的叫做虫,没有脚的叫做豸。由三个“虫”字会意。

字形构造:“虫”字是个象形字。甲骨文和金文的“虫”,都像一条蛇的样子。小篆复杂了,由一条“虫”变成了三条“虫”。繁体楷书横平竖直,但你能看出“虫”的模样吗?简体楷书为了书写方便,去掉了两条“虫”。

主要词义与词性:虫子〈名〉:~灾|~牙 。

起源和演变:“虫”本来指的是毒蛇,《山海经·南山经》中有这样一段话:“羽山,其下多水,其山多雨,无草木,多蝮虺(huǐ)。”很多学者认为,“虫”实际上是“虺”的本字,当“虫”字主要表示昆虫类动物以后,它的本义毒蛇被另加声符“兀”,写作“虺”。

由于大多数昆虫的幼虫都是弯弯曲曲地蠕动,样子与蛇有些相像,并且多是以群落生存,所以写作三虫相叠的“蟲”来表示,在简化文字的过程中,这个字用“虫”代替。

“虫”所涵盖的范围不断扩大,它甚至被用来指一切昆虫或动物,比如

甲虫(鞘翅目)

瓢虫(鞘翅目)

蜜蜂(膜翅目)

蝴蝶(鳞翅目)

蟋蟀(直翅目)

蚂蚁(膜翅目)

昆虫种类约占地球所有生物物种的一半。以上动物虽然形态各异,但都属于昆虫纲。

《大戴礼记·曾子天圆》中这样说："羽虫之精者曰凤，介虫之精者曰龟，鳞虫之精者曰龙。""精"是指最高级别，在这里，凤凰、乌龟和龙都被称之为"虫"。又比如《水浒传》中武松景阳冈上打虎一节，作者施耐庵并未称其为"虎"，而是写作"吊睛白额大虫"。

昆虫在动物世界中是较为低级的动物，行为活动相对简单，但常常给人深刻的印象。比如毛虫（昆虫纲鳞翅目蛾类幼虫的通称）给人的感觉好像是一天到晚穿钻于植物的茎叶之间，埋头不停地噬咬着；蝗虫成群结队飞过天空，见到庄稼便一扫而光。根据昆虫的某些习性，人们也把社会上一些行为活动与正常人不太一样的人称为"虫"，如"懒虫"、"糊涂虫"、"害人虫"、"书虫"、"网虫"等等。

按照民间习俗，端午节人们要穿戴具有驱毒虫象征的服饰。这件清代的荷包上绣着蝎子、蜈蚣、蛇、壁虎、蟾蜍的图形，含有"以毒攻毒"的寓意。

字中知识：

虫 草

虫草即"冬虫夏草"的简称。顾名思义，冬虫夏草冬天是虫，而夏天就变成草了，这确实是够神奇的。经过仔细的观察，人们终于揭开了冬虫夏草的奥秘：一种叫做蝙蝠蛾的动物，将虫卵产在土壤中，之后虫卵自然孵化成幼虫；土壤中另有一种菌类，它会侵入幼虫体内寄生，称为虫草真菌。菌丝与幼虫一同成长，直到菌丝繁殖至充满虫体，幼虫就会死亡，此时正好是冬天，就是所谓的"冬虫"。来年的5—7月天气转暖时，菌丝体就会从冬虫的头部慢慢萌发，长出地面，形如小草，称为"夏草"。冬

冬虫夏草

虫夏草是一种名贵的中草药，性温、味甘，有补肺益肾之功效。

虫 二

杭州西湖湖心亭有一块石碑，上有乾隆皇帝手书“虫二”两字，传说是这位皇帝当年下江南，夜游湖心亭美景，兴致所致而题。因为没有“虫上加一撇”这个字，人们便口口相传为“虫二”。不知此中缘故的人，大都会对这两个字感到莫名其妙。“风月”二字的繁体写作“風月”，“風月”去掉外廓后就剩下“虫”和“二”，“虫二”寓意便是“风月无边”。乾隆皇帝通过这样的方式隐喻西湖夜色的美丽，留给后人不尽的情趣和遐想。

识字规律：“虫”字，如今既可单用，也可作偏旁。凡从“虫”取义的字大都与动物有关。

（会意兼形声）：从虫，从食，会虫咬坏之意。本义指虫蛀伤物。

《说文解字》：“蚀，败创也，从虫，从食，从人，食亦声。”

（形声）：从虫，唯声。本义指一种类似大蜥蜴的动物。假借为连词。

《说文解字》：“雖，似蜥蜴而大，从虫，唯声。”

（会意）：“虿”（chài）的本字是“万”，甲骨文像一只蝎子形。后来“万”为引申义所专用，蝎子之义便另加义符“虫”，写作“虿”来表示。本义指蝎子一类的毒虫。

《说文解字》：“万，虫也。象形。”

象
xiàng

甲骨文　　金文　　小篆

《说文解字》:“象,长鼻牙,南越大兽,三年一乳,象耳、牙、四足之形。”译:象,长鼻子长牙,南越(今广东广西)一带的大野兽,每三年产子一次,像耳朵、牙、四只脚的样子。

字形构造:“象”字是个象形字。甲骨文、金文都像一头长鼻子大耳朵的大象的形状。到了小篆就看不出大象的样子了。楷书是从小篆的形体直接变来的。

主要词义与词性: ❶体形极大而粗重的几乎无毛的四足哺乳动物,耳大,鼻长,多有一对长大的门牙伸出口外,吃嫩叶和野菜等〈名〉:~牙。❷形状〈名〉:景~|气~。

起源和演变:“象”字本义就是指“大象”,陆地上现存最大的动物。现在世界上存在两种大象,亚洲象和非洲象。

商代的青铜象尊。将这件雕塑与金文相比你会发现象形文字是多么写真!

中国的黄河流域曾经森林覆盖,水草丰美,大象和一些今天中国已然见不到的动物诸如犀牛和貘曾经在那里无忧无虑地生活,但气候逐渐变冷逐渐干燥,人类滥伐森林、滥开沟渠和垦荒等破坏生态的不

亚洲象

非洲象

非洲象的体积要比亚洲象大,它的耳朵也比亚洲象大得多,长鼻上环状的皱纹特别显著,亚洲象的长鼻则比较光滑。

合理行为日益加剧，动物们的生存环境受到了很大改变，一些物种逐渐绝迹，一些物种迁移到了其他地方。中国的大象如今仅见于云南的边境地区。

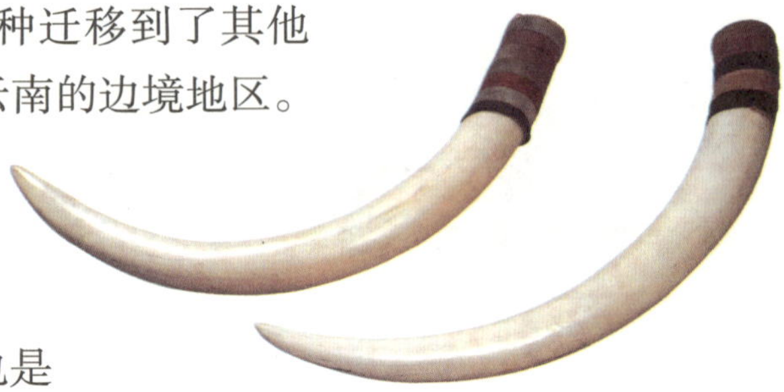

大象有一对乳白色的长牙，我们习惯称之为“象牙”。象牙是大象身上最坚固的部分，不但是它摄取食物的工具，也是它与敌人战斗时的武器。象牙稀有珍贵，它的质地坚实细腻，色泽白净莹润，是难得的优良精雕材料，在古代，以象牙制成的用具和工艺品深受人们的喜爱，成为显示财富与地位的一种象征。象牙床称为“象床”、象牙筷子称为“象箸”，用象牙制成笔管的笔称为“象管”。象管后来泛指笔，宋代词人柳永所写的《定风波》一词中讲到一位被浪子遗弃的青楼女子的心思：“早知恁么，悔当初、不把雕鞍锁。向鸡窗(鸡窗是书房的代称)，只与蛮笺象管，拘束教吟课。”——早知道他会一去无音，当初就不该放他走，要让他待在书房里，给他纸笔，约束着他读书。值得一提的还有“象笏”，“笏”是古代大臣朝见君王时用的手板，有事可以记在上面备忘。地位较高的官员的笏都是以象牙为原材料制成的。

清代象牙镂雕群仙祝寿塔

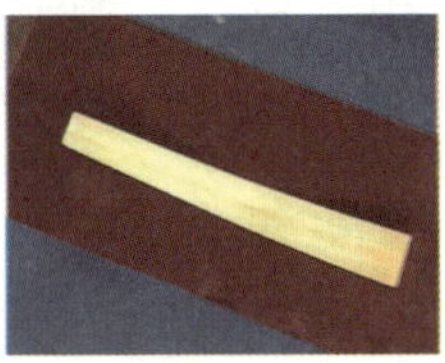

象笏

春秋时的范蠡，助越王勾践灭吴后，外出经商，富过王侯，人称陶朱公，奉为财神。如今财神的原型便是他为官时手执象笏的形象。

我们常常谈到一个人的想象力，这种具有创造性的思维能力为何以“想象”冠名呢？《韩非子·解老》中有这样一段话：“人希见生象也，而得死象之骨，案其图以想其生也。故诸人之所以意想者，皆谓之象也。”——人们很少能见到活着的象，有人得到了一副死象的骨头，便据此来设想活象的样子。后来人们便把以一定经验和信息为基础而进行的设想称为“想象”。

“小时不识月，呼作白玉盘。又疑瑶台镜，飞在青云端。仙人垂两足，桂树何团团。白兔捣药成，问言与谁餐？”在李白这首《古朗月行》中，包含了多少想象啊！

“象”由“想象”义又引申表示“摹仿”、“仿效”。相传创造文字的是一个名叫仓颉的人，许慎在《说文解字·序》中说：“仓颉之初作书，盖依类象形。”在许慎看来，文字的源头就是依照物类摹绘下来的图画。又比如“咚咚”、“哗啦”、“扑通”这些词都是摹拟声音的，我们称之为“象声词”。

邮票《咕咚》

“咕咚”是象声词，在这个故事里，像木瓜掉在水里的声音。故事大意是这样的：动物们误把落水的木瓜当做怪物，小兔告诉了狐狸，狐狸告诉了猴子，接着狮子、老虎、狗熊都知道了。最后长毛狮子提出了疑问，大家又去了河边。又一个木瓜落水，动物们才明白这“怪物”原来是个木瓜。这则寓言故事告诉我们，凡事不要盲从传言，要先实地调查才能做出判断。

摹仿通常是依照我们所看到的事物的样子而进行的，由此“象”又引申指事物的形态、样子，比如“天象”、“形象”、“景象”、“现象”等等。

象是传统文化中的吉兽。象与“祥”谐音，在吉祥图案中，一个小孩子手持如意骑着一只大象，就是表示“吉祥如意”。尽管“天（天象）有不测风云，人有旦夕祸福”，但“吉祥如意”始终是我们心底的祝愿。

唐代彩绘象座塔式罐

字中知识：

象　棋

象棋在我国家喻户晓，爱好者众多，关于它的起源历来有着很多说法。有人说象棋源于舜时，舜的弟弟象为人桀骜不驯，舜就把他拘禁起来，但又怕他寂寞，所以发明了一种棋，让象去玩，这种棋就叫象棋。也有人说是楚汉相争时，韩信发明了象棋，用以锻炼将士的攻杀能力，所以后世的棋盘上常有"楚河汉界"的字样。另一种说法听起来更有些道理：古时候有一种摹拟刺杀技击的舞蹈叫做"象舞"，象棋则是一种摹拟战争厮杀的棋戏，刘向在《说苑》中就说象棋是因为"用战争之象为棋势"而得名。象棋于北宋末定型成近代模式，三十二枚棋子，有河界，将在九宫之中，等等。当时就是流行极为广泛的棋艺活动，名人如李清照、刘克庄、文天祥等人，都嗜好下象棋。

细说故事：

盲人摸象

在佛教经典《涅槃经》中记载着盲人摸象的故事：一群盲人们遵照国王的旨意去摸象。摸到象鼻的盲人说大象像根杵，摸到象牙的说大象像根萝卜，摸到象耳的说大象像簸箕，摸到象头的说大象像大石头，摸到象背的说大象像张床，摸到象腿的说大象像木桶，摸到象尾的说大象像绳子……在佛法中，这个故事用来告诉人们别把事物的局部误认为是整体，"盲人摸象"后来成为成语，用来比喻看问题不全面，以偏概全。

燕

yàn

甲骨文

小篆

《说文解字》:“燕,玄鸟也。籋口,布翄,枝尾。象形。”译:燕,赤黑色的鸟。长着小钳子似的嘴,布帛一样的翅膀,枝丫一样的尾巴。象形。

字形构造:“燕”字本为象形字。甲骨文像一只头朝上展翅奋飞的燕子。小篆的形体与甲骨文相似,下部的燕尾讹变为“火”字。楷书的写法与小篆大同。

主要词义与词性:鸟类的一科,翅膀尖而长,尾巴分开像剪刀。捕食昆虫,对农作物有益。春天飞到北方,秋天飞到南方,是候鸟<名>。

起源和演变:“燕”的本义就是燕子,又称玄鸟,传说商人的祖先就是玄鸟。《诗经》、《史记》都有记载。时值春天,有娀氏之女帝喾之妃简狄浴于河边,有燕子飞来产卵一枚于妃旁,简狄吞玄燕之卵而生商的始祖契。殷人以之为图腾,奉之为神。

燕子是深受欢迎的一种候鸟,它象征着喜庆和吉祥,春联贺词常常称誉紫燕(又名越燕),如:“新蒲细柳皆春色,紫燕黄鹂俱好音。”

燕子的爱情是专一的,配偶一旦确定,绝不轻易另择新欢,它们燕语呢喃,情好无间。诗人常用燕子双飞、嬉戏追逐来比喻人间美好的爱情生活:“思为双飞燕,衔泥巢君屋。”(《古诗十九首》)“燕尔新婚,

清代任伯年《春燕图》。《诗经·邶风·燕燕》:“燕燕于飞,颉之颃之。”(颉颃义为上下飞舞)

如兄如弟。”（《诗经·邶风·谷风》）燕尔，就是指新婚夫妻亲睦和美的样子。

燕子归来是春天的象征，燕子来到谁家的梁间檐下筑巢则是这家吉祥兴旺的喜兆。明清时代，每年进士考试正值春风吹度杏花开的时候，及第者皇帝赐喜宴，所以时人多用“杏林春燕图”为画题作画祝人金榜题名之喜。

春燕剪纸

燕子恋旧，每年迁徙都会飞来旧巢。燕子往来年年如一，人世兴亡却难以预料，诗人们因以燕子来诉说兴亡变迁的感叹。“朱雀桥边野草花，乌衣巷口夕阳斜。旧时王谢堂前燕，飞入寻常百姓家。”（唐刘禹锡《乌衣巷》）

《郡斋雨中与诸文士燕集》诗意图（唐韦应物诗）。

“燕”、“宴”同音，所以“燕”字又借用为“宴”，成为假借字，即宴饮之义。《诗经·小雅·鹿鸣》：“我有旨酒，嘉宾式燕以敖。”意思是说：我有美酒，请嘉宾来宴饮娱乐。

燕为国名读 yān，古代燕国在河北北部，召公奭（shì）是开国君主。旧时河北省别称为燕，或称幽燕之地，古时燕赵多慷慨之士。《三国演义》中张飞自称“燕人张翼德”。

字中知识：

燕　台

燕台，又名黄金台。据《史记》记载，战国时期燕国被齐国打得惨败。燕昭王即位后决心复兴燕国，他对身边的郭隗说了想要招贤纳士、洗雪前耻的想法。郭隗说：“君王从礼遇我做起吧！那么比我贤能的人就会不远千里而来！”燕昭王建台招贤，置千金于台上，并尊郭隗为师。燕昭王礼贤求士的诚意影响了天下，于是乐毅从魏国往，邹衍从齐国往，剧辛从赵国往，贤士争着前往燕国。燕昭王二十八年，燕国富强了，乐毅受命为上将军攻齐，几乎将齐国灭国。燕台后来成为招纳贤才的典故。

习

xí　　甲骨文　小篆　繁体楷书

《说文解字》:“習,数飞也。”译:习,屡次试飞。

主要词义与词性:❶学习;复习;练习〈动〉:自~|实~。❷对某事常常接触而熟悉〈动〉:~好。❸习惯〈动〉。

字形构造:“习”是个会意字。甲骨文的上部用两根羽毛代表鸟的翅膀,下部是“日”,表示鸟儿在日光下练习飞翔。由于“日”字与“白”字很相似,所以在小篆中“日”误变为了“白”。楷书由小篆演变而来。简体楷书为了书写方便只取了半个“羽”字为代表。

学习飞翔的水鸟

起源和演变:今天我们一见到“习”,很自然联想到它的意思是学习,但是“习”字的本义是小鸟反复练飞。刚生下来的小鸟并不会飞翔,它们待在巢里,等待着鸟妈妈带回食物。随着小鸟慢慢长大,它们开始在鸟妈妈的督促下一次又一次地试飞,终于有一天脱离小小的鸟巢,飞向广阔的天空。由小鸟的反复试飞,“习”引申为反复练习、钻研的意思。《论语》的第一句话便是:“学而时习之,不亦说乎?”学过了然后按一定的时间去练习它,不也很高兴吗?

不会走之前,先学习爬吧。

小鸟从试飞到飞上蓝天是一个从不会到会的过程,所以“习”引申为“学习”的意思,如《吕氏春秋·听言》："造父始习于大豆(人名)。"其意思是造父最初向大豆学习。

乾隆习射图

经过反复的接触和练习，人们必然会对事物更加熟悉，有了更深层次的了解和掌握，当我们称赞一个人擅长军事的时候，我们说他"知兵习战"，即通晓军事，熟悉战争，又比如《战国策·齐策·齐人有冯煖者》，孟尝君发出文告询问门下的各位客人："谁习计会，能为文(孟尝君姓田名文)收责(债)于薛者乎？"意思是"谁擅长算账收钱，能替我到薛地去收债呢？"

桃花盛夏开，是因为不习水土吧？

由"反复"、"多次"义，"习"又引申为"习惯"，如"习以为常"、"不习水土"，《孟子·尽心上》中说："行之而不著焉，习矣而不察焉，终身由之而不知其道者，众也。"意思是如果仅仅是去做而不知道为什么这样做，天天习以为常却不问个所以然，终生选择这道路却不考虑这是什么道路，这种人便是一般的人。

字中知识：

学与习

学与习，平时总是结合在一起说，词典中着这样解释"学习"一词：通过阅读、听讲、研究、实践等获得知识或技能的过程。而从文字的起源来看，

"学"、"习"实在是两个过程。甲骨文中的"学"字，有的学者说描摹的是左右两手结网之形，"结网为复杂之技能，非传授不能获得"。这个"获得"就是"学"的意思。也有的学者说"学"字描摹的是双手摆布算筹的样子，金文又加义符"宀"和"子"，表示在屋子里教孩子们学算术，由此看来，学的本义就是今天学习一词的含义，强调的是获得。至于"习"字，我们在前面介绍了很多了，小鸟的反复练飞是"习"字的本义，所以"习"强调的是练习。

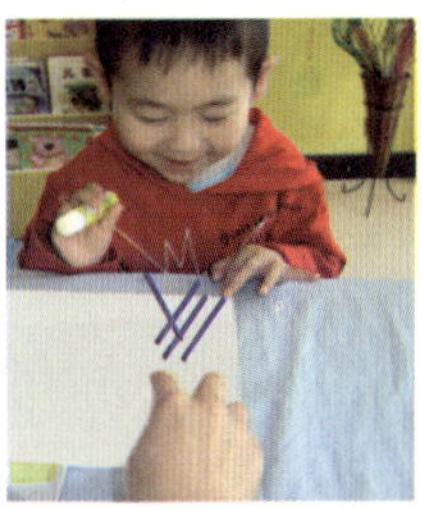

六 器物建筑

西周大盂鼎

鼎内刻铭文记载周康王册命贵族盂的史实，其中提到了周初文、武先王的立国经验和商王沉湎酒色以致亡国的教训。

鼎

dǐng

甲骨文　　金文　　小篆

《说文解字》:“鼎，三足两耳，和五味之宝器也。”译：鼎，三只脚，两只耳朵，是调和各种食物味料的珍贵器物。

主要词义与词性：❶古代煮东西的器物，三足两耳〈名〉。❷代指王位、帝位〈名〉：问~|定~。❸大〈形〉：~力|~言。

字形构造：“鼎”是象形字。甲骨文与金文的鼎字，都像一个大腹、有足、两耳的器物的样子。楷书由小篆演变而来。

商后期大禾人面铜方鼎

起源和演变：鼎是青铜器的最重要器种之一，是用以烹煮肉和盛贮肉类的器具。后来逐渐演变为统治者制定的等级制度和权力的象征。三代及秦汉延续两千多年，鼎一直是最常见和最贵重的礼器。商代的铜鼎主要为圆鼎和方鼎，器壁较薄。圆鼎为锥足，方鼎为柱足，足中空，与腹腔相通。西周早期的方鼎基本沿袭商鼎形式，到西周中期以后方鼎被淘汰。

毛公鼎造型浑厚凝重。内腹铭文长达497字，是迄今为止西周青铜器上最长的铭文。皇皇巨制，被誉为“抵得一篇尚书”。其书法是成熟的西周金文风格，奇逸飞动，气象浑穆。清代书画家李瑞清题跋说：“毛公鼎为周庙堂文字，其文则尚书也，学书不学毛公鼎，犹儒生不读尚书也。”

毛公鼎

宋代马麟《夏禹王像》

《史记·封禅书》记载："（夏）禹收九牧之金（青铜）铸九鼎。"夏朝首领禹划分天下为九州，用九州州牧贡献的青铜铸造了九只气壮山河的大鼎，将九州的名山大川、奇异之物分别镌刻于九鼎之身，一鼎象征一州。从那时起，九州就成为了中国的代名词，鼎成了至高无上的王权、国家统一昌盛的象征。因为王都所在即鼎之所在，故称定都为"定鼎"，国灭则称为"鼎迁"。《左传》有载："桀有昏德，鼎迁于商；商纣暴虐，鼎迁于周。""（周）成王定鼎于郏鄏（今河南洛阳西）。"

九州指冀州（河北、山西、辽宁）、兖州（河北、河南、山东交界处）、青州（山东、辽宁一部分）、徐州（山东南部、江苏北部）、扬州（淮河以南，东南至大海）、荆州（湖北南部、贵州、广西）、豫州（河南、湖北北部）、梁州（陕西南部、四川、云南、贵州北部）、雍州（陕西、甘肃、新疆、青海、西藏）。图为小克鼎，传世小克鼎共有7件。

字中知识：

列鼎

福建浦城锦鸡山出土的列鼎，共5件。这五个鼎昭显了墓主的高贵身份。

有一种成组的鼎，形制由大到小，成为一列，称为列鼎。随着礼乐制度的日趋完善，不同的列鼎数目代表王公贵族相应的身份等级，自成一套完整严格的用鼎制度。据文献及考古发现，天子十二鼎，诸侯九鼎，卿大夫七或五鼎，士三或一鼎。而庶民不能拥有，拥有鼎就是死罪。

东周郑国墓出土的九鼎。郑国只是一个小国，最多只能用七鼎，但适值春秋，周天子势力衰微，各诸侯国君纷纷突破了原来的礼乐制度，采用天子的等级，这就是孔子所说的"礼崩乐坏"。

司母戊鼎

商代司母戊鼎

此鼎器形庞大浑厚，是中国目前已发现的最重的青铜器，腹部铸有“司母戊”3字。

司母戊鼎是3000多年前的商王文丁为了祭祀他的母亲戊而铸造的。司母戊大方鼎是1939年被一群河南安阳的农民从地底下挖出来的，这些农民不识此鼎的真面目，因其形似马槽，故称它为“马槽鼎”。闻讯赶来的考古人员经过研究，才发现它是我国古代青铜器中的杰作。当时正值抗日战争时期，为了避免此鼎落入日寇之手，人们便把它重新埋入土中，另外造了一个假鼎来应付日本人。抗战胜利后，司母戊大方鼎才得以重见天日。

细说故事：

问　鼎

春秋时期，南方楚国强大起来。楚庄王率军攻打戎人之后（楚庄王八年，公元前606年），驻军周王朝首都洛邑郊外阅兵示威。当时周王室已衰弱，周定王不敢得罪楚庄王，只好派王孙满前去犒劳楚军。楚庄王见面就问作为周王朝王权象征的九鼎的大小轻重。王孙满大义凛然地回答：“周有九鼎，现在虽然衰弱，但还有德，天命未改，鼎的轻重不是你该问的。”楚庄王语塞，没敢轻举妄动。作为周朝的诸侯楚国敢于“问鼎”，反映了周王权的衰弱和楚庄王的狂妄。后来用“问鼎”指图谋夺取政权，也指在某方面取胜。

识字规律：“鼎”，如今既可单用，也可作偏旁。是《说文》部首。现今仍设鼎部。凡从“鼎”取义的字皆与食器等义有关，如：鼐。

门

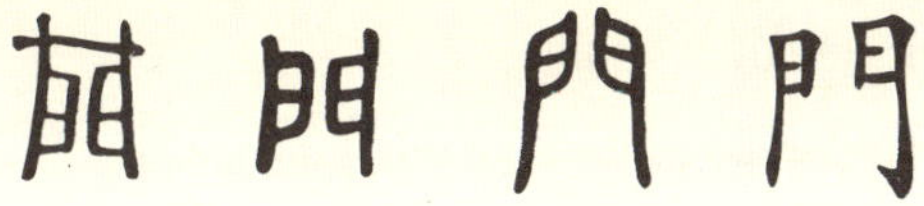

mén　　甲骨文　金文　小篆　繁体楷书

《说文解字》:“門,闻也。从二户相对,象形。”译:門,内外相互听闻得到。由两个户字会意。象形。

主要词义与词性: ❶房屋垣墙等建筑物,在出入通口处所设可开关转动的装置<名>:屋~|前~。❷形状或作用像门的<名>:电~|闸~。❸门第<名>:豪~。❹一般事物的分类<名>:分~别类|五花八~。

字形构造:“门”字是个象形字。甲骨文上部是一条嵌入门枢的横木,下部像两扇门的形象。金文则把门上的横木去掉了,但仍保持两扇门的原样儿。甲骨文的和金文的“门”反映了商、周时期房屋建筑中门的结构,与现在的门相近,几千年来门的形制几乎没有什么大的变化。

古代王公贵族住宅大门漆成红色,“朱门”曾是尊贵的象征。

起源和演变:明代一个没有留下姓名的人曾写过一个字谜:“阑柬(实为柬)东君去也,霎时间红日西沉,灯闪闪人儿不见,闷昏昏笑话无心。”谜底就是我们整天出来进去的“门”。

装在铺首上用来敲门的门钹。

原始人住在洞穴里,他们用竹木藤条编织了最初的门,遮风挡雨,抵御野兽的袭击。人类文明发展到奴隶社会,地面上建起了成排房屋,还有雄伟的宫殿,真正意义上的门应运而生,木制的,非常坚固。随着建筑水平的提高,古人对门的设计更加实用和美观,门的形式多种多样。但好看气派的门总出现在官宦富户,除非他们中间有的人为了清高的志趣而隐居山野，比如官至尚书右丞的王维中年以后一直过着半官半隐的生活，居住在山林，与洒脱不羁的士人相交往。他在《辋川闲居赠裴秀才迪》一诗中吟道："寒山转苍翠，秋水日潺湲。依杖柴门外，临风听暮蝉。"他的柴门，毋宁说是对宁静淡泊、拥抱大自然的生活的追求。

黑漆门为一般官宦人家所用。

然而对于一般老百姓来讲，他们的柴门是因为经济条件所限，更加穷困的人甚至编织蓬草为门。厚道的杜甫晚年穷困潦倒，不过当友人前来拜访，他仍以天真的热情写下了"花径不曾缘客扫，蓬门今始为君开"的诗句——没有客人来临，我花间的小径久久不曾打扫，因为今天你要到来，我敞开了一直关闭的蓬门。

《杜甫诗意图》："花径不曾缘客扫，蓬门今始为君开。"

词汇中有很多用到"门"的名词，比如"闸门"、"电门"、"柜门"等等，"门"在这些词汇中的含义都是像门的东西。因为"门"是出入之口，它又引申为"门径"、"关塞"之义。比如解决问题最好的门径叫做"窍门"，一个人面对刚刚接触的东西，经过反复实践琢磨之后他也许会说："我已经摸着点门儿了。"

山海关城门

一门之内所居住的通常是一家人，由此"门"引申为"家族"、"门第"等义。比如"豪门"、"门阀"（指世代显贵、有功勋的家族）、"双喜临门"中的"门"都解作家或家族之义，谈到婚嫁中国人讲究"门当户对"，这

清代北京千门万户的前门大街

里的“门”是门第的意思，更明白的解释是指家庭的社会地位、经济状况以及家庭成员的文化程度等。

无论是你走在五光十色的现代街道，还是徘徊在历史悠久的千年古镇，“门”总是各不相同、各具特色地映入你眼帘，“门”字再引申为“门类”、“派别”的意思。“分门别类”、“五花八门”，抑或是“儒门”、“佛门”、“门户之见”（因为派别不同而产生的偏见）。当我们说学一门学问，它是被当作量词用的。

大召寺山门（佛寺的大门称为山门，后“山门”也借指佛教、佛门）。

1972 年 2 月 21 日，美国总统尼克松抵达北京，开始对中国进行为期 7 天的历史性访问，中美邦交正常化的大门从此打开。

字义纵横谈

1972 年的水门事件（Watergate Scandal）是美国历史上最不光彩的政治丑闻之一，尼克松总统因为这件丑闻最终引咎辞职。此后每当国家领导人遭遇执政危机或执政丑闻，便通常会被国际新闻界冠之以“门”（gate）的名称，比如“伊朗门”、“情报门”、“虐囚门”等。

字中知识：

门神

秦叔宝和尉迟恭二门神，是民间流传最广、影响最大的武将门神，至今兴盛不衰。

秦叔宝和尉迟恭为唐代著名武将，二人帮助李世民打下了李唐天下，是唐朝的开国功勋。

据《三教源流搜神大全》和《历代神仙通鉴》讲，因为唐太宗李世民早年创立江山，杀人无数。他即位后身体不豫，夜梦恶鬼，“寝门外抛砖弄瓦，鬼魅呼叫。夜无宁静”。太宗恐惧，将此事说与群臣。大将秦琼和尉迟恭请求夜晚戎装守卫宫门两旁。此后，邪祟全消。“后世沿袭，遂永为门神。”

细说故事：

门可罗雀

据《史记》所载，下邽翟公担任廷尉时，家中宾客满门。后来被朝廷罢官后，门外可设置雀罗（过去的宾客都不与他来往，大门口冷冷清清，简直可以设置捕雀的网了）。不久，翟公复职，过去的宾客又想与他来往。翟公知道后，在大门上写了几个大字说：“一生一死，乃知交情；一贫一富，乃知交态；一贵一贱，交情乃见。”

识字规律：

“门”字，如今既可单用，也可作偏旁。凡从门取义的字皆与门户等义有关。

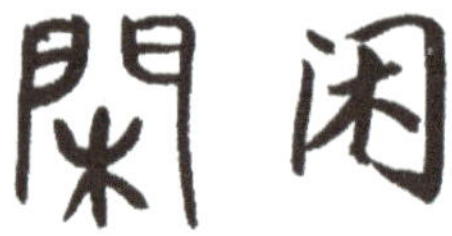

（会意）：会门中有木之意。本义为栅栏。

《说文解字》：“闲，阑也。从门中有木。”

（会意）：从马，从门。会马冲出门之意。本义为突进。

《说文解字》：“闯，马出门貌。从马在门中。”

（会意）：金文从门，从月，用门中可以看到月光，会空隙之意。本义指空隙。

《说文解字》：“间，隙也。从门，从月。”

户

hù　　甲骨文　　小篆

《说文解字》:“户,护也。半门曰户。”译:户,保护(室内的门户)。门一半叫户。

主要词义与词性: ❶门<名>:门~|夜不闭~。❷人家;住户<名>:~籍|专业~。❸户头<名>:~头|账~。

字形构造:“户”是个象形字。甲骨文像一个单扇门的样子。小篆的形体与甲骨文非常相似。楷书与小篆大同。

《元日》　王安石
爆竹声中一岁除,春风送暖入屠苏。
千门万户曈曈日,总把新桃换旧符。

起源和演变:“门”与“户”原本所指其实都是我们现在意义的门,不过门是指双扇门,户是指单扇门。“未有入室而不由户者。”(《礼记·礼器》)“唧唧复唧唧,木兰当户织。”(南北朝《木兰诗》)“流水不腐,户枢不蠹。”(《云笈七签》)有“户”的诗文非常多,这个字很快就用来泛指“门”,读起古老的文字,我们很难辨析但其实也用不着弄清其中的“户”是指单扇门还是双扇门。

国庆节户户挂红旗

“户”是出入口,与门一样,它引申指人家、住户。但是“户”当这个意思讲的时候比门要常用得多,如“千家万户”、“挨家挨户”,秦始皇统一六国后曾“徙天下豪富于咸阳十二万户”(《史记》),又比如“户籍”、“户均”(每户平均)、“户主”等。“户”又指从事某种职业的人或人家，如“农业户”、“工商户”等等。

隔户杨柳弱袅袅，恰如十五女儿腰。(杜甫《绝句漫兴》)上图为明代沈周《赠黄淮序并图卷》(局部)。

“户庭无尘杂，虚室有余闲。”这是陶渊明《归园田居》诗中的一句，是说自己的居室门庭空闲寂静，“户”在这里表示屋室，又比如“户外运动”，指的是室外露天的运动。

“户”也指账册登记的户头，资金置于户头，进出周转，正似人息止进出屋室。

当我们读白居易《久不见韩侍郎》诗时，会见到“户大嫌甜酒”一句。这里的“户”字解作“住户”、“门户”等都讲不通，其实是指“酒量”。意思是说，酒量大的人是不喜欢喝甜酒的，因为不过瘾。

字中知识：

楚虽三户，亡秦必楚

“楚虽三户，亡秦必楚”出自《史记·项羽本纪》是范增对项梁说的话。范增对项梁说：“夫秦灭六国，楚最无罪。自怀王入秦不反(秦人曾用计调楚怀王入秦，又使他不能回国，最终客死他乡)，楚人怜之至今，故楚南公曰‘楚虽三户(即使只剩三户人家)，亡秦必楚’也。”这话最终应验，陈胜、项羽、刘邦都是楚国人。“楚虽三户，亡秦必楚”一典后来常作为必胜信念的强烈表达。

识字规律：“户”字，如今既可单用，也可作偏旁。凡从“户”取义的字皆与门户等义有关。

岳麓书院匾额

(会意)：“扁”为“匾”本字，从户，从册(表示文字)。会门户上题字之意。“扁”后为引申义专用，匾额之义另造“匾”来表示。

《说文解字》：“扁，署也。从户从册。”

玛瑙贝

贝

bèi

貝

甲骨文　金文　小篆　繁体楷书

《说文解字》:“贝,海介虫也。象形。古者货贝而宝龟,周而有泉,至秦废贝行钱。”译:贝,海中有甲壳的软体动物。像贝壳之形。古时候以贝壳为财富,以龟甲为珍宝。周朝出现了泉(钱币名),到了秦朝,废贝而通行钱。

主要词义与词性:❶介壳类软体动物的统称〈名〉:~壳|扇~。❷古代用贝壳做的货币〈名〉:~币。

字形构造:

甲骨文、金文的“贝”字反映了一颗玛瑙贝的样子,比较一下上图,看看它们是多么写实。小篆对金文加以改造,下面长出的两笔使整个字看起来并不像贝壳。繁体楷书形体类似于小篆。简体为了书写方便再加以简化。

图中的贝壳都是商代遗物。

起源和演变:

“贝”的本义就是指海里的贝类,这些软体动物的壳就是贝壳。贝壳如今在人们看来司空见惯,没有什么可珍贵的,但是在上古却是一宝。相传周文王被纣王囚禁,为了营救文王,大臣太颠派人到海边去搜集海中大贝,并将它作为礼品赠送给纣王,纣王非常高兴,因而将文王释放。从这个故事中可知,“贝”在商代就被视作极为珍贵的物品。至于贝壳为何被视为珍宝,除了美观有光泽的本质外,更主要的原因是远离大海的中国内

云南晋宁石寨山出土的贡纳场面储贝器。西汉时期,中原大部分地区流通的都是金属货币,但在南方少数民族地区,贝币依然被使用着。

地很难找到贝壳，要靠商人跋山涉水辗转千里运送而来。在交通不便的古代，这实在不是一件容易的事。求之不易，所以显得尤为珍贵，人们这样称呼贝——“宝贝”。

宝贝。甲骨文的“宝”字写作[甲骨文字形]，象房子里有贝和玉，表示家里藏有珍宝。

“贝”在当时有很高的价值，它常常被贵族用来作为装饰品。随着原始交易的出现，人们自觉地开始寻找双方都愿意接受的物品作为交换的媒介，石斧、皮革、谷物、动物齿角都曾经作为货币使用，最后人们感到贝壳最为合适，它坚固耐磨，便于携带，计数方便，人人都乐于接受，在所有的实物货币中，贝币的流通时间是最长的，流通的领域也是最广的。秦始皇扫平六国，统一天下，采取了法律手段统一全国货币制度，金属货币取代了原来种类繁多的其他实物货币，“贝”开始逐步退出流通领域。

周代铜贝。在人们开始使用金属钱币的时候，它的形状还是贝壳状的。

人类历史上最伟大的科学家之一牛顿说过这样一段话：“我好像是在海上玩耍，时而发现了一个光滑的石子儿，时而发现了一个美丽贝壳而为之高兴的孩子。尽管如此，那真理的海洋还是神秘地展现在我们面前。”

字义纵横谈

“洛可可”是一种建筑风格，从法语“rocaille”而来，原指“贝壳装饰”，18世纪20年代产生于法国。“洛可可”主要表现在室内装饰上，追求绚丽多姿、纤巧精致、细腻柔媚的风格。

字中知识：

珍珠贝

珍珠贝，顾名思义，就是可以产出珍珠的贝，珍珠贝有很多品种，比如合浦珠母贝、马氏珍珠贝、企鹅珍珠贝等等。

当外界的小颗粒异物偶然进入贝壳，处在了外套膜与贝壳中间而无法排出时，珍珠贝就感到不舒服。为了排除这种异物刺激引起的不适，它就本能地分泌出珍珠质把异物一层一层地包裹起来，日子长了，就形成了一颗晶莹可爱的珍珠。

识字规律：

“贝”字，如今既可单用，也可作偏旁。凡从“贝”取义的字大都与钱财或贵重物品等义有关。

 负

(会意)：古文从人，从贝，会人拥有货贝就有了依靠之意。本义指依靠，依仗。

《说文解字》：“负，恃也。从人守贝，有所恃也。”

 贫

(会意兼形声)：从贝，从分，会一个贝还要分开之意，表示贫困，分亦声。本义指缺乏钱财。

《说文解字》：“贫，财分少也。从贝，从分，分亦声。”

 败

(会意)：甲骨文左边为“贝”，右边为手持棍(“攴”表示以手持棍，现代汉字中，“攴”大多写成“攵”)，会敲击致贝毁坏之意。本义指毁坏。

《说文解字》：“败，毁也。从攴，从贝。”

车

chē

甲骨文　金文　小篆　繁体楷书

《说文解字》:“车，舆轮之总名。夏后时奚仲所造。象形。”译:车、车厢、车轮等部件构成的总体的名称。是夏后时代名叫奚仲的人制造的。象形。

字形构造:“车”字是个象形字。甲骨文是从上面俯视的一辆车子的样子,辕(驾牲口的直木)、衡(车辕前端的横木)、轴、轮都有,车厢被省略了。金文的形体基本上与甲骨文相同。小篆的形体仅保留了一个车轮。繁体楷书的写法与小篆相同,简体楷书写作“车”。

主要词义与词性: ❶陆地上有轮子的运输工具<名>:火~|汽~。❷利用轮轴旋转的工具<名>:纺~|水~。

起源和演变:“车”的本义指陆地上有轮子的交通工具。“车”作为交通工具和作战设备,在我国有着悠久的历史。传说我们的祖先黄帝在野外游玩时,突然看见蓬草团随风旋转,由此受到启发,动手制造了一辆车。因为黄帝的造车之说,故黄帝又号“轩辕氏”。

车出现以后,它的主要用途是供军队作战,以及统治者行猎时使用的,车上通常有驭手和手持弓箭兵器的武士二人,开始的时候车上只套两匹马,后来常见套四匹和六匹马。到了春秋时期,拥有战车的多少成为国家实力的象征。

战国战车

1980 年 12 月出土于秦始皇陵西侧的两乘大型彩绘铜车马，造型的逼真、装饰的精美都是世所罕见，是国宝中的上品。它真实地再现了秦始皇车驾的风采。

今天，马匹已经不再是车子前进的动力，内燃机提供着强大的能量，但我们依然把陆地上所有有轮子的运输工具称为“车”，诸如“火车”、“汽车”等等。

车子是通过轮子的转动带动整个车身向前运动，因此，人们也将依靠轮轴转动而工作的工具称为“车”。手握摇把带动轮子旋转的纺纱器具叫做“纺车”，由风力驱动带动齿轮旋转的工具叫做“风车”，借助人力或畜力转动轮子、带动水斗、将水运送到田里面的工具叫做“水车”（用水流带动轮子的动力机械也称为水车）。

世界称中国是“自行车王国”。

中国如今正在向“汽车王国”转变。

甘肃兰州黄河水车

后来，发明了利用转动的轮子来切削物体的工具，这种工具被称为“车床”，用车床切削东西被称为“车零件”。由此引申，“车”又泛指机器，比如“试车”、“车间”等词中的“车”。在方言中，人们甚至把转动身体也称为“车”，如：“他又车过来对我说，他的背痛。”

澳门赛车场面

中国传统玩具风车

“车”字汉以前不读 chē，而读 jū，《释名》中说“车”之所以读 jū，是因为车上可居人。现在只有在象棋中的“车”仍保留“车”的古音。

东汉铜轺车

字中知识：

车同轨

秦统一六国以后，实行了“书同文，车同轨”的改革。统一文字很好理解，是为了减少人们沟通交流的障碍，就像我们现在推行普通话一样。而“车同轨”对于现代人并不好理解，秦代修建的道路是很宽阔的，车轮之间的距离为什么要统一呢？古代并没有柏油路、水泥路，而是经过夯实的黄土路，车辆经过土路，特别是下雨天，会留下深深的车辙印，干了之后还非常坚硬，前面压了两道沟，后面的车辆轮子之间的距离如果不一样，会造成相当大的行驶不便，甚至没法走，而间距相同就要好走得多。这便是秦始皇下令“车同轨”的原因。

识字规律：

“车”字，如今既可单用，也可作偏旁。凡从车取义的字大都与车辆等义有关。

甘肃省武威雷台出土的东汉车马出行仪仗。

轟 轰（会意）：从三车，会群车行驶时轰然作响之意。本义指群车行驶时的轰鸣声。

《说文解字》：“轰，群车声也。从三车。”

庫 库（会意）：从广，从车，会储藏兵车的房屋之意。本义指收藏兵甲车马的处所。

《说文解字》：“库，兵车藏也。从车，在广下。”

輦 辇（会意）：会两“夫”(男子)并行，拉车前进之意。本义指古时用人拉或推的车。

《说文解字》：“辇，挽车也。从车，从‘两夫’，在车前引之。”

唐代阎立本《步辇图》，描绘了唐太宗李世民接见吐蕃使者的情景。

东汉陶井(明器)

井

jǐng

甲骨文　　金文　　小篆

《说文解字》:“八家一井,象构韩之形,罋之象也。古者伯益初作井。”译:井,八家共汲一井,像四周构架的木栏形,是汲缾的样子。古时候叫做伯益的最初做井。

主要词义与词性: ❶从地面往下凿成的能取水的深洞〈名〉:水~|一口~。❷形状像井的东西〈名〉:矿~|油~|盐~。❸整齐〈形〉:~然|~~有条。

字形构造:“井”字是个象形字。甲骨文就像一个方口水井。金文在井的中心加了一个点儿,表示从井里打水的水桶。小篆的形体与金文基本相同。楷书为了书写方便,把其中的“水桶”去掉了。

徐悲鸿《巴人汲水图》(局部)。从画中我们可以看到,没有水井,人们吃水是多么的不方便。

起源和演变:“井”的本义就是“水井”。人类生存离不开水,因而在远古的时候,先民们总是靠近河川居住。日升月落,社会向前发展,人口不断增多,然而人们却只能眼睁睁地看着远离河流的大片土地等闲空置。不迁移来疏散人口吧,生存空间日趋拥挤,迁移吧,没有水怎么生存?或者可以开渠引水,然而想让水道跟

山区的农妇正在用辘轳从井中汲水。

随人类迁居的脚步又谈何容易。传说中，一位名叫伯益的人发现挖掘土层可以挖出水来，虽然“伯益作井”是个传说，然而从人们挖掘成功第一口井开始，他们才真正开始征服这片幅员辽阔的土地。

“井”由本义引申指形状像井的东西，比如“矿井”、“油井”、“盐井”、“探井”，当然，不能忘了“天井”，这种中国常见的房屋建筑结构其实就是露天的院落，房子和房子或房子和围墙围成了露天空地，在院子里看天呢，很像是从井底看天，因此得名“天井”。总体而言，北方四合院的天井要比江南人家的天井宽敞很多，江南人家的天井则更多地体现出精致幽静的气质。

油井钻探图

这是保存较好的一所清代北京四合院。

江南名宅“内史第”，宋氏三姐妹以及其他宋氏家族成员，还有胡适、黄炎培等数十位近现代名人都在此居住过。

在先秦哲学家孟子(公元前374—前289)的著作中，有一篇描写周朝初期实行的“井田制”的文章。每一块土地都经过仔细丈量，分成九份，其中的八块田地分给八家农户，耕种所出归自己所有，中间的一块由他们共同为王管理，八家之力共耕公田以为赋税。这种土地制度被称为井田制，它体现了一种均田思想，人人都有地种，又避免了土地兼并(地权并不归农户所有)。对于孟子来说，这可能是最富有理想色彩的公平社会，所以他竭力在战国时代使这种已经不现实的政治设计再次成为现实。

夫	夫	夫
夫	公田	夫
夫	夫	夫

世界上独一无二的山村民居建筑——福建客家土楼。远远看去，像不像一口连着一口的井？

一方或几方井田便形成了一个小小的村落，“井”由此引申表示乡里、家宅、人口聚集之地，成语“背井离乡”是指不得已而离开家乡，到外地生活。

背井离乡

有了水井，四面八方的人开始定居下来，街道逐渐形成。人们开始进行物品交换，以获得自己需要的东西，而交换物品的地点最开始就在水井旁边。东汉颜师古这样说：“古未有市，若朝聚井汲，便将货物于井边货卖，曰市井。”最初的时候并没有专门的集市，因为人们早上起来都要到井边打水，于是有货物要出售的人便在井边摆上货物叫卖。这就是“市井”一词的来历。“市井”后来用以表示街市、市场之义。

四川新繁县东汉墓出土的市井画像砖。图中十字形街道将市井分为四个交易区，街道中央设有市井官署。

由“井”方方正正的形状，“井”又引申表示整齐有条理，比如我们常说的“井然有序”、“井井有条”等词，使用的都是“井”的这层含义。

橱窗中商品陈列得井井有条。

细说故事：

景阳井

在南京鸡鸣寺后有一口井，原名景阳井，又名胭脂井。南朝最后一个皇帝陈后主当政时，整日沉湎诗酒美色，直到隋兵攻入金陵，他才慌忙带着最宠爱的张丽华、孔贵妃二妃躲入景阳井内。后来被隋兵发现，将他们吊

南京鸡鸣寺

上来时，嫔妃涕泪俱下，胭脂泪沾满井石栏，拭之不去。宠妃随后作为红颜祸水被隋将斩首，陈后主则当了俘虏。这口井被后人称为“辱井”，永为鉴戒。相传张丽华发长七尺、光可鉴人、眉目如画，且敏锐多才，被陈后主视为至宝，那首著名的《玉树后庭花》也是为她而作，但终于成为了亡国之音。时至江河日下的中晚唐，著名诗人杜牧抚今追昔，写下了这样的诗句：“商女不知亡国恨，隔江犹唱《后庭花》。”

胭脂井

珍妃井

珍妃井在故宫的外东路。珍妃是清光绪帝的妃子，她因同情光绪、支持变法而受到慈禧太后的憎恨。戊戌变法失败后，慈禧将光绪帝和珍妃分别囚禁在南海瀛台和冷宫中。1900年八国联军入侵北京，慈禧携光绪逃离京城时，令太监将珍妃推入井内溺死。

一年后，珍妃的尸体才被打捞上来，葬于西直门外。后经光绪追封为皇贵妃。

识字规律：“井”字，如今既可单用，也可作偏旁。凡从“井”取义的字大都与水井、井田等义有关。

（会意兼形声）：从耒（lěi），从井，会以耒（犁）耕井田之意。井亦声。

《说文解字》：“耕，犁也。从耒，井声。一曰古者井田。”

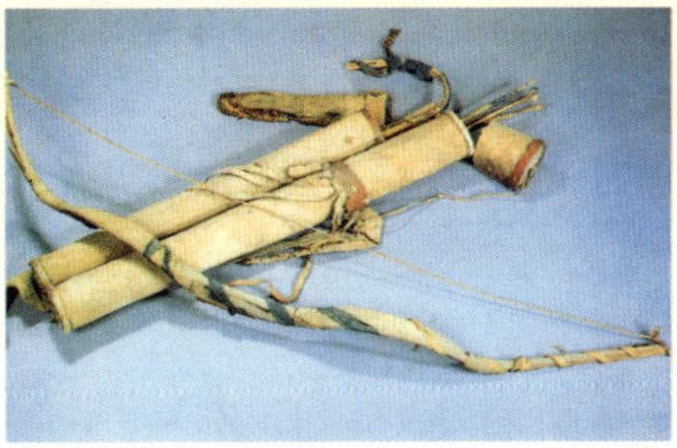

弓

gōng

甲骨文　　金文　　小篆

《说文解字》:“弓,以近穷远。象形。古者挥作弓。”译:弓,从近射及远处(的武器)。象形。古时候名叫挥的人制作了弓。

字形构造:“弓”字是个象形字。甲骨文左边是弓背,右边是弓弦,与古代弓的样子一般无二。金文的形体是一张松下了弓弦的弓。小篆和楷书的写法由金文而来,但更为均匀整齐。

主要词义与词性:❶射箭或打弹的器械,在有弹性的木条两端之间系以坚韧的弦,拉开弦后,猛然放手,靠弓和弦的弹力把箭或弹丸射出<名>:左右开~。❷弯曲<动>:~着腰。

起源和演变:人类在河谷定居下来并开始耕种以后很久,他们在很大程度上仍然靠狩猎和捕鱼为生。为了生存,先民们无时无刻不要面对大自然的严酷考验。他们成群结队,手持石矛木棍,追逐围捕猎物,但也常常因为猎物的凶猛而付出惨重的代价,而对于高高在上的飞鸟,迅捷的羚羊与鹿,则更是无

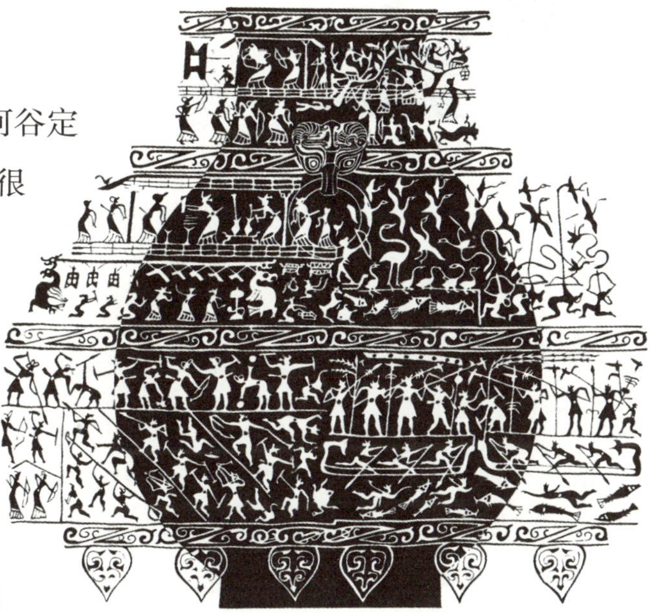

战国时期的宴乐采桑狩猎攻战纹壶。无论在战争还是社会生产中,弓箭都是不可或缺的。

能为力。直到弓箭被发明和使用，人们才确立了对于动物的优势，自身的防卫能力和食物来源从此得到加强和扩大。很多学者将发明弓箭的意义与人类对火的使用相提并论。

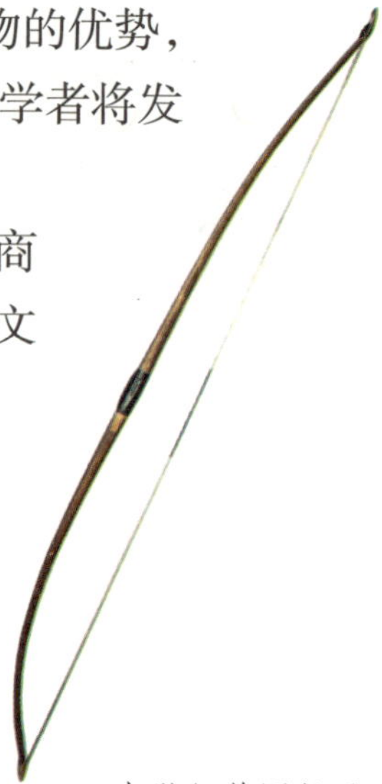

中世纪英国长弓。它被丘吉尔誉为“超越敌人的武器”。

与欧洲中世纪还在广泛使用的单体长弓不同，从商代开始起，中国人的弓就发展成为复合弓，我们在甲骨文和金文当中看到的“弓”字，是依据双曲反弯复合弓象形而来的。复合弓的弓体由多种木材和竹材多层叠合而成，内、外两侧分别粘附动物的角片和筋，弹力强大，经久耐用。弓的制作在选材、工序上要求非常严格，一张弓的制成通常需要花费两到三年的时间。

弓除了用于狩猎与战争，还用来丈量土地，这是一种两端距离有着统一标准的木弓，有1.6米左右长。此外，人们将形状或作用像弓的事物也都称为“弓”，比如“琴弓”、“弹弓”。

《金陵十二钗》邮票之“李纨课子”。

“弓”作为动词用的时候，它表示弯曲的意思，当我们小的时候，父母亲总会弓着腰帮助我们学走路，告诉我们一些关于这个世界的简单道理，不是吗？

细说故事：

惊弓之鸟

成语“惊弓之鸟”出自《战国策·楚策四》：战国时，六国合纵，并力拒秦。一天，赵国的魏加前来谒见楚国的春申君，他问道：“你有合适的战将了吗？”春申君回答说：“有了，我想以临武君为将。”魏加说：“我年少的时候喜欢射箭，我就以射箭来打个比方,可以吗?”春申君表示同意。

魏加说:“从前神射手更羸与魏王在高台之下,仰见飞鸟。更羸对魏王说:‘我为大王拉弓虚射下飞鸟吧。’魏王说:‘射术可以达到这么高的水平吗?’更羸说:‘可以。’过了一会儿,有雁从东方来,更羸虚射而雁下。魏王惊叹道:‘射术真的可以达到这种地步!’更羸解释说:‘这是一只有隐伤的鸟,它飞得慢而鸣声又凄厉,飞得慢是因为旧伤疼痛,鸣声凄厉是因为长久失群。原来的伤口没有愈合,惊恐的心理还没有消除,所以一听到弦声,就猛地振翅高飞,旧伤开裂,使它跌落下来。’”魏加又接着说:“临武君曾经为秦军所败,就好像这惊弓之鸟,不可以命他为拒秦之将啊!”

“惊弓之鸟”原指被弓箭吓怕了的鸟,现在比喻因受过惊吓、遇到一点情况就惶恐不安的人。

识字规律:“弓”字,如今既可单用,也可作偏旁。凡从“弓”取义的字大都与弓形、弯曲等义有关。

(会意):会拉弓搭箭(丨表示箭),即将射发之意。本义指拉开弓。

《说文解字》:“引,开弓也。从弓丨。”

(会意):金文像箭在弦上,手(寸)在发放。小篆把弓形讹变成“身”字。本义指拉弓射箭。

《说文解字》:“射,弓弩发于身而中于远也。”(此解不确)

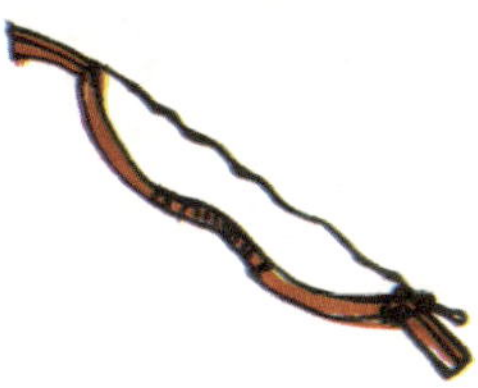

弛

(形声):从弓,也声。本义指放松弓弦。

《说文解字》:“弛,弓解也。从弓,也声。”

图中实物为新石器时代良渚文化石箭头。

矢

shǐ

甲骨文　金文　小篆

《说文解字》:“矢,弓弩矢也。从入,象镝栝羽之形。古者夷牟初作矢。”译:矢,弓弩所用的箭。从入。像箭头、箭末扣弦处、箭羽的样子。古时候名叫夷牟的人最早制作了箭。

主要词义与词性:❶箭〈名〉:飞~|流~。❷发誓〈动〉:~志。

字形构造:“矢”是个象形字。甲骨文、金文中的“矢”描摹的就是箭的样子:上端是锋利的箭头,中间是箭杆,下端是箭羽。小篆线条化,形象已变得抽象,到了楷书就看不出箭的模样了。

起源和演变:“矢”的本义就是箭。我们的祖先用兽骨和石头制成锋利的骨箭头和石箭头,将它们插入坚硬的竹节,在竹杆的后端粘上帮助飞行的羽毛,这样的一支箭不但是捕猎的利器,当部落战争发生时,拥有它的一方就拥有强大的杀伤力量。到了商代的时候,人们已经广泛地用金属制造箭头了。战国大诗人屈原在《九歌·国殇》中吟道:“旌蔽日兮敌若云,矢交坠兮

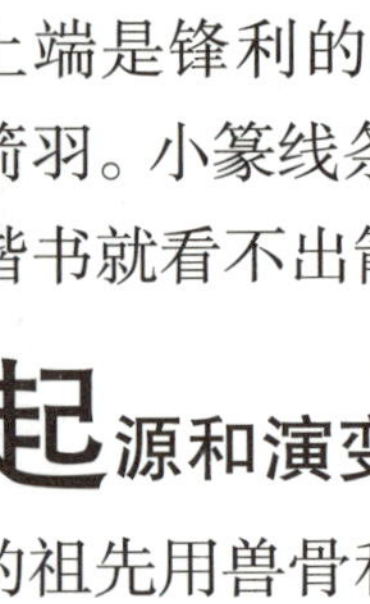

商代青铜箭头

徐悲鸿画屈原《九歌·国殇》

士争先。”我们不难想象那漫天飞矢、利镞穿骨的惨烈场面。而当历史发展到元代，成吉思汗以及他的子孙的骑射征服了大半个亚欧大陆。

清代箭匠制箭场景图

清代军官射箭场景

俗话说：开弓没有回头箭。矢“直而短”（清阮元《释矢》），离开弓弦便直指目标，从这里，这个字引申指正与直，“矢口否认”是说不含糊地一口否认，汉代的扬雄说：“圣人矢口而成言，肆笔而成书。”

古代出师之前，将士们常以手持箭在神灵的面前起誓，以此祈求神灵保佑，获取战争的胜利。在古代，“矢”通“誓”，《诗·庸风·柏舟》：“髧彼两髦，实维我仪，之死矢靡它。”毛亨注：“矢，誓。”这段话的意思是：那垂发齐眉的少年郎，该和我来成一双，我发誓，到死也不会变心肠。我们常用的“矢志不渝”、“矢死不二”等词，便表示誓死都不改变自己的志向和节操。

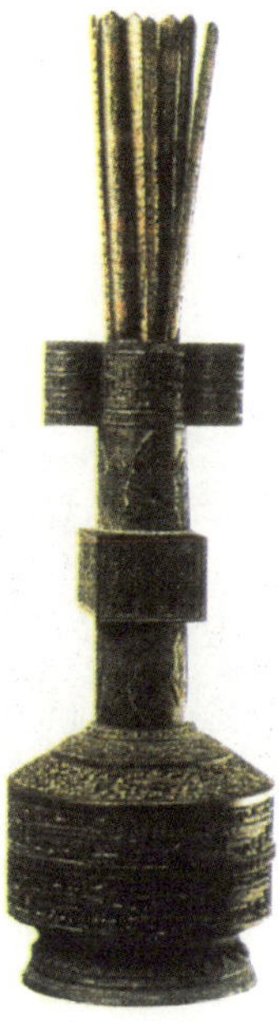

清代铜投壶

不说沉重的了，说说“投壶”之戏吧！古代投壶用的筹码，其形制与矢相近，因此称筹码也叫“矢”。投壶是古代宴会时的一种游戏。其方法是先将装酒的壶口当目标，手拿着筹码向壶口投去，按投中多少定胜负，谁输了就喝酒。欧阳修《醉翁亭记》中说：“射者中，弈者胜，觥筹交错，坐起而喧哗者，众宾欢也。”射者，便是投壶的人。

因为“矢”与“屎”同音，为了避俗，古人借“矢”代“屎”，《左传·文公十八年》有一句“杀而埋之马矢之中”，意思就是杀了并埋在马粪里。

细说故事：

李存勖三矢承遗命

后唐庄宗李存勖自幼便体貌出众，长大后更是深通军事，胆力过人。他的父亲李克用临死时曾经交给他三支箭，对他说："梁朝（五代第一个王朝），是我的仇家。燕王（刘守光），是我帮他成就了今天的事业；契丹同我曾约为兄弟。可是他们都背叛了晋国而归附了梁。这三者，是我的遗恨！现在给你三支箭，你千万不要忘记父亲未了的心愿！"庄宗接受了这三支箭并把它们保存在宗庙里。其后每逢出征作战，就派手下的官员用一猪一羊去宗庙祭告，并请出那些箭，用锦囊装了，让人背着，走在队伍的前面。等到凯旋后，再把箭放回原处。

经过十多年的交战，李存勖基本上完成了父亲遗命，于公元923年攻灭后梁，统一北方，四月，在魏州（河北大名县西）称帝，国号为唐，史称后唐。

识字规律：

"矢"字，如今既可单用，也可作偏旁。凡从"矢"取义的字大都与箭、直、短小等义有关。

（会意）：甲骨文从大（人），从矢，会人腋下中箭之意。本义指受兵伤。后引申泛指疾病。

《说文解字》："疾，病也。从疒，矢声。"

（会意兼形声）：篆文从矢，从已，会强弩之末终止于地之意。本义指箭终止。

《说文解字》："矣，语已词也。从矢，已声。"

商代青铜刀

刀

dāo

甲骨文　　金文　　小篆

《说文解字》:“刀,兵也。象形。”译:刀,兵器。像刀之形。

主要词义与词性: ❶古代兵器,泛指切、割、削、砍、铡的工具〈名〉:菜~|铡~。❷形状像刀的东西〈名〉:冰~|双~电闸。

字形构造:“刀”是个象形字。甲骨文和金文中表现的都是刀尖向上、刀刃向左的一把刀,小篆的刀尖弯曲得夸张,到了楷书,就已经看不出刀的样子了。

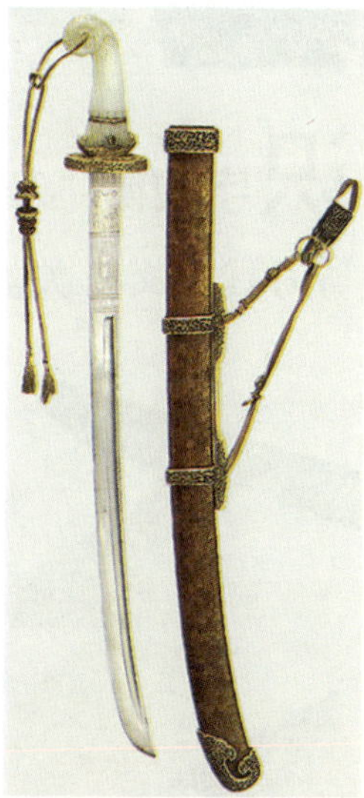

乾隆皇帝御用配刀天字十七号“宝腾”。

起源和演变:“刀”字本来是根据商代的武器青铜刀而创造的,厚刀背,刀尖上翘,“刀枪”、“刀兵”中的“刀”字,表示的都是“刀”的本义。后来引申泛指用于切割砍削的有锋刃的工具,我们日常生活中常见的“剪刀”、“木工刀”,以至于“刮胡刀”、“转笔刀”,虽然与最初刀的形状有了很大差异,但我们都用“刀”来称呼它们。

溜冰场上,技术纯熟的滑冰运动员快速地移动,脚下的冰刀刮划起簇簇冰花。“冰刀”的“刀”是泛指所有像刀的东西。

在秦始皇没有统一六国之前，燕国和齐国使用的都是“刀币”——一种形状像刀的钱币。

字中知识：

刀笔吏

古人在简牍上书写文字时，如有错误，就用刀削去，所以古代的掌管文书的小官吏常常随身带着刀和笔，以便随时使用，他们后来也被称作“刀笔吏”。汉代的开国名臣萧何、曹参都曾是秦朝的“刀笔吏”。在古代，人们又往往特将书写讼状的人称为“刀笔吏”，顾名思义，就是谓其深通法律规则，文笔犀利，用笔如刀。

识字规律：“刀”字，如今既可单用，也可作偏旁。凡从“刀”取义的字大都与刀具等义有关。

（指事）：在刀上加一点，指出刀口所在。本义指刀口、刀锋。

《说文解字》：“刃，刀坚也。象刀有刃之形。”（刃其实是指事字）

（会意）：“八”是分开的东西，会以刀剖物，使之分开之意。本义指分割，分开。

《说文解字》：“分，别也。从八，从刀，刀以分别物也。”

（会意）：会用刀剪裁制衣服的起始之意。本义指裁衣之始。

《说文解字》：“初，始也。裁者衣之始也。从刀，从衣。”

新石器时代拴在木柄上的石斧

斤

jīn

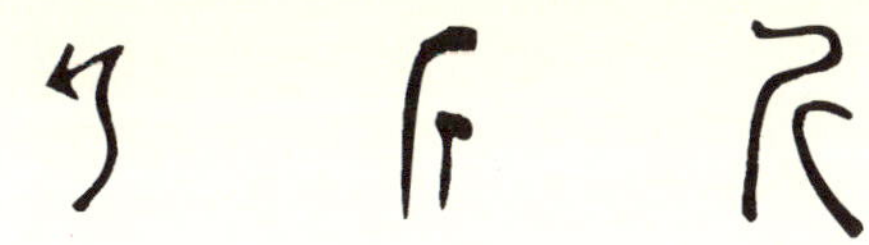

甲骨文　　金文　　小篆

《说文解字》:“斤,斫木斧也。象形。”译:斤,砍削木头的斧子。象形。

字形构造:“斤”是个象形字,甲骨文像一把刃朝左的斧子,斧子的形状与上图非常相似。金文是一把宽刃大斧。小篆承接金文而来,线条更加均匀美观,但很难看出这是一把斧子了。楷书与金文大同。

主要词义与词性: ❶古代砍伐树木的工具〈名〉。❷重量单位〈量〉。

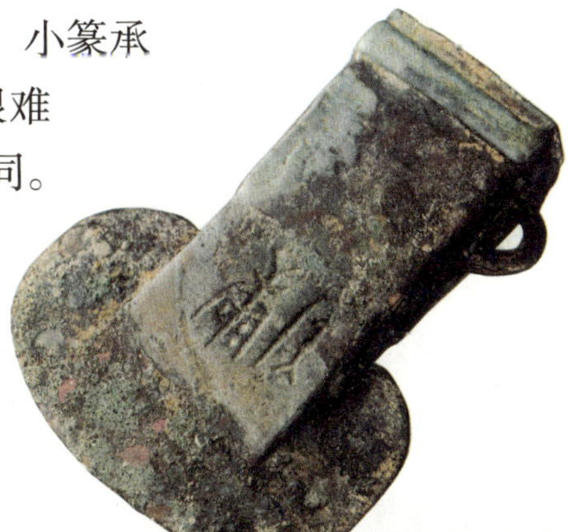

西周康侯斧,斧上有康侯铭文。

起源和演变:“斤”字的本义,是砍伐树木的斧头。《左传·哀公二十五年》记载卫国工匠暴动:“皆执利兵,无者执斤。”意思是说他们都拿着锋利的武器,没有锋利武器的就拿着斧头。手持斧头,最常做的动作是砍与削,“斤”由此引申作动词用,文言中有“斤削”一词,实际上就是砍削的意思。当一个古代读书人恭恭敬敬地拿着自己的习作向前辈长者求教的时候,他也许会说“望大人略加斤正”,“斤”在这里又引申为对文字的删削修饰。

《木工图》(局部)。这幅壁画反映修建布达拉宫时木工劳作的情景,图中三人持斧,正在砍削木料。

既然“斤”的本义是斧头，那么它为什么又代表重量单位呢？实际上在最初的口语里已有了当重量讲的字，发音与“斤”相同，然而在笔下却没有这个字，所以就把“斤”字借来用上了，并且永借不还了。“斤”字索性将自己的本义交给与它同义的“斧”字表示，自己专门表示重量单位。

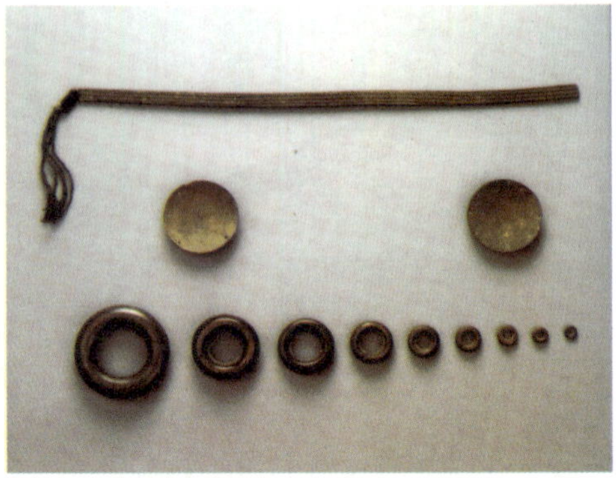

战国时期楚国的天秤和环权。环权共九枚，最小的0.6克，最大的125克。当时楚国的一斤约合现在的250克。实际上各个朝代“斤”的标准并不是一成不变的，如今的500克一斤是1929年规定的。

由于“斤”变成了表示重量的单位，是可以详辨明察的，因而“斤”后来又有了“明察”的意思，但任何事情都不能过分，过分的辨察计较人们称之为“斤斤计较”，是含有贬义的。

识字规律：“斤”字，如今既可单用，也可作偏旁。凡从“斤”取义的字大都与斧子等义有关。

（指事）：“新”是薪的本字，甲骨文左边是一棵树的形状，右边是斤，会用斧子砍伐木材之意。本义指用斧砍柴。后左边的“木”讹变为“亲”。

《说文解字》：“新，取木也。从斤，亲声。”

（会意）：从木，从斤，会用斧子劈木柴之意。本义指劈木柴。

《说文解字》：“析，破木也。从木，从斤。”

石头夯

工

gōng

甲骨文　金文　小篆

《说文解字》:"工,巧饰也。象人有规矩也。"译:工,巧于文饰。像人手中有规矩的样子。(此解不确)

主要词义与词性: ❶工人〈名〉:瓦~|技~。❷工作〈名〉:~资|做~。❸工程〈名〉:竣~。❹工业〈名〉:化~。❺精巧;精致〈形〉:~巧|~绮。

带"工"字的词语易错的字: 巧夺天公(工)。

字形构造:"工"是个象形字,甲骨文、金文都像古人夯筑墙时用的夯杵之形。小篆线条化,就看不出字的原型了。楷书与小篆基本一致。

秦长城遗址

起源和演变:"工"的本义是指建筑用的筑杵,或者叫做夯。最常见的筑杵是石头做的,下部是圆的,大约二十五厘米高,二十五厘米宽,装有一个木头把。它是中国历史上最古老、最重要和使用最多的工具之一。当人们用土建房子或墙时,他们将土放到用木板或圆木搭成的方形框子里,然后用筑杵夯实。等土层硬了以后,人们将木框上移,然后再加土,再夯实,直到墙达到想要的高度。用这种方法建造的墙非常结实,经过千年的风吹雨淋、战

古城墙内侧的夯土部分

火灾难，那些古老宫殿城墙的遗迹往往只剩下它们的夯土部分。

“工”是建筑用的工具，这个字由此引申指建筑工程，中国古代政府中的“工部”，最初主要的职责是管理建筑工程。“工”后来泛指一切工程，比如“工要”表示工程的重要之处，“竣工”表示工程完工。而“做工”、“上工”、“工资”等词中的“工”字，则涵盖了各种生产劳动。

“工部”牌楼。为纪念明代工部官员，负责督造郑和下西洋八十余艘巨舰的孙坤而建。工部是明朝时的六部之一，吏部、户部、礼部、兵部、刑部、工部，也分别叫天官、地官、春官、夏官、秋官、冬官。

“工”由“工具”义引申表示工人、工匠。孔子说：“工欲善其事，必先利其器。”意思是工匠要把活儿做好，必须先使工具精良。中国古代按从业的不同分出“士、农、工、商”四民，“工”是对拥有技艺、从事制造工作的劳动者的总称，如今“工”则泛指一切拥有技艺的人，如瓦工、木工、漆工、电工、修理工等等。而由工匠细致精巧的手艺，“工”又引申当作形容词用，表示精巧、精致。我们常用的成语“异曲同工”，意思是曲调不同但艺术技巧是同样的精妙。欧阳修在《梅圣俞诗集序》中谈论做诗是“愈穷则愈工”，是说诗人在受到困险环境的磨砺，幽愤郁积于心时，才能写出高水平的诗歌作品。

西汉“医工”铜盆，医疗器具。在古代，医生也归入“工”，良医称为“良工”，一般的医生称为“医工”。

巧夺天工的清代象牙雕刻。

初唐四杰的骆宾王以他所写的讨伐武则天的檄文最为著名，历数武氏罪状时写道：“入宫见嫉，蛾眉不肯让人；掩袖工谗，狐媚偏能惑主。”极写其争强好胜、工于心计的情态。这里的“工”字用的是其动词义，表示“擅长”、“善于”。据说武则天看完这篇檄文，非但没有生气，还惋惜未能使这样的人才为自己所用。

细说故事：

工力悉敌

宋朝人计有功的《唐诗纪事》中记载了这样一则故事：唐中宗李显有一次到到昆明池游玩赋诗，群臣也应制赋诗百余篇。中宗还命人于帐殿前搭起彩楼，让才华横溢而美丽无双的上官婉儿选一首作为新翻御制曲。群臣都聚集于楼下等待，不大会儿，纸落如飞，原来是没有入选的都被一一抛下来了。最后只剩下沈佺期和宋之问的诗没被抛下。过了一会儿，又有一纸落下，大家拾起一看，是沈佺期的。只听上官婉儿评价道，“二诗工力悉敌”，只是结尾二句，沈诗“词气已竭”，宋诗“犹陟健举”。

“工力悉敌”如今作为成语来形容双方用的功夫和力量相当，彼此不分高低。

识字规律：

“工”字，如今既可单用，也可作偏旁。凡从“工”取义的字大都与“工具”或“技能”等义有关。

（会意）：“左”是“佐”的本字，会左手执工具辅助、帮助干活之意。本义指帮助，辅佐。

《说文解字》：“左，手相左助也。从𠂇、工。”

（会意兼形声）：篆文从力，从工，会用力从事建筑等工作之意，工亦声。本义指从事建筑等各种各样的工作。

《说文解字》：“功，以劳定国也。从力，从工，工亦声。”（此解为引申义）

力

lì

甲骨文　　金文　　小篆

《说文解字》:“力,筋也。象人筋骨之形。治功曰力,能御大灾。”译:力,筋骨张缩的功用。像人筋骨突起的样子。能使天下大治的功劳叫力,力能够抵御大的灾难。(所释为引申义)

汉代画像砖上的神农形象。神农使用的工具是“耒”,“力”字的原型。

字形构造:“力”字是个象形字,甲骨文、金文都像古人犁地用的工具“耒”的形状。小篆整齐化,但还是能看出耒的样子。楷书加以简化,就看不太出来了。

主要词义与词性:❶物质之间的相互作用。凡能使物体获得加速度或者发生形变的作用都称为力〈名〉。❷体力〈名〉:四肢无~。❸力量;能力:战斗~|理解~。❹尽力;努力〈动〉:~争上游。

起源和演变:“力”的本义是一种农业工具,叫做“耒”。“耒”也称“踏犁”,由一块弯曲的木头制成,下部装有一根横梁。人用脚踏动横梁,犁头向前滑动。人们不是用它翻土,仅仅是为了犁出沟垄,然后播种。

徐悲鸿《愚公移山》(局部)

犁地要用力气,“力”由此引申指体力、力气,比如“身强力壮”、“四肢无力”,又比如项羽著名的《垓下歌》:“力拔山兮气盖世。时不利兮骓不逝。骓不逝兮可奈何!虞兮虞兮奈若何!”——力气可以拔山啊,势不利啊，乌骓马也不能奔驰了。乌骓马不能奔驰可怎么办！虞姬虞姬啊，你又将如何呢？

后世用的犁，它与“力”字的形状是多么相像！

由体力、力气义，“力”又引申泛指力量、能力，一代壮士项羽最终的计穷力屈（计谋穷尽，力量耗竭）令人悲叹，然而相比刘邦的礼贤下士、从善如流、量力而行（按照自己能力大小去做事），他确实输掉了很多很多。当我们说起“战斗力”、“理解力”、“说服力”、“运载力”等词时，“力”字所表示的都是能力的意思。

谁也不否认权势是一种力量，一种指挥支配他人的力量，当把“力”字的含义按层次划分，“权势”的含义被单分为一层，孟子谈到这种特殊的力量时说：“以力服人者，非心服也……以德服人者，中心悦而诚服也。”——倚仗权势征服别人的人，别人并不是从心里服从他……凭借德行使别人归附自己的人，别人是心悦诚服。

“力”用作副词时，当尽力、竭力讲。做任何事情我们都要力争上游（尽力争取先进），即便是能力有限，也要力求（尽最大的努力）达到自己能做到的最好的程度，就可以问心无愧了。

字中知识：

力透纸背

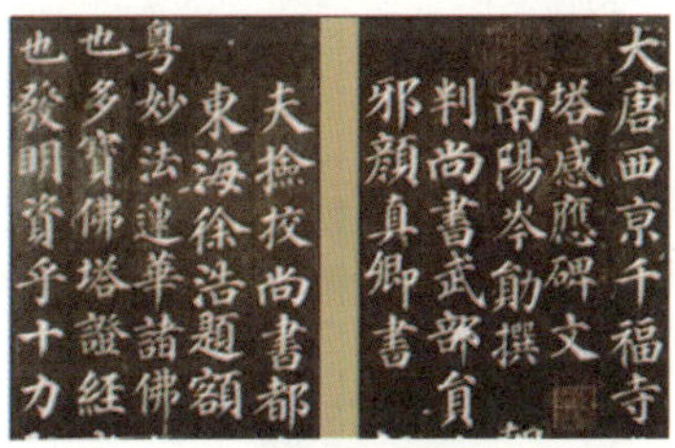

颜真卿《多宝塔》碑

“力透纸背”，形容书法遒劲有力。唐代大书法家颜真卿写的《张长史十二笔法意记》中说：“当用其锋，常欲使其力透过纸背，此功成之极矣。”这不仅仅是形容词，在技法和功力都极为深厚高妙、炉火纯青时，书法确实有一种金折玉润的力量神采。颜鲁公的书法就是榜样。

识字规律：“力”字，如今既可单用，也可作偏旁。凡从“力”取义的字大都与力量、功效等义有关。

《说文解字》：“加，语相增加也。从力，从口。”

（会意）：从力，从口，会添枝加叶说假话，夸大其词之意。本义指夸大其词说假话。

清代焦秉贞绘《耕织图册页》。

《说文解字》：“男，丈夫也。从田，从力，言男用力于田也。”

（会意）：以用“耒”耕田会男子之意，因为农耕主要是男子的事。本义指男子。

（会意）：小篆字形上面是炏（yàn），即“焰”的本字，表示灯火通明；中间是“冖”字，表示房屋；下面是“力”，表示用力。会夜间仍然用力劳作之意。本义指努力劳动，使受辛苦。

《说文解字》：“劳，剧也。从力，熒省。熒，火烧冂，用力者劳。”（许慎说是发生了火灾，救火的人非常辛劳。）

徐悲鸿《六朝诗意图》（局部）

（会意）：从大，从力。会大力扛担东西之意。本义指大力扛担东西。

《说文解字》无。

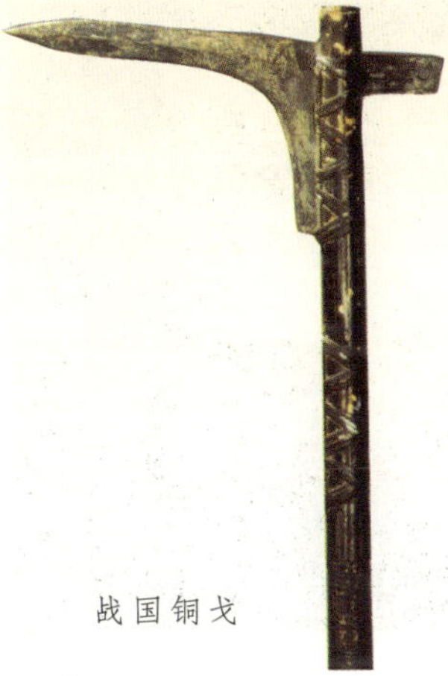

战国铜戈

戈

gē　　甲骨文　　金文　　小篆

《说文解字》:“戈,平头戟也。象形。”译文:戈,平头的戟。象形。

主要词义与词性: 古代兵器,横刃,用青铜或铁制成,装有长柄<名>:倒~。

字形构造:“戈”字是个象形字。甲骨文和金文都像戈之形,上部是戈长而弯曲的锋刃,中间是戈的长柄,最下面的三个尖也是带有锋刃的配件。可到了小篆发生了变化,不太容易看出戈的样子了。楷书的形体则由小篆演变而来。

起源和演变: 戈是一种非常古老的兵器,它是在一根长长的木棍上,绑着一把锋利的短刀,用以勾割或啄刺敌人。步战用戈的戈口较短,车战用戈的戈口则很长。

安阳妇好墓玉戈

戈盛行于商至战国时期,是士兵作战的主要武器。《荀子·议兵》中说:“古之兵,戈、矛、弓、矢而已矣。”意思是说:古代的兵器,也不过是戈、矛、弓、箭罢了。在种类不多的古老兵器中,戈是排在第一位的。它也被用玉石来制造，作为仪仗用具，在河南省安阳市妇好墓中出土过玉戈39件，制工精巧，都是作为礼器使用的。

京剧《群英会》剧照

曾经辉煌一时的“戈”后来引申泛指兵器，《三国演义》描写“群英会”的一回中，周瑜与蒋干畅饮佯醉，而在帐外，“左右军士，皆全装贯带，持戈执戟而立”。气氛是那样的紧张玄妙，而此处之“戈”泛指兵器，到三国的时候，戈已经退出历史舞台很久了。

由兵器义，“戈”字又引申指战争，并且常常与“干”（一种古代兵器）字连用。止息了已经发生的或即将发生的战争，双方的使者拿着礼物为了两国关系往来交际，这叫做“化干戈为玉帛”。

细说故事：

枕戈待旦

西晋末期，诸王争权，朝廷倾危，北方各少数族首领乘机起兵反晋，当地豪强也都拥兵自重。祖逖和刘琨，都是性格开朗、仗义好侠、决心报效国家的志士。两人曾经同为司州主簿，意气相投，晚上合盖一床被子睡觉，清晨一同闻鸡起舞。后来祖逖领兵渡江北伐，刘琨得到消息，他在一封给亲友的信中写道：“吾枕戈待旦，志枭（诛杀）逆虏，常恐祖生先吾着鞭耳（常担心祖生走在我前面）！”（《晋书·刘琨传》）其报国之心可见一斑。

“枕戈待旦”后来称为成语，用来形容时刻警惕，准备作战。

识字规律：“戈”字，如今既可单用，也可作偏旁。凡从“戈”取义的字大都与兵器、杀伤等义有关。

（会意）：甲骨文从戈，从止（止的本义指脚），会人持戈行进之意，表示要动武。本义指行进征伐。

《说文解字》：“武，楚庄王曰：夫武，定功戢（jí，收起）兵。故止戈为武。”（此说并非“武”的本义。）

（会意）：“戈”是兵器，铠甲的“甲”的古字写作一个十字，会兵器意。本义指古代兵器的总称。

《说文解字》：“戎，兵也。从戈，从甲。”

（会意）：甲骨文字形，上面是“戈”，下面像两只手（即“廾”）。会两手持戈，戒备森严之意。本义指警备。

《说文解字》：“戒，警也。从廾，廾持戈，以戒不虞（不能预料的事）。”

（会意）：甲骨文从戈置人颈之上，会以戈砍杀人之意。本义指砍杀。

《说文解字》：“伐，击也。从人持戈。”（此说析形不确）

革

gé

金文

小篆

《说文解字》:"革,兽皮治去其毛,革更之。象古文'革'之形。"译:革,兽皮除去它的毛,改变它的样子。像古文"革"的样子。

字形构造:"革"字是个象形字。金文的"革"字,像一张从上面看的拉平的动物皮,腿被分开了,最上面的是头和角。小篆加以简化,但变化不大,楷书的形状与小篆基本相同。

主要词义与词性:❶去了毛并且加过工的兽皮〈名〉:皮~|制~。❷改变〈动〉:~新|变~。❸开除;撤除(职务)〈动〉:开~|~职。

起源和演变:"革"的本义是去毛的兽皮。《诗经》中有一篇赞颂大夫雍容自得之态的诗《羔羊》,其中言道:"羔羊之革,素丝五緎。"意思是说,穿了一身羔皮袍啊,白丝交叉缝又绕。诗中的"革"字,用的就是它的本义。我国古代将乐器按发音质料分为八个种类,即所谓的"八音":金、石、丝、竹、匏(páo)、土、革、木。其中革是鼓类乐器,古代的鼓,大都是以中空圆木覆上去毛的兽皮制成的,故称其为"革"。

老广告牌

兽皮去毛而成革,"革"字由此引申泛指免除或丢掉之义。比如"革职"、"革除"、"革旧从新"。进一步引申,"革"字被用来表示变更、改变的意思。比如《易经》上说:"天地革,而四时成。"即由于天地的变化而产生春、夏、秋、冬四个节令。古代以天子受天命称帝，所以凡朝代更替，君主易姓，皆称为革命。“革命”的本义可以理解为“变更天命”，到了近代它的含义发生了变化，指自然或思想在发展过程中产生的深刻质变。近代的中国经过了无数激烈的革命，自 1978 年的十一届三中全会以来，我们的国家保持了长期的稳定，“改革开放”也一直是我们的基本国策。

古代常用革做武士护身的甲胄，“兵革”一词，原本指兵器和甲胄，比如孟子“天时不如地利，地利不如人和”的著名论断，其中说：“城非不高也，池非不深也，兵革非不坚利也，米粟非不多也；委而去之，是地利不如人和也。”“兵革”后来引申指军力或战争，如“兵革大强，诸侯畏惧”（《战国策·秦策》），又比如司马光《涑水记闻》记载宋太祖赵匡胤曾向大臣赵普问询自唐末以来“兵革不息，苍生涂地”的原因，赵普认为藩镇势力是使国家遭遇危机的关键。之后不久赵匡胤便在一次宴会上语重心长地与他的高级将领进行了一次谈话，收回了兵权，史称“杯酒释兵权”。

在春秋以前战士的护体设备主要是皮甲，皮甲，多以犀牛、鲨鱼等皮革制成。

明代刘俊的《雪夜访普图》。

字中知识：

辛亥革命

20 世纪初，资产阶级民主革命思潮迅猛传播，震撼着中国思想界，并推动中国民主革命运动的到来。首先觉醒的是新兴知识分子群体。近代知识分子宣传民主革命学说，《浙江潮》、《苏报》、《中国白话报》、《警世钟》、《猛回头》、《革命军》等宣传进步思想的报刊书籍如雨后春笋般涌现，西方的资产阶级社会政治著作也陆续由名家翻译引进。

民主思潮广泛传播的同时，国内外许多革命团体相继建立。影响较大的有兴中会、华兴会、光复会等。1905 年 8 月 20 日，中国同盟会成立，创建者孙中山先生提出“驱除鞑虏，恢复中华，创立民国，平均地权”的政治纲领。1911 年夏季，为了抵制清政府假借“铁路国有”政策而将铁路筑路权转卖西方列强的做法，湘、鄂、川、粤四省各阶层人民展开了广泛的保路运动，数千万人卷入运动。就在此时，湖北武昌的文学社和共进会积极准备相机发动武装起义。10 日晚，武昌城内新军士兵打死镇压革命士兵的排长，攻占楚望台军械库。经一夜战斗，起义军占领武昌城，成立湖北军政府；12 至 13 日，起义军攻占汉口。全国各地革命党人纷纷起义响应武昌首义。湖南、陕西、江西、山西、云南、浙江、江苏、广西、安徽、四川、福建、广东等省先后宣布脱离清政府而独立，清王朝终于被推翻。

1911 年 12 月 29 日，孙中山当选为中华民国第一任临时大总统，1912 年元旦宣誓就职，宣告中华民国成立。

识字规律：“革”字，如今既可单用，也可作偏旁。凡从“革”取义的字大都与皮革等义有关。

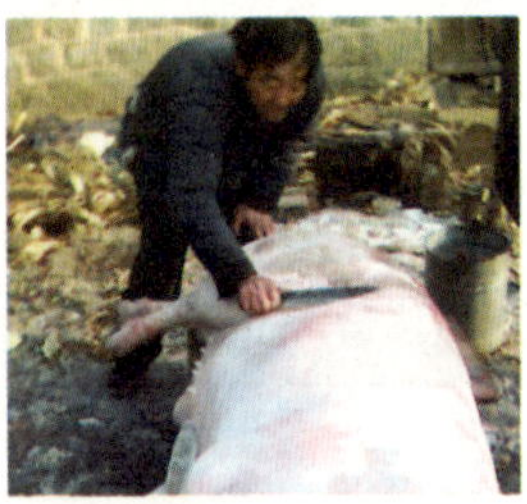

（会意兼形声）：从革，从力，会用力刮制皮革之意，力亦声。本义指刮制皮革。

《说文解字》：“勒，马头络衔也。从革，力声。”（所释为引申义）

（会意字）：从网（罒），从革（皮革），从马。合起来表示用皮革制成的网络来把马络住。本义指马笼头。

《说文解字》：“羈，马络头也。从网，从䩻。”

清代天青纱大镶边右衽女衫

衣

yī

甲骨文　　金文　　小篆

《说文解字》:“衣,依也。上曰衣,下曰裳。象覆二人之形。”译:衣,(人们)依赖(其遮蔽身体)。上身穿的叫衣,下身穿的叫裳。像覆盖两个“人”字的形状。(此解不确)

字形构造:“衣”字是个象形字。甲骨文、金文的“衣”字,都像一件衣服的形状,上部的“人”字形部分是衣领,两侧的开口处是衣袖,然后是拐向一侧的衣襟。小篆变化不大,然而到了楷书,就看不出衣服的样子了。

主要词义与词性:❶衣服〈名〉:上~|内~。❷包在物体外面的一层东西〈名〉:炮~|糖~。

起源和演变:“衣”字的本义是指“上衣”。现在的“衣裳”是一个词,但在古代却是两个词,上为“衣”,下为“裳”(裙子、下衣),形状像现在的裙。上古不论男女都穿裳。《诗经·邶风·绿衣》是一篇睹物怀人思念过去妻子的诗,诗中写道:“绿兮衣兮,绿衣黄裳。心之忧兮,曷维其亡!”大意是绿色衣啊绿色衣啊,绿色的上衣黄色的下裙。看到这衣裳我心忧伤,旧情深深我怎能忘!“衣”后来泛指身上穿的各种衣裳服装,如“衣物”、“衣食”、“衣冠”,《论语》中说:“士志于道,而耻恶衣恶食者,未足与议也。”——读书人有志于追求真理,但又以自己吃粗粮穿破衣为耻辱,这种人,不值得同他商议了。

秦代跽坐俑

衣服是罩在人身上的，由此“衣”又引申泛指覆盖物体表面的东西：套在炮外面的布套叫做“炮衣”；花生米外面薄薄的皮叫做“花生衣”，据说可以治疗贫血；包裹在食品或药品外面的糖皮儿叫做“糖衣”，1949 年 3 月 5 日毛泽东主席在建国前夕召开的党的七届二中全会上说：“可能有这样一些共产党人，他们是不曾被拿枪的敌人征服过的，他们在这些敌人面前不愧英雄的称号；但是经不起人们用糖衣裹着的炮弹的攻击，他们在糖弹面前要打败仗。我们必须预防这种情况。”

清雍正粉《彩衣锦还乡》纹笔筒。

“衣”也可以作为动词使用，表示“穿衣”。如“衣锦还乡”，《庄子·盗跖》：“不耕而食，不织而衣。”这是说：不耕种却吃粮，不织布却穿衣。

字中知识：

中国服装小史

在周代以前，中国的服装主要采用一种形制，即上衣下裳制，到了春秋战国时期，又出现了一种新的服制，将上衣下裳合并起来，做成一件衣服，叫做“深衣”。这种衣服最初有一点小小的问题，整体的衣装包裹在身上，下摆两边开衩难免暴露下体，不开衩又势必影响走路，人们于是采用了“曲裾”相掩的办法，将衣襟接长，形成三角，穿时绕在身后，用带系结，这样既便于举步，又无露体之虞，因而深受社会各界欢迎。随着裤子的逐渐完善，深衣不必再用曲裾绕襟而采用了直襟，衣襟相交至左胸后垂直而下，这种直裾之服叫“襜褕”。

汉代曲裾深衣

襜褕

襜褕的进一步发展，就成为袍，两襟相交，垂直而下，衣袖宽大，袖口收敛，自东汉至宋明，帝王百官的朝会之服以及官吏所穿的公服一直采用袍制。在汉魏时，社会上还出现一种新的服装，这种服装的特点和袍恰好相反，它以直襟为主，袖子垂直，袖口宽敞，这种服装被称为“衫”，衫是天气暖和的时候穿的，并不御寒，所以今日将纳有鸭绒或棉的冬衣称之为“滑雪衫”、“羽绒衫”是不恰当的。

五代顾闳中《韩熙载夜宴图》中的韩熙载身穿长袍。

唐代周昉《簪花仕女图》中穿长衫的唐代贵妇。

襦是自汉魏至明清妇女常穿的短衣，其制有长短、单夹之分，汉魏时多用大襟，至隋唐则多用对襟，穿时将衣襟敞开，不用钮带，下摆部分束于裙内。

宋代妇女最常见的装束是上身穿窄袖短衣，下身穿长裙，通常在上衣外面再穿一件对襟的长袖小褙子，很像现在的背心，褙子的领口和前襟，都绣上漂亮的花边。

宋徽宗摹张萱《捣练图》中穿襦裙的妇女。

元代贵族多为蒙人，皮衣皮帽，广泛用貂鼠和羊皮制衣，贵族男子常服是“质孙服”，上衣连下裳，上紧下短。女服也分贵族和平民，贵族式样多为袖口窄小、袖身宽肥的宽大袍式，这种袍式在肩部做有一云肩，即所谓“金绣云肩翠玉缨”，十分华美。元代平民妇女则多穿汉族的襦裙。

宋代妇女妆饰图

元代壁画中的贵族男女

褶子是明代男子的常用便服，其式或用交

领,或用圆领,两袖宽大,下长过膝,腰部以下折有细褶,状如女裙,不分尊卑,均可穿着。

明代《宪宗调禽图》中的明宪宗身穿“褶子”便服。

袄是从襦衍变而来的短衣,衣长大多到人的胯部,以质地厚实的织物制成,宋代以后广为流行,穿着时和裙子相配。

清代对襟大袖袄

清代以后满族和汉族文化交融,满族为女真后裔,早在入关之前就有一套自己的服制,入关以后则推行开来。马褂、旗袍是清代男女的典型服饰。马褂是一种穿于袍服外的短衣,衣长至脐,袖仅遮肘,主要是为了便于骑马,故称为“马褂”。旗袍是我国一种富有民族风情的妇女服装,由满族妇女的长袍演变而来。由于满族称为“旗人”,故将其称之为“旗袍”。清初满族妇女以长袍为主,而汉人妇女仍以上衣下裙为时尚,之后满汉各有仿效。到了20世纪20年代,受西方服饰影响,经改进之后的旗袍逐渐在广大妇女中流行起来。如意襟、琵琶襟、双襟、高领、低领、无领、长袖、短袖、无袖、高开衩、低开衩等等,式样繁多。改良后的旗袍在20世纪30年代,几乎成为中国妇女的标准服装。

清代《巡视台阳图卷》中康熙皇帝的侍从们都身穿长袍马褂。

老广告牌上的女子身着旗袍。

民国初年男子服装出现西装革履与长袍马褂并行不悖的局面,中华民国成立以后,孙中山先生本着

“适于卫生，便于动作，宜于经济，壮于观瞻”的原则，亲自设计了“中山装”。这种服装优点很多，它的外形美观大方，既可以作为礼服，又可以作为日常便服，因此很受群众的欢迎。一度举国崇尚，堪称“国服”。

中山装

细说故事：

优孟衣冠

《史记·滑稽列传第六十六》记载了这样一则故事：春秋时孙叔敖为楚相，年老逝世后，其妻与子困苦过活。孙叔敖临死前，曾言于其子，若日后生活穷困，可告于优孟。优孟知情后，便穿戴孙叔敖的衣帽，模仿孙叔敖的言谈举止、音容笑貌，过了一年有余，前往楚庄王处敬酒祝寿。楚庄王以为孙叔敖复活，拟再拜之为相。优孟乘机对庄王说：“孙叔敖生前为官清廉，尽心竭力为大王效命，死后其子仅靠打柴养母，可见楚相不可为也。”楚庄王得知实情后，便将寝丘这个四百户之邑封给孙叔敖之子，十世不绝。

识字规律：

“衣”字，如今既可单用，也可作偏旁。作左旁时写作“衤”，凡从“衣”取义的字大都与衣服等义有关。

（会意）：从衣，从毛。小篆字形，“衣”字中间加个“毛”字。古人穿皮衣习惯有毛的一面朝外。本义指外衣。

《说文解字》：“表，上（加在外面的）衣也。从衣，从毛。”

（象形）：“衰”是“蓑”的本字，像蓑衣的样子。蓑衣为败草编成，故引申指衰落。后为引申义专用，“草雨衣”义便另造“蓑”。

《说文解字》：“衰，雨衣也。象形。”

食

shí　甲骨文　金文　小篆

《说文解字》:“食,一米也。”译文:食,聚集的米。(此说析形不确)

字形构造:“食”是个象形字。甲骨文的下部是一个食器装着丰盛的食物,两侧的两个点儿表示已经装满后外流了,上部的三角形是食器的盖子。金文变化不大。小篆更加抽象美观。楷书则完全看不出食器的样子了。

主要词义与词性: ❶人吃的东西〈名〉:肉~|面~。❷吃〈动〉:~肉|~不甘味。❸供食用或调味的〈形〉:~油|~盐。❹月球走到地球太阳之间遮蔽了太阳,或者地球走到太阳月球之间遮蔽了月球时,人所看到的日月亏缺或完全不见的现象〈名〉:日~。

带食字的成语易错的字:食不裹(果)腹

起源和演变:“食”的本义就是食物。说得更通俗一些,人吃的东西都可以称为“食”。在丰衣足食的年代,老百姓可以随意选择今天是吃肉食还是米面食,抑或是吃些果品来开胃消食。“食”后来扩展指代世界上的生物根据生存需要而吃的东西,比如“鸡食”、“猫食”、“鱼食”。对于食虫植物猪笼草来说,飞来瓶口的昆虫就是它的食。

由“食物”义,“食”又引申作动词用,表示“吃”。《诗经·硕鼠》一篇中表达了农民对于尸位素餐的统治阶层沉重的压迫的怨愤:“硕鼠硕鼠,无食

我黍！三岁贯女，莫我肯顾。”（大老鼠啊大老鼠，不要再吃我的黄黍。多少年来供养你，你却对我从不照顾。）我们形容一个人饮食方面简朴，说他“食不二味”（吃饭时不吃两种菜肴）。《礼记·大学》中说一个人心不在焉的时候，他就会“视而不见，听而不闻，食而不知其味”。

饮食离不开庖厨，图为唐代庖厨俑，生动展现了两个妇女一人掌灶，一人吹火的场面。

古人看到日食、月食，认为太阳月亮是被天上的什么东西吞吃了，“食” 字由此引申指日月之食。“食”字的这个含义后来常写作“蚀”，含有“亏损”的意思。社会上有一些人 “言已出而又吞没之”，这种行为被称为“食言”，这里的“食”字引申为背弃之义。

月 食

“食”也用来定名可以吃的东西：化学上有很多种盐，而我们可以吃的只有氯化钠一种，我们叫它“食盐”；由动植物和矿产都可以提炼出油，但我们能吃的油的种类并不是很多，称之为“食油”。

孩子们从小就被教育要“自食其力”，就是要靠着自己的劳动吃饭，“自食其力”的“食”当“靠着吃饭”、“赖以为生”讲。在古代贵族社会中，一些人并不靠自己的劳动吃饭，他们世袭了名爵封地，衣食住用全靠封地内的人民提供，这样的封地称为“食邑（邑当封地讲）”。

《战国策·冯煖客孟尝君》中讲到冯煖在自身价值不为人知的情况下受到“食以草具”的待遇，这里的“食”读 sì，表示拿东西给人吃。

细说故事：

食指大动

《说苑·复恩》：楚人献鼋（大鳖）于郑灵公，公子家见公子宋之食指动，

(公子宋)谓公子家曰:“他日我如是(以往我要是食指动),必尝异味。”及食大夫鼋(郑灵公请大夫们吃鼋时),召公子宋而不与(召请了公子宋却不给他鼋吃)。公子宋怒,染指于鼎(将手指伸进鼎里蘸了鼋汤),尝之而出。公怒欲杀之。公子宋与公子家谋先(公子宋与公子家策划在先),遂杀灵公。

“染指”一词便是由这则故事中来。“食指大动”原指有美味可吃的预兆,后形容看到有好吃的东西而贪婪的样子。

识字规律:“食”字,如今既可单用,也可作偏旁。作左旁时写作“饣”。凡从食取义的字大都与吃、食物等义有关。

飴 飴 饴

《说文解字》:“饴,米蘗煎也。从食,台声。”

(形声):从食,台(yí)声。本义指饴糖,就是用米、麦芽熬成的糖浆。古人用来养疾侍老。

餞 餞 饯

(形声):从食,戋(jiān)声。本义指设酒食送行。

《说文解字》:“饯,送去也。从食,戋声。”

饋 饋 馈

(形声):从食,贵声。本义指以食物送人。

《说文解字》:“馈,饷也。从食,贵声。”

飪 飪 饪

(形声):从食,壬(rén)声。本义指煮熟。

《说文解字》:“饪,大熟也。从食,壬声。”

酉

yǒu

甲骨文　　金文　　小篆

《说文解字》："酉，就也。八月黍成，可为酎酒。"译：酉，成熟。代表八月，这时黍成熟，可以酿制醇酒。所释为声训。

主要词义与词性：地支的第十位〈名〉。

字形构造："酉"是个象形字。甲骨文像一个酒坛的模样。金文变得复杂了一些，坛身上有了装饰的花纹，小篆中坛身上的花纹变得更加柔和美观。楷书由小篆演变而来。

起源和演变："酉"的本义是指酒坛子，它最初也用来表示酒，但在很早的时候便被借为地支（即子、丑、寅、卯、辰、巳、午、未、申、酉、戌、亥）的第十位所专用。于是另造了"酒"字来表示酒之义。古代以十二地支来表示一昼夜十二时辰，"酉时"是十七点到十九点。

发掘整理河北平山县战国中山王墓出土文物时，发现有两个装有液体的铜壶。壶中液体一种青翠透明，一种呈黛绿色。出土时，两壶都锈封得很严密，启封时，酒香扑鼻。这两种古酒储存二千多年，至今不坏。

字中知识：

中国古代酒工艺简说

我国的酒历史，可以上溯到远古时代。《战国策·魏策》中说："昔者，帝女令仪狄作酒而美，进之禹，禹饮而甘之，遂疏仪狄，绝旨酒。"曰："后世必有以酒亡其国者。"意思是说，从前舜的女儿叫仪狄的酿酒，酿出的

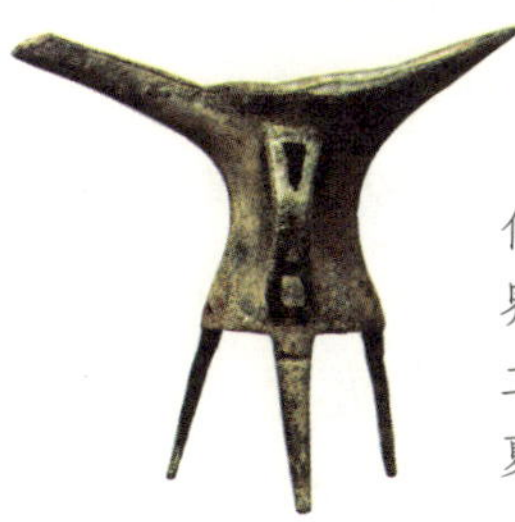

二里头文化铜爵。学术界倾向于认为二里头文化为夏遗存。

酒味道醇美，于是把酒献给了禹。禹喝了以后也觉得味道醇美，却因此疏远了仪狄，从此戒了美酒，并且说："后世必定有因为饮酒而使国家灭亡的。"《说文解字》中这样释酒："酒，就也，所以就人性之善恶。一曰，造也，吉凶所造也。古者仪狄作酒醪，禹尝之而美，遂疏仪狄。杜康作秫酒(高粱酒)。"

商代铜觥。觥是古代的酒器，"觥筹交错"常用来形容宴席上的景象。

仪狄造酒、杜康造酒都是传说，从现代科学的观点来看，酒的起源是经历了一个从自然酒过渡到人工造酒的过程。最开始是如水果、蜂蜜、兽乳等含有糖分的物质受到自然界中的发酵微生物的作用而产生了酒(果物和兽乳极易自然发酵)，所以人类有意识酿造的最原始的酒类品种应是果酒和乳酒。简单地说，把果浆、兽乳放在罐子里储存，过一段时日就会自行发酵成酒。晋人江统的《酒诰》中说："有饭不尽，委之空桑，郁积成味，久蓄气芳。"把吃剩的饭倒在桑树洞里，天长日久，桑树洞里就发出一股酒的香味。

后来人们发明了人工酒曲(含有大量能发酵的活微生物或其酶类的发酵剂或酶制剂)。周代用黄曲霉培制黄曲，宋代选用好曲种做小曲，明代利用红曲霉培制红曲。

东汉酿酒画像砖，描绘一座酿酒作坊的繁忙景象：右上角主人指挥工人制酒，灶前三个酒坛正在装酒，左上角一人推独轮车运酒出店，左下角一人担着一挑酒坛而去。

中国制酒源远流长，品种繁多，名酒荟萃。黄酒(就是米酒)是世界上最古老的酒类之一，商周时代开始大量酿制黄酒。约一千年前的宋代，中国人发明了蒸馏法。蒸馏法利用酒精的沸点（78 摄氏度）和水的沸点(100 摄氏度)不同，将原发酵液加热至两者沸点之间，从中蒸出和收集酒精成分的香味物质。看来唐人李白、杜甫、白居易喝的并非烈性酒，而是米酒，明代的"白酒"并不是蒸馏酒，而是用白米、白曲和白水酿造而成的米酒，因为酿造时间短，所以酒色混浊，呈白色(黄酒的黄色主要是在煮酒或贮藏过程中，酒中的糖分与氨基酸反应而产生的色素)。而我们今天所说的白酒，那时候叫烧酒，清代时有"禁烧酒不禁黄酒”的说法。

中国的酒文化

“不向花前醉，花应解笑人。只忧连夜雨，又过一年春。日日无穷事，区区有限身。若非杯中酒，何以寄天真。”这是唐人李敬方的《欢醉》诗。诗虽然短小，但足以作为我们谈论中国酒文化的引言了。

酒，非同一般，它是一种精神饮品，饮酒能对大脑中枢神经产生兴奋、亢进作用，全身血液流动加快、飘飘欲仙、如在梦境。它可以激发人的想象，使人暂时忘记忧愁，叫人丢掉面具，原形毕露，口吐真言。正因为酒的这种特性以及在发明初期的稀缺，它不但是奢侈品，更是通神之物。用于祭祀、庆典、战争等隆重场面。周公颁布的《酒诰》中说，上天劝勉人们只有在祭祀的时候才可以饮酒。大大小小的诸侯国灭亡，大都是因为酒的罪过。这篇戒酒令总结了殷商戒酒兴国和纵酒亡国的历史教训，宣布沉溺于酒和聚众纵酒的人都要受到严厉的惩罚。在中国历史上，酒类的生产、销售、拥有和使用被高度垄断，历朝历代都设立有专门机构管理，称为“酒政”。

饮酒也讲礼讲德，对后世影响深远的儒家不反对饮酒，但提倡饮酒有节制，孔子说：“唯酒无量，不及乱。”是说饮酒的多少没有什么具体的数量限制，以饮酒之后形神不乱为限度。《礼记》中说：“君子之饮酒也，受一爵而色洒如也，二爵而言言斯，礼已，三爵而油油以退。”是说，君子饮酒饮一爵而颜色温和、落落大方，饮二爵而开怀畅

西周驹尊（盛酒器）。商周时的青铜酒尊常常做成动物的样子。

西周青铜卣（盛酒器）

春秋栾书缶（盛酒器）

谈，礼数进到，三爵便和悦恭谨而退。清人吴彬在《酒政六则》中讲，饮酒要禁忌华诞、连宵、苦劝、争执等行为。

春秋鹤莲方壶(盛酒器)

谈到中国的文化与艺术，那是不能不谈酒的。“南有嘉鱼，烝然罩罩。君子有酒，嘉宾式燕以乐。”这几句诗出自《诗经·小雅·南有嘉鱼》，诗由水中游鱼起兴，表达君子宴集嘉宾时的安闲游乐。《诗经》三百零五篇，其中谈到酒的约有三十篇。周代虽然曾经禁酒，但随着“礼崩乐坏”，社会上层饮酒成风，单从春秋战国墓葬出土的品目数量繁多的酒器便可证实。秦代短暂不谈，汉代初期因为国家粮食短缺而不提倡饮酒，随着国家的富裕，上至皇室官僚，下至乡人野老，饮酒非常普遍，婚丧嫁娶，送礼待客，无不用酒。

右图为战国曾侯乙冰坚(冰酒器)。全器由方鉴、方尊缶组成。方鉴、方尊缶之间有空隙，可置冰块，用以把尊缶内装的酒变凉或防止变质。

因酒而获得文学艺术的自由状态，是古老中国的文学家、艺术家解脱束缚获得创造力的重要途径。魏晋时期，酒文化迎来第一个高峰。建安文学的代表人物曹操“酾酒临江，横槊赋诗”的情节在诸多文学作品中都被重点描写，他那首著名的《短歌行》，感慨深沉，蕴意深厚。他的儿子曹植才华横溢，也是建安文学的代表人物，《三国志·魏书》中说他“任性而行，不自雕励，饮酒不节”。

《短歌行》：对酒当歌，人生几何？譬如朝露，去日苦多。慨当以慷，忧思难忘。何以解忧，唯有杜康。青青子衿，悠悠我心。但为君故，沉吟至今。呦呦鹿鸣，食野之苹。我有嘉宾，鼓瑟吹笙。……

至于名声颇大的“竹林七贤”，因为常聚于竹林下，酣歌纵酒而得名。其中的刘伶堪称“酒圣”，他嗜酒如命，每每外出饮酒，必带一小童背铁锹相随，告之：“死便埋我。”可谓惊世骇俗了。其名作《酒德颂》，鼓吹惟酒至尊的思想，为千古绝唱。但“竹林七贤”的志向并不相同，对于饮酒的态度其实是有差异的。嵇康在诗中就曾说：“（酒色）纵体淫恣，莫不早徂（死亡）。”大谈饮酒之弊端，他爱酒远不如爱琴。

三国陶耳杯

清代石涛《陶渊明诗意图》

东晋王羲之醉时挥毫而作《兰亭序》，后人称为“天下第一行书”。大诗人陶渊明首开大量以酒入诗先例，《饮酒》诗二十首，全是醉后作品，兴至挥毫。他一生爱酒，颂酒，自传式散文《五柳先生传》中将“衔觞赋诗，以乐其志”作为向往的生活。南朝梁昭明太子萧统《陶渊明集序》云：“有疑陶渊明诗，篇篇有酒。”

《饮酒》　陶渊明

结庐在人境，而无车马喧。
问君何能尔，心远地自偏。
采菊东篱下，悠然见南山。
山气日夕佳，飞鸟相与还。
此中有真意，欲辩已忘言。

东晋黑釉鸡首瓷酒壶

清代苏六朋《太白醉酒图轴》

而东晋文学家庾阐开始好饮酒，后来觉得饮酒有“穷智”、“害性”、“任欲”、“丧真”等害处，于是“椎金罍，碎玉碗，破兕觥，捐觚瓒”，写下《断酒戒》，以示断酒的决心。

唐代是中国历史上最为强盛的一个朝代，无论政治、经济、文化的先进和繁荣程度都是空前的。在唐代，饮酒蔚然成为一种社会现象。以贺知章为首的“饮中八仙”豪放旷达，是当时社会的一道风景。诗仙李白同是酒仙，他自己说自己“三百六十日，日日醉如泥”，诗文中有许多写饮酒的名篇。

他为人洒脱不拘,“钟鼓馔玉不足贵,但愿长醉不复醒。古来圣贤皆寂寞,惟有饮者留其名”正是他的心声的真实流露。杜甫写诗说:“李白斗酒诗百篇,长安市上酒家眠。天子呼来不上船,自称臣是酒中仙。”而包括杜甫在内的名诗人孟浩然、王昌龄、柳宗元、白居易、李商隐、杜牧无不喜欢饮酒,但考究其实,多为境遇困苦而以酒解忧。酒入愁肠,成诗自然充满情感心声,纯粹写宴酣之乐的诗文是不容易被人记住的。

《曲江》 杜甫

朝回日日典春衣,每日江头尽醉归。
酒债寻常行处有,人生七十古来稀。
穿花蛱蝶深深见,点水蜻蜓款款飞。
传语风光共流转,暂时相赏莫相违。

明代沈周《江村渔乐图》

当然也有很多不尚饮酒的大家,比如王维中年以后吃斋奉佛,当然远离宴饮,诗文中透着清静之气。又比如陆龟蒙,他也曾是一位酒徒,后来因为饮酒过度而致病,后绝饮酒而唯嗜茶了。

北宋社会享乐之风盛行,酒家妓馆鳞次栉比,官宦之家广储歌妓,酒色情爱之娱为人所喜爱。宋词本源于唐五代词,唐五代词以花间词为主流,所写多为艳事闲愁、幽情闺怨,词本身的体制宛转细致,就是供歌筵酒席演唱的。宋词婉约派代表人物柳永、张先、晏几道、秦观等人,无不纵情诗酒,留恋烟花,一代文学巨匠、豪放派词代表人物苏轼也喜欢饮酒,他的很多

《蝶恋花》 晏几道

醉别西楼醒不记,春梦秋云,聚散真容易。斜月半窗还少睡,画屏闲展吴山翠。

衣上酒痕诗里字,点点行行,总是凄凉意。红烛自怜无好计,夜寒空替人垂泪。

宋代影青瓷酒注及温碗

著名的诗词文章，都是乘酒兴写下的。南宋偏安一隅，辛弃疾、陆游等爱国词人多借酒意抒发胸中忧愤抱负，女词人李清照中年以后，则常靠三两盏淡酒抵挡国破家亡、孤苦无助的凄凉悲伤。

元代长期废除科举考试，读书人丧失了进身之路，社会地位低下。他们或者选择隐逸，或者混迹歌楼妓馆，卖文为生。我们看元曲会发现大量愤世嫉俗、排斥功名、崇尚虚无的篇章，其后隐藏的实是深深的无奈与不平。酒是元代读书人舒解心中块垒的良药，是嬉笑怒骂、颓放疏狂的助力，是他们悲怨心灵的栖息之所。

元代酒具

《金字经》 吴弘道

太宗凌烟阁，老子邀月楼。便是男儿得志秋。休，几人能到头？杯中酒，胜如关内侯。

自明以下，这里就不再赘述了。

识字规律：“酉”字，如今既可单用，也可作偏旁。凡从“酉”取义的字大都与酒或者酒器等义有关。

鸡尾酒

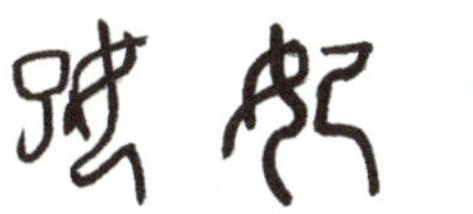

配

（形声）：从酉，己声。按：一说不从“己”声，应是“妃”省声。本义指用不同的酒配制而成的颜色。

《说文解字》：“配，酒色也。从酉，己声。”

酗

（会意）：酗在篆文中写作“酌”，从酉，句声。酗是会意字，从酉，从凶，会酒醉后滋事行凶之意。本义只无节制地喝酒，醉后撒酒疯。

《说文解字》：“酌，醉醟也。从酉，句声。”

酌

（会意）：从酉，从勺。表示用勺子从坛子里舀酒。本义指斟酒。

《说文解字》：“酌，盛酒行觞也。从酉，勺声。”

角

jiǎo

甲骨文　　金文　　小篆

《说文解字》:“角,兽角也。象形。”译:角,禽兽的角。象形。

字形构造:“角”是个象形字。甲骨文和金文的样子像割下来的一只兽角。小篆整齐化。楷书写作“角”。

主要词义与词性:❶牛、羊、鹿等头上长出的坚硬的东西,一般细长而弯曲,上端较尖〈名〉:牛~|鹿~。❷古时候军中吹的乐器〈名〉:号~。❸形状像角的东西〈名〉:皂~|菱~。❹物体两个边沿相接的地方;角落〈名〉:桌子~儿。❺从一个点引出两条射线所形成的,或从一条直线上展开的两个平面或从一点上展开的多个平面所形成的图形〈名〉:直~|锐~|两面~|多面~。

起源和演变:“角”的本义是指兽角。“风劲角弓鸣,将军猎渭城。”唐代大诗人王维在其名篇《观猎》中这样写道。角弓,就是用兽角装饰的硬弓。由于兽角都生于额上,所以额上边也称为角,如“鬓角”、“额角”等。唐代诗人李商隐讽刺隋炀帝的诗云:“紫泉宫殿锁烟霞,欲取芜城作帝家。玉玺不缘归日角,锦帆应是到天涯。”这是说隋炀帝放着长安富丽堂皇的皇宫不住,在扬州再建了更豪华的宫殿作为新都。如果不是唐高祖李渊夺取了天下,隋炀帝那极尽奢华的游船可能要远行到天涯了。“日角”旧说为额头中央部分隆起如日,是帝王之相。

犀角雕云龙杯

唐高祖李渊像

“角”引申指形状像兽角的事物，比如“菱角”、“豆角”。清人王念孙《广雅疏证》云：“豆荚长而端锐如角然，故又名豆角。”

豆 角

由兽角之形又引申为几何学上的角，明人徐光启《勾股义》云：“勾股，即三边直角形也。”勾股定理现代人都非常熟悉，西方人称它为毕达哥拉斯定理（古希腊数学家毕达哥拉斯发现），我国三国时期的数学家赵爽最早证明了这一定理。

“角”再引申指角落。杜甫有诗：“红稠屋角花，碧委墙隅草。”又比如“屋角”、“拐角”。北京紫禁城城垣四隅之上都有一座九梁十八柱七十二条脊的角楼。角楼轮廓优雅、造型独特、玲珑秀丽，展现出我国古代匠师们的高超技艺和卓越才能。

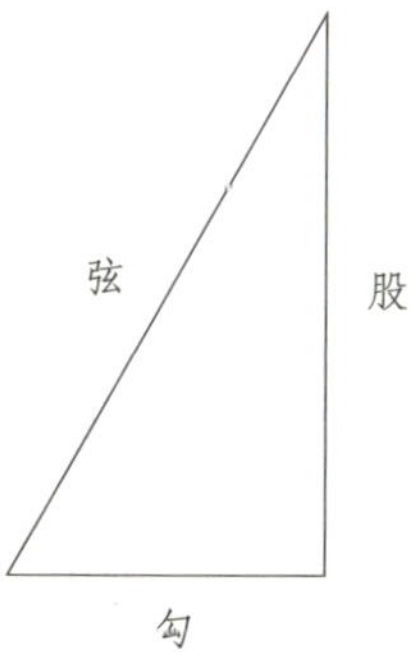

勾^2+股^2=弦^2

北京故宫角楼

伸入水域的陆地的尖端或延长部分也称为角，非洲西南端有一个好望角，它是葡萄牙航海家迪亚士在寻找欧洲通向东方的航路时发现的，因为从此通往富庶的东方航道有望，故称“好望角”。

好望角

“角”也是货币的辅助单位，元的若干分之一为角。

角 斗

野兽都惯用角来进行防御和攻击的斗争，因此角斗有竞赛、争胜之义，此义“角”读作 jué。由此又引申出角色、演员等义。优秀的、著名的演员称为“角儿”，或“名角儿”。

字中知识：

号 角

大汶口文化号角

杜甫诗云："五更鼓角声悲壮，三峡星河影动摇。"中国古代用兽角作为军乐器有悠久的历史，据说是始于黄帝。角，又名画角、号角，其作用是"晓晨昏，整军容"。《通典》卷一百九十四："行军在外，日出日入，挝鼓千槌。三百三十三槌为一通。鼓音止，角音动，吹十二声为一叠。角音止，鼓音动。如此三角三鼓，而昏明毕之。"

由于角可以做乐器，所以"角"又被引申作为古代的音阶之一。《周礼·春官·大师》："皆文之以五声：宫、商、角（jué）、徵、羽。"相当于现代简谱上的"3"。

识字规律：

"角"，如今既可单用，也可作偏旁。凡从"角"取义的字大都与兽角等义有关（古人最早用的酒器为兽角所制，所以古代酒器用字多从角）。

商代兽面纹觚

（形声）：从角，瓜声。本义指中国古代盛行于商、周时期的一种酒器。

《说文解字》："觚，乡饮酒之爵也。一曰觞受三升者谓之觚。从角，瓜声。"

西周父庚觯

（形声）：从角，单声。本义指古时饮酒用的器皿。

《说文解字》："觯，乡饮酒角也。从角，单声。"

唐代蔓草鸳鸯纹银羽觞

（形声）：从角，傷（shāng）省声。本义指古代盛酒器。

《说文解字》："觞，爵实曰觞，虚曰觯。从角，傷省声。"

瓦 

wǎ

小篆

《说文解字》:"瓦,土器已烧之总名。象形。"

译:瓦,用泥土做成的,已通过烧制的器皿的总称。象形。

字形构造:"瓦"字是个象形字。小篆的形体像屋上屋瓦相扣之形。楷书由小篆演变而来。

主要词义与词性:❶铺屋顶用的建筑材料,一般用泥土烧成〈名〉。❷用泥土烧成的:~盆。

起源和演变:"瓦"的本义就是屋上覆盖的瓦片。中人用瓦是从西周开始的,到现在已有近三千年的历史了。瓦是用泥土做坯子然后焙烧,烧成之后变为灰颜色。周朝的瓦是灰色的,直到今天普通房子仍然用灰色的瓦。

制瓦时的情景

瓦在使用上是两段圆弧交错相扣摆放的。相扣的两片瓦并不是密实地合在一起,它们之中留有相当大的空隙。这是古人在充分了解了水的特性后采取相应办法的结果。水虽然不能由低向高流动,但能沿着狭小的缝隙迅速攀升。而瓦片之间的缝隙较宽,水只能由拱起的瓦片流到下凹的瓦中,最后被导到屋檐边缘,流到地下。土质瓦坯经过焙烧后变为陶瓦,已经提供了相当的防渗漏功能,而瓦的结构和使用,则更加充分地保证了房屋的干燥。在中国人的心目中,"疏导"观念比"防"和"堵"更重要。

瓦是用泥土烧制的,"瓦"字由此引申指所有用泥土烧制的陶器,如"瓦盆"、

新石器时代马家窑文化四系陶罐，陶罐就是我们平时说的瓦罐。

"瓦缸"、"瓦器"等。当屈原受到谗言的攻击而被放逐，满怀愤懑的他来到负责卜卦的官员那里询问处世的原则，痛心疾首地指斥混浊的世道："黄钟毁弃，瓦釜雷鸣；谗人高张，贤士无名。"黄钟可以奏出优美庄重的音乐，"瓦釜"则是陶土制作的锅，这样的形容足以让我们看到那时的楚国政坛是如何的黑白颠倒、昏昧不明。

像是屈原像，钟是战国钟，釜是新石器时代瓦釜。

民间用的屋瓦，用普通的泥土烧制而成，脆薄易碎，因此，瓦就有了廉价、低贱的含义。如"大丈夫宁为玉碎了，不为瓦全"，把玉与瓦对举，高低与贵贱之分一目了然。

在现代科学中，物理学用"瓦"表示功率的单位(W)，与"中国瓦"无关。那是为纪念英国发明家瓦特而定下的物理学概念。

字中知识：

琉璃瓦

皇宫屋顶的琉璃瓦

琉璃工艺出现以后瓦也有了等级。黄色琉璃瓦是皇帝皇家专门的，别人不能享用。明代的朱祁玉在他哥哥朱祁镇被瓦剌军擒走后当了几年皇帝，就是代宗景帝。后来英宗复辟，代宗病死，葬于西山(所以十三陵没有代宗墓地)，陵墓全用绿瓦，表示他不是皇帝了。

识字规律："瓦"字，如今既可单用，也可作偏旁。凡从"瓦"取义的字大都与瓦器等义有关。如瓯(形声字，从瓦，区(ōu)声。本义指盆盂类瓦器)、瓮(形声。从瓦，公声。本义指小口大腹的陶制盛器，小口大腹)。

京

jīng

甲骨文　　金文　　小篆

《说文解字》:“京，人所为绝高丘也。从高省，丨象高形。”译文:京，人工筑起的最高的丘。从“高”字省，“丨”像高的样子。

主要词义与词性: ❶首都〈名〉:～城|～师。❷指我国首都北京〈名〉:～剧|～腔。

字形构造:“京”是象形字，甲骨文像一个人工建筑起来的土堆，在土堆上有个瞭望塔，用以观敌情、察民事。这就是“京”。金文基本上和甲骨文相同，只是塔壁上加了两横，代表窗户。小篆整齐化。楷书从小篆演化而来。

起源和演变:“京”的本义指人工堆积而成的高大土丘，是古代军事工事的一种。如资治通鉴记载三国公孙瓒曾在易这个地方筑“京”，“为围堑十重，于堑里筑京，皆高五六丈”。他在周边挖了十重堑壕，中间修筑多座高五六长的“京”。

“京”后来也指圆形的大谷仓，如《管子·轻重丁》:“有新成囷（qūn，圆形谷仓）京者二家。”

“京”无论是指土丘还是谷仓，都是指它们中高大的，故而引申为“高大”之义。比如成语“莫之与京”，就是说大得没有什么可与之相比了，形容首屈一指。

古代君主居住的宫殿，通常建在高处，以显示其庄严与权威，百官及臣民居住的建筑环绕宫殿而建，便形成首都，这样，“京”进而专指君主所在的首都，是统

东汉陶仓(明器)

清代徐扬的《京师生春诗意图》

治的中心。

后来把一些大都市作为次一级的统治行政中心，也称为“京”。比如宋朝有“四京”，它的首都是东京开封府（今河南开封），还有西京洛阳府、南京应天府（今河南商丘）、北京大名府（今河北大名）。明代两京，就是今天的北京和南京。而一个国家的首都称为“京师”。

明清以后，“京”字实际上成为了北京的代称了。如“京戏”、“京腔”、“京韵”、“京片子”等词中的“京”，都是专指北京。

字中知识：

京 剧

京剧是中国传统戏剧中影响范围最大的一个剧种，是中国戏曲艺术传统比较完整的继续，是在一定条件下“站在巨人肩膀上”继往开来的产物。

京剧的孕育是从徽班进京演出开始的。

清代北京的戏曲艺术有了很大发展，昆腔、京腔、秦腔、梆子腔、二黄调等盛行，其中秦腔尤为风靡，“《滚楼》一剧名动京城，观者日至千余”。

乾隆五十五年（1790），为庆祝乾隆皇帝八十寿辰，浙江监务大臣以高朗亭率三庆徽班进京作祝寿演出，后留民间演出。徽班不仅得到宫廷的宠爱，而且受到民间欢迎。

秦腔又称乱弹，流行于我国西北地区。主奏乐器为板胡，表演朴实粗犷而深刻，以情动人，富有夸张性的拖腔尤富特色。

乾隆五十六年，四庆徽班、五庆徽班相继进京。嘉庆年间，北京徽班云集，其中以三庆、四喜、和春、春台最为著名,有四大徽班之称。

嘉庆、道光年间,余三胜、王洪贵、李六、龙德云、谭志道等汉调艺人进京搭徽班演戏,促进了徽、汉合流的局面,徽剧同时接受昆曲、秦腔的部分剧目、曲调,为京剧的形成奠定了基础。严格地说,汉调的声腔、板式、剧目、字韵等后来形成京剧的主要"内涵",徽班则是融会徽、汉二调演员同台演出的"载体"。后来京剧在唱念上的语音逐渐北京化,用北京语音唱皮黄,是京剧的一个标志。

北京故宫畅音阁大戏楼

又经过众多京剧表演艺术家不断地加工、整理和创新,京剧具有了相当完整的艺术风格和表演体系,在世界表演艺术中占有重要地位。

成熟的京剧划分为生(即男性)、旦(即女性)、净(亦叫花脸,用脸谱)、丑(丑角)四大类型角色,表演重唱(唱功)、念(对白)、做(舞蹈化的形体动作)、打(舞蹈化的武术),力求"以形传神,形神兼备"的艺术境界,讲究精致细腻,处处入戏。唱腔上要求悠扬委婉,声情并茂。武戏则不以火爆勇猛取胜,而以"武戏文唱"见佳。传统剧种《霸王别姬》、《打渔杀家》、《三岔口》及现代京剧《智取威虎山》、《沙家浜》等在社会上具有广泛影响,京剧脸谱也以其独特的象征手法而成为驰名中外的艺术瑰宝。

逆时针为生、旦、净、丑

曹洪、周处、辛文礼、秦英脸谱

舟

zhōu　甲骨文　金文　小篆

《说文解字》:“舟,船也。古者共鼓、货狄,刳木为舟,剡木为楫,以济不通。象形。”译:舟,船。古时候共鼓、货狄二人挖空木头为船,削木为桨,来渡过不能通过的水流。像船之形。

主要词义与词性:船〈名〉:轻~|小~。

字形构造:“舟”字是个象形字。甲骨文、金文都像一条带有隔壁的小船的形状。小篆发生了一些变化,上端的曲线很像是船尾的舵。楷书承接小篆而来,总体的变化不大。

起源和演变:

“舟”字的本义就是“船”。在中国古代,最常见的船是平底的,没有龙骨。从船舷的上缘直到船底设有把船分成不同部分的结实的隔壁。它们组成船的基体。这种结构在世界其他地方是看不到的,它横向支撑船舷,增强了船体抵抗水的横向压力和风浪的强度。平底船速度快,载重量大,行驶平稳,非常适合在河湖遍布、多浅水、多滩濑的中国内陆行驶。

东汉陶船。船首有停船用的碇,船尾有舵。舵是中国古代造船技术上的重要发明,这是现知最早之例。陶船上塑有六人,各司其职,此外甲板上还有六组矛和盾,说明这是一艘有武装保护的内河航船模型。

名词“舟”也作动词用，表示“乘船”。比如《诗经·邶风·谷风》中有：“就其深矣，方之舟之。”意思是说，遇到水深的地方，就乘木筏或乘船摆渡过去。“方”指木筏，它与“舟”在这里都当作动词用，表示“乘木筏”、“乘船”。又比如唐人李翱《故东川节度使卢公传》中谈到的，米价开放以后，“商人舟米以来者相望”。这是说商人源源不断地用船运载着粮食前来。

《清明上河图》中关于汴河运输的描绘，从画面的船和人，以及相距不远的房屋的比例，可以看出这些船舶的巨大，其构造的复杂精致令人惊叹。

舟是被水托起来的，所以搁茶碗的小托盘被古人叫做“茶舟”，今天也叫“茶船”。

南宋漆托盏

郑和宝船模型。郑和七次下西洋访问了三十七个国家。他的旗舰长一百四十七米，宽六十米，是当时世界上最大的船只。

细说故事：

刻舟求剑

《吕氏春秋·察今》讲了这样一个小故事：有个楚国人乘船过江时，不小心把佩剑掉到水里，他连忙在船帮上刻下一个记号，说：“这是我的剑掉下去的地方。”等船靠岸，他便赶紧从刻记号的地方跳进水里去寻找那把剑。《吕氏春秋》的作者评论道：“舟已行矣，而剑不行，求剑若此，不亦惑乎！”成语“刻舟求剑”就是由此而来，用来比喻看问题做事情死板不灵活，不能适应已经变化了的情况来做事。

邮票《刻舟求剑》(局部)

字中知识：

舟水之喻

在中国历史上，常常用舟与水的关系来比喻统治者与民众的关系。《荀子·王制》中说：“传曰：‘君者，舟也；庶人者，水也。水则载舟，水则覆舟。’”可见在荀子以前，就有人用舟水关系来比喻统治者与民众了。唐代名臣魏征在那篇著名的《谏太宗十思疏》中引用说：“怨不在大，可畏惟人；载舟覆舟，所宜深慎。”——怨恨不在大小，可怕的只是人心的向背。水能载舟亦能覆舟的道理，真应该特别谨慎对待啊。而唐太宗也常常以舟与水的关系告诫太子：“水所以载舟，亦所以覆舟。民犹水也，君犹舟也。”(《帝鉴图说》)

识字规律：“舟”字，如今既可单用，也可作偏旁。凡从“舟”取义的字大都与船只等义有关。

隋朝五牙战舰模型

(形声)：本义指大型的战船。

后起字，《说文解字》无。《释名·释船》：“上下重床曰舰，四方施板以御矢石，其内如牢槛也。”

(会意兼形声)：从舟，从仓，仓亦声。本义指船上居人置物的部位。

后起字，《说文解字》无。

偏旁与部首

古人把合体字的左边叫做“偏”，右边叫做“旁”。常居于左偏的多为义符，所以研究义符之学也称为“偏旁学”。常居于右旁的多为声符，研究右文就叫“右文说”。汉字的偏旁可以分为不同的部类，可以作为一个部类标志和代表的偏旁通称为部首。可见，偏旁是构字之原。但字典中的部首并不都是偏旁。从甲骨文、金文、小篆到现代汉字，具有字

	字体演变	解 字
	甲骨文　金文　小篆 	“酉”是象形字，甲骨 像酒坛形状，后假借为十 支中的十位。旧式计时法 指下午 5—7 点钟的时间。
		“豆”是象形字，甲骨 像盛东西的高脚盘的形象 表示一种古代器皿，后被 借指豆类植物。
		“頁”（页）是象形字， 骨文像一个突出了头部 人形。本义指人头。
		“宀”（mián）是个象 字，甲骨文像房子的轮廓 本义指房子。

原意义的偏旁有150个左右。

偏旁是对合体字而言，即所谓声旁（音符）或形旁（意符）；部首是对所统属的各个字而言的。《说文解字》将汉字分为540个部首，是东汉文字学家许慎的重要发明，从此汉字有了科学的分类，也方便了字典辞书的检字。

部首意义	组成例字	属于此部的例字
凡从“酉”取义的字多表示与酒相关意义的字。	 酒，读jiǔ。	酿、酌、酬、酹、醉、酗、醒、酷……
凡从“豆”取义的字多表示与器物或与豆类植物相关意义的字。	 登，本义是两手持豆，进献食物。	豐（丰）、痘、頭（头）……
凡从“页”取义的字多与头部有关。	 颐，指人面部的颊、腮部位。	顶、顺、顾、顿、颂、颅、领、颈、颌、颏……
凡从“宀”取义的字多与房屋有关。	 宫，本指连接在一起的很多房屋。秦、汉以后才特指帝王之宫。	宗、宇、安、灾、官、宠、宿、宽、室、寓……

	字体演变	解　字
	甲骨文　金文　小篆 	辵(chuò)是会意字，上面三撇儿是“行”字左半边的变写，下面是“止”，本义指在街上走路。
		“彳”是象形字，甲骨文像半条街的形象。本义指半条街。
		“匚”是象形字，甲骨文像侧放着的盛放工具的筐器。
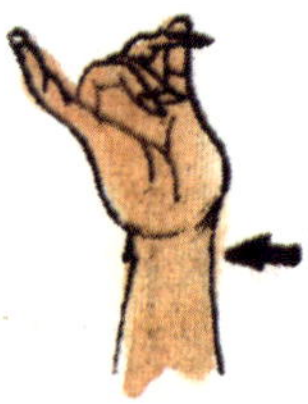		寸字是指事字。“又”是手形，“一”为指示符号指手掌一下一寸的地方中医称为“寸口”，寸的本义是“寸口”。
		“攴”是象形字，甲骨文像用手持木棍打击的样子。本义指击打。

部首意义	组成例字	属于此部的例字
凡从“辵”取义的字多与走路等义有关。简化文字后写作“辶”。	 道，从辵，首声。本义指供行走的道路。	通、达、连、违、遵、适、选、迈、这……
凡从“彳”取义的字多与道路、行动等义有关。	 征，从彳(chì)，正声。本义是远行。	役、徙、律、往、彼、徘、徊……
凡从“匚”取义的字多与器物等义有关。	 匠，斤是斧头，放在箱里。本义是木匠。	匾、匾、匡、匝、匣、匪……
凡从“寸”取义的字大都与手的动作有关。	 封，金文字形，左边像土上长着树木形，右边是又（手）本义是给树木培土。	导、将、射、尊、村、衬……
凡从“攴”取义的字大多与打击类的动作有关。	 敢，甲骨文像人手持猎叉搏击猛兽之形。本义指大胆进取。	败、政、收、攻、政、教、敲、效……

	字体演变	解 字
	甲骨文 金文 小篆 	“厂”是个象形字，厂 (hán)，现在念 chǎng，甲 骨文像水边山崖的样子。
		“阜”是象形字，甲骨 文像山的陡坡上的台阶。
		“邑”象形字，上部 口指围墙，下部是席地 坐的人形，合起来表示 居的地方。
		“子”是象形字，甲骨 文像一个在襁褓中的婴 儿。篆文省去头发。本义指 婴儿。
		“皿”是象形字，甲骨 文像盛物的器皿形。

部首意义	组成例字	属于此部的例字
凡从“厂”取义的字多与山石、水边等义有关。	 原，金文从“厂”，从泉。会泉水从山崖流出之意。本义指水源、源泉。	石、仄、厚、厦、危、厄、仄、崖……
“阜”作偏旁时写作“阝”(在字左)，凡从“阜”字取义的字多与升降、阶梯、楼台、山丘、壁障等义有关。	 阳(陽)，从阜，昜(yáng)声。本义是太阳站在山上。	除、降、陟、防、限、阶、陆、阻、阪……
“邑”作偏旁写作“阝”(在字右)，从“邑”取义的字多与城市、区域或地名等义有关。	 郊，从邑，交声。上古时代国都外百里以内的地区称“郊”。	邦、邮、郡、邓、都、郭、邻、鄙、邯……
凡从“子”取义的字大都与小孩儿等义有关。	 学，金文像两手持爻（算筹），孩子从而学习之形。本义指学习。	孔、孕、孟、孤、孢、李、孩、孺……
凡从“皿”取义的字大都与器皿等义有关。	 盥，甲骨文从皿，从手，从水，会用盆承接着浇水洗手之意。本义指洗手。	盂、盆、盈、盒、盛、盏、盎……

	字体演变	解 字
	甲骨文 金文 小篆 	“又”是个象形字，甲骨文像一只右手，三个手指朝左。本义指右手。
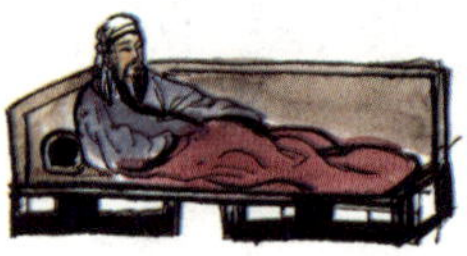		“疒”(chuáng)是会意字，甲骨文左边像床，右边是病人卧床，中间有点表示汗污之类。本义指重病。
		“羽”是象形字，甲骨文像羽毛之形。本义指羽毛。
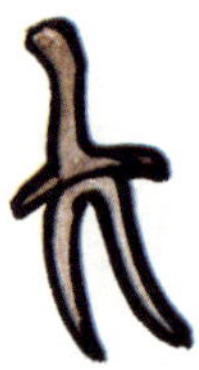		“耒”是象形字，甲骨文像犁形。本义指古代的一种农具，形状像木叉。
		“缶”(fǒu) 是会意字，甲骨文下部像器皿之形。上部像一根杵。本义指一种圆腹小口的瓦器。

部首意义	组成例字	属于此部的例字
凡从“又”取义的多与手等义有关。	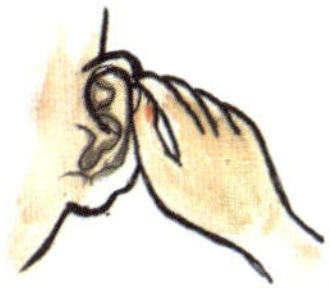 取，从又，从耳会（抓到野兽或者战俘时）割下左耳之意。本义指割下左耳。	及、友、爱……而在圣、对、艰等字中的“又”仅是符号。
凡从“疒”字取义字都与疾病等义有。	 痒，从疒，羊(yáng)声。本义指皮肤不适而引人欲搔的感觉。	疮、瘟、疫、瘁、痿、疹……
凡从“羽”取义的大多与羽毛或翅膀义有关。	 翼，从羽，异(yì)声。本义指翅膀。	羿、翅、翁、翩、翘、翚、翦……
凡从“耒”取义的大都与农具和耕种义有关。	 耙，从耒，巴声。本义用以翻土的农具。	耔、耗、耘、耜、耨……
凡从“缶”取义的大都与瓦器等义有。	 缸，从缶，工声。本义大口而常无颈的瓦器。	罍、罄、罐……

	字体演变	解 字
	甲骨文  金文  小篆 	“网”是个象形字，甲骨文像网之形。本义指捕鱼鳖鸟兽的网。

部首意义	组成例字	属于此部的例字
凡从“网”取义的大都与网或网的用等义有关。	 罩，从网，卓声。本义指捕鱼的竹笼。	罗、罟……

《汉字博物馆》后记

想起写这本书并且终于付梓应该感谢我的朋友林小军先生。他有一段时间很催促我写一点文化普及的书，正好触动了我也在心中筹划已久的想法：就是像科学普及一样写一些文化普及的书。为组织和推动这一计划的实现，小军付出了很多的资金和时间，中间历经曲折。后来我设计好体例，主要的文字稿都是任犀然完成的。这种普及类的书其实写好很难，要厚积薄发才行，应该是把真知识娓娓道来，让读者阅读得轻松愉快又确有收获。我们的积累和升华都不够，还在远远地追寻着这个目标，敬希广大读者的批评指教。

任德山

2007.7.22